金融系统的神经中枢
——中央银行

《金融知识进社区》系列丛书编委会

中国金融出版社

责任编辑：何　为
责任校对：刘　明
责任印制：裴　刚

图书在版编目（CIP）数据

金融系统的神经中枢——中央银行（Jinrong Xitong de Shenjing
Zhongshu：Zhongyang Yinhang）/《金融知识进社区》系列丛书编委
会编．—北京：中国金融出版社，2011.12
　　（《金融知识进社区》系列丛书；1）

ISBN 978-7-5049-5708-5

Ⅰ.①金…　Ⅱ.①金…　Ⅲ.①中央银行—基本知识　Ⅳ.①F830.31

中国版本图书馆CIP数据核字（2010）第204847号

出版
发行　**中国金融出版社**

社址　北京市丰台区益泽路2号
市场开发部　（010）63266347，63805472，63439533（传真）
网上书店　http：//www.chinafph.com
　　　　　　（010）63286832，63365686（传真）
读者服务部　（010）66070833，62568380
邮编　100071
经销　新华书店
印刷　天津市银博印刷技术发展有限公司
尺寸　145毫米×210毫米
印张　4.25
字数　65千
版次　2011年12月第1版
印次　2016年9月第4次印刷
定价　65.00元（套，含光盘）
ISBN 978-7-5049-5708-5/F.5268
如出现印装错误本社负责调换　联系电话（010）63263947

目录

Chapter 1

第一章
走近中央银行

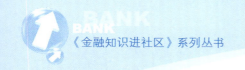
在日常生活中，我们离不开商业银行，对商业银行提供的服务也相对熟悉一些。但各种媒体经常提到中央银行，尤其在利率、汇率、法定存款准备金率变动的时候，我们总能听到来自中央银行的声音。商业银行能够办理存款、取款、贷款，为什么还要有中央银行呢？中央银行是怎么产生的？中央银行的性质和职能是什么？中央银行有什么作用呢？

1. 中央银行的起源与发展

距今三百多年前，中央银行才出现。在此之前，流通中的钞票是由一些商业银行发行的，我们称为银行券。这是一种信用货币，如果发钞银行倒闭了，它发行的钞票差不多就变成一张张废纸，买不来任何东西。在19世纪的美国，有1600多家银行竞相发行钞票，一时间竟有3万多种钞票进入市场流通。这些钞票信用状况差别很大，很多钞票根本无法兑现，这既不便于流通，也在无形中劫掠了平民百姓的财富。混乱的货币秩序让许多国家吃过苦头，反反复复的教训使人们意识到，需要一家银行垄断货币的发行。于是，许多国家纷纷通过法令将发行货币的特权集中到本国的某一家银行，中央银行由此逐渐演变形成。

不过，在早期，许多国家成立中央银行的初衷却是利用它来为政府筹钱，帮助政府理财，这使得中央银行在一开始就与政府建立了十分密切的联系。正是有政府的支持，再加上自身拥有发行货币的垄断性特权，中央银行的实力和信誉远远超过了同时代的其他银行。当其他银行发生资金周转困难或者濒临倒闭时，中央银行会拿出钱来帮助银行，它也由此开始承担起"最后贷款人"的角色。这以后的时间里，中央银行发现，等到银行出了事后才去救助，太过于被动，在平时就应该主动监督管理银行，使之稳健经营。这样，中央银行又逐渐掌管起了监管其他银行的"大权"，随后它又慢慢地利用手中的工具调控国家的经济……至此，现代意义的中央银行便演变形成了。

中央银行的出现极大地改变了人们的生活，曾有经济学家将"中央银行、轮子、火"并列为人类历史上的三大发明，这足以说明中央银行在现代生活中的重要性。

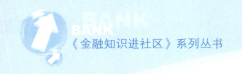

2.中央银行的核心地位

中央银行是一国的货币金融管理机构，在金融体系中居于核心地位。从业务特点看，中央银行是为商业银行等普通金融机构和政府提供金融服务的特殊金融机构。从发挥的作用看，中央银行是制定和实施货币政策、监督管理金融业和规范金融秩序、防范金融风险和维护金融稳定、调控金融和经济运行的宏观管理部门。中央银行还是保障金融稳健运行、调控宏观经济的国家行政机关。

中央银行是一家特殊的银行，它的特殊之处就在于它承担着不同于其他任何银行的特殊职能。一般来说，中央银行有三大职能：

●中央银行是发行的银行，控制着货币的发行。在许多国家，中央银行独家控制货币的发行，它要根据经济运行的情况，合理调节市场流通中货币的数量，保障币值的稳定，维持货币流通的秩序。这一职能与百姓生活息息相关。中央银行不能想当然地滥发货币。货币发行过少不能满足日常流通的需要，公众没有足够多的钱去交换商品或者进行支付；货币发行过多则更不是一件好事情，容易引起货币贬值，导致通货膨胀。历史上出现过好多起恶性通货膨胀的事件，人们深受其害，一个重要原因就是当时的中央银行发行了太多的货币。然而，为了使发行的货币恰好够用，中央银行煞费苦心。

● 中央银行是银行的银行，向银行提供服务。通常情况下，中央银行不跟一般的工商企业和个人打交道，只与商业银行和其他金融机构有业务往来。从一定意义上说，中央银行是许多商业银行及其他金融机构的重要依靠。金融机构也有缺钱的时候，如暂时出现资金周转的困难，或者发生了危机急需补充本金。中央银行往往在这个时候伸出援助之手，向那些需要用钱的金融机构提供流动资金，帮助它们渡过难关。中央银行在履行这种职能时，理论上形象地将其称做"最后贷款人"。除此之外，中央银行还保管着商业银行的存款准备金，保障商业银行稳定运行。它还组织全国票据清算

看来中央银行的确不是一般的银行。

简而言之，中央银行就是发行的银行、银行的银行、国家的银行。

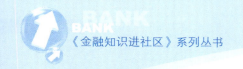

系统，为商业银行和其他金融机构提供票据清算的便利。

●中央银行是国家的银行，为政府提供服务。中央银行也代表国家从事金融活动，例如，它制定和执行货币政策，实施宏观经济调控。在必要时，中央银行还向政府提供贷款，帮助政府平衡财政收支。另外，中央银行还经理国库收支，保管国家的黄金储备和外汇储备，代表政府参加各种国际金融组织。在有些国家，中央银行还承担着监督管理商业银行的职能。

3.中央银行的超级作用

●稳定货币与稳定经济。中央银行通过货币政策的调控可实现对货币供应量的调节，实现稳定货币价值与保持经济稳定的目标。中央银行通过对金融机构与金融市场活动的监管，可以起到控制信用规模与调节货币流通，规范金融活动秩序的积极作用。

●调节信用与调节经济。中央银行对信用活动的调节，包括对信用规模、结构、形式的调节，实际上就是利用货币政策工具，调节信用的扩张与收缩，均衡货币市场的供求，从而起到稳定经济的作用。

●集中清算，加速资金周转。通过中央银行的集中清算，相互抵账划转差额，可以及时结清债权债务关系，有利于缩短票据在途时间，提高清算效率，加速社会资金的周转。

●开展国际金融合作与交流。中央银行作为一国金融领域的货币管理机构，具有较高的地位与权威。在涉及国际关系重大的金融谈判以及与国际金融机构的重要业务往来中，中央银行往往代表一国政府参与其中，对国际金融中的重大问题作出决定，协调各国金融利益，推动国际金融活动广泛开展，促进国际金融合作与交流。

专栏1.1 世界上几个重要的中央银行

》 历史悠久的中央银行：英格兰银行

英格兰银行是英国的中央银行。英格兰银行在中央银行制度的发展史上是一个重要的里程碑，一般认为英格兰银行是现代中央银行的鼻祖。

早期的英格兰银行只是英国政府的"钱袋子"。三百多年前，英法激战正酣，庞大的战争开支

早已将英国政府的财政收入消耗一空。为筹集更多军费，急需用钱的英国国王和议会迅速采纳了一位叫威廉·佩特森的苏格兰商人的提议——成立一家可向政府贷款的银行。于是，1694年7月27日，伦敦城的1268位商人合股出资，正式组建了英格兰银行。此后的短短11天内，英格兰银行就为政府筹措到120万英镑巨款，极大地支持了英国在欧洲大陆的军事活动。

刚刚成立的英格兰银行只算得上是一般的商业银行——发行钞票、吸收存款、发放贷款，那时的商业银行都能办理这些业务。不过，英格兰银行一开始就与政府维系着一种特殊而密切的关系——向政府提供贷款，负责筹集并管理政府国债，还逐渐掌握了绝大多数政府部门的银行账户。正是凭借这一关系，英格兰银行的实力和声誉迅速超越了其他银行。到1837年，英格兰银行不但安然度过当年的银行危机，还拿出大笔的资金，帮助那些有困难的银行渡过难关，这也成为英格兰银行充当"最后贷款人"角色的开始。1844年，英国议会通过《银行特许法》，让英格兰银行在发行钞票方面享有许多特权。自此，英格兰银行逐渐退出一般性的商业银行业务，专注于货币发行，并开始承担维护英国金融市场稳定和监督其他商业银行的职能。1928年，英国议会通过《通货与钞票法》，使英格兰银行垄断了在英格兰和威尔士地区的货币发行权。到1946年，英国议会通过《英格兰银行法》，赋予英格兰银行更为广泛的权力，使它可以按照法律对商业银行进行监督和管理（后来这项职能移交给1997年10月成立的金融服务局），英格兰银行终于名正言顺地成为英国的中央银行。

英格兰银行的最高权力机构是董事会。由于英格兰银行在1946年被国有化，政府成为银行的最大股东，现在，银行的董事们都由政府提名、女王任命。董事会每周和每月都举行例会，讨论并制定相关的重大战略和政策。日常事务则主要由执行董事负责。

》 大型跨国中央银行：欧洲中央银行

　　欧洲中央银行成立于1998年7月1日，它是世界上独一无二的大型跨国中央银行，堪称中央银行家族中的"巨无霸"。它垄断欧元现钞的发行，是世界上第一个管理超国家货币的中央银行。欧元区有多大，它的影响范围就有多大。截至2010年，欧元区已经拥有16个成员国（德国、法国、意大利、荷兰、比利时、卢森堡、爱尔兰、希腊、西班牙、葡萄牙、奥地利、芬兰、斯洛文尼亚、塞浦路斯、马耳他、斯洛伐克）。事实上，在欧洲中央银行成立之前，欧元区的成员国都有各自的中央银行，发行各自的货币，制定各自的货币政策。这些国家后来为什么甘愿放弃各自的权力而听命于一个跨国的中央银行呢？

　　要回答这个问题，就需要知道欧洲中央银行产生的背景。简单地说，它是欧洲一体化的产物。

第二次世界大战以后，为了防止战争悲剧在欧洲重演，也为了欧洲的再度崛起，欧洲各国走上了联合自强的道路。欧洲的政治家们早就梦想着要建立一个"欧洲人的欧洲"。1991年12月，《欧洲联盟条约》获得通过，政治家们为这个"大欧洲"描绘了美好的未来：一个经济货币联盟，一个统一的大市场，一个要在政治、经济、军事和外交上"用一个声音说话"的巨型实体。条约为未来的欧洲货币联盟作了创造性的规划：货币联盟内只有一家中央银行，一种单一的能与美元、日元相抗衡的欧洲货币。

1998年7月1日，欧洲中央银行在德国法兰克福正式成立。它的组织机构包括管理委员会、执行董事会和扩大委员会。管理委员会负责制定货币政策，由执行董事会和欧元国的中央银行行长组成。执行董事会只有6名成员，包括行长和副行长在内，他们负责维持日常工作。扩大委员会则由欧洲中央银行的正、副行长及欧盟所有成员国的中央银行行长组成，他们的任务是保持联盟内欧元国与非

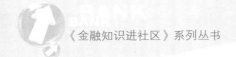
欧元国的接触。为了增强欧洲中央银行的威信，条约规定它在制定和执行货币政策时不受任何机构的干预，超然于欧元区成员国之上，坚定不移地奉行"保持价格稳定"的货币政策目标。

2002年1月，欧元纸币正式在12个欧元区成员国流通。别看欧元只是货币家族中的一个几岁大的"小字辈"，它已经迅速成长为堪与美元比肩的国际货币。几年来，欧元区国家成功地抵御住了各种政治经济的冲击，实现了经济的稳定增长，欧洲中央银行及欧元的运行得到了欧洲国家的广泛认同。

》 美国的中央银行：联邦储备体系

在美国，联邦储备体系（以下简称美联储）承担着中央银行的职能，对美国乃至全球经济有着重要的影响力。人们经常从新闻媒体听到美联储加息或减息的消息。美联储与传统中央银行不同，具有鲜明的美国式制衡特色。

在美联储诞生之前，早期的美国政治家们就开始尝试建立中央银行，如1791年的第一合众国银行和1816年的第二合众国银行。不幸的是，这两家银行很不受欢迎，特别"短命"。由于它们抢了州特许银行的许多生意，成了后者欲除之而后快的对象，再加上当时的美国人对中央集权有着强烈的恐惧，对金融业持怀疑态度，美国国会拒绝为这两家银行延长特许期。于是，20年的特许期一过，两家银行先后寿终正寝。没有了中央银行，美国在此后的70多年里吃了不少苦头，先后爆发过6起全国性的银行危机，每一次都出现了大面积的恐慌，如同噩梦一般挥之不去，政府对此无可奈何。反反复复的教训终于使人们意识到，需要建立一家中央银行，由它充当商业银行的"最后贷款人"，阻止银行恐慌，恢复公众信心，稳定金融市场。

需要建立中央银行体制，但不能建立像英格兰银行那样的单一制中央银行，这是由于美国人对中央集权有着传统的敌视，并且担心华尔街的大公司、大银行操纵中央银行，也担心联邦政府利用中央银行过多干预私人银行业务。经过多方妥协让步，最终产生了一个美国式的中央银行体制——带有制衡色彩的联邦储备体系。联邦储备体系包括联邦储备委员会、联邦公开市场委员会和12家地区性的联邦储备银行。联邦储备委员会是联邦储备体系的最高机构，负责制定货币政策，发挥着中央银行的角色。但它又不是严格意义上的中央银行，中央银行一般有垄断货币发行的权力，联邦储备委员会却没有，不过它授权12家联邦储备银行发行美元纸币。这12家联邦储备银行持有联邦储备体系的资产，银行的股份却掌握在各自的会员银行手里。联邦公开市场委员会具体负责制定货币政策中的利率目标。上述机构的职位安排、成员任期及人事任免都体现了鲜明的制衡思想，显得复杂而有趣。

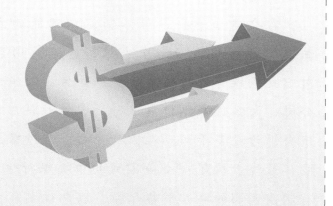

Chapter 2

第二章
中国的中央银行：中国人民银行

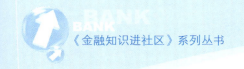
相信大家会注意到，所有的人民币上面都印着"中国人民银行"的字样，可您知道每天都接触的这家银行是一个什么样的银行吗？当您要去银行办理业务时，大街上有许多银行的网点可供选择，可您就是找不出一家中国人民银行的网点，您是否因此觉得这家银行远离公众视线，显得很神秘呢？

1.中国人民银行的历史沿革

中国人民银行是我国的中央银行。它的历史可以追溯到第二次国内革命战争时期。1931年11月7日，在江西瑞金召开的"全国苏维埃第一次代表大会"上，通过决议成立"中华苏维埃共和国国家银行"（以下简称苏维埃国家银行），并发行货币。从土地革命到抗日战争时期一直到中华人民共和国诞生前夕，人民政权被分割成彼此不能连接的区域。各根据地建立了相对独立、分散管理的根据地银行，并各自发行在本根据地内流通的货币。1948年12月1日，以华北银行为基础，合并北海银行、西北农民银行，在河北省石家庄市组建了中国人民银行，并发行人民币，成为中华人民共和国成立后的中央银行和法定本位币。1949年2月中国人民银行迁入北平。

新中国成立初期，中国人民银行的主要任务是在全国建立统一的国家银行体系。一是建立独立统一的货币体系，使人民币成为境内流通的本位币，与各经济部门协同治理通货膨胀；二是迅速普建分支机构，形成国家银行体系，接管官僚资本银行，整顿私营金融业；三是实行金融管理，疏导游资，打击金、银、外币黑市，取消在华外商银行的特权，禁止外国货币流通，统一管理外汇；匹是开展存款、放款、汇兑和外汇业务，促进城乡物资交流，为迎接经济建设作准备。到1952年国民经济恢复时期结束时，中国人民银行基本完成了上述任务。到1953年，中国人民银行总行统一掌握了全国信贷资金，"统存统贷"这一体制一直维持到1978年。在这二十几年里，中国人民银行既是管理金融的国家机关，又是全面经营银行业务的国家银行。

从1979年起，国家开始对金融体制进行改革。在以后的五年中，中国农业银行、中国银行、中国建设银行和中国工商银行相继恢复或组建（从中国人民银行分离出去，单独设立。其中，中国建设银行是从财攻部分离出来

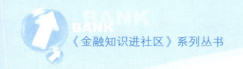
的），保险公司、信托投资公司和城市信用合作社陆续成立，呈现出金融机构多元化和金融业务多样化的局面。1982年7月，国务院进一步强调"中国人民银行是我国的中央银行，是国务院领导下统一管理全国金融的国家机关"，以此为起点开始了组建专门的中央银行体制的准备工作。从1984年开始，中国人民银行专门行使中央银行职能，不再办理针对个人和企业的金融业务，而是专门负责稳定人民币币值和管理金融机构。

1995年3月18日，全国人民代表大会通过《中华人民共和国中国人民银行法》（以下简称《中国人民银行法》），首次以国家立法形式确立了中国人民银行作为中央银行的地位，标志着中央银行体制走上了法制化、规范化的轨道，这是我国中央银行制度建设的重要里程碑。

1998年，按照中央金融工作会议的部署，改革人民银行管理体制，撤销省级分行，设立跨省区分行，同时，成立人民银行系统党委，对党的关系实行垂直领导，干部垂直管理。

2003年12月27日，全国人大常委会对《中国人民银行法》进行了修订，中国人民银行的职能由此发生变化，其监管金融机构的职能转交给新成立的中国银行业监督管理委员会，中国人民银行新的职能正式表述为"制定和执行货币政策、维护金融稳定、提供金融服务"。同时，该法明确界定："中国人民银行为国务院组成部门，是中华人民共和国的中央

难怪市场对中央银行的政策变动反应那么大！

中央银行并不神秘，它是保证金融系统有效、安全运转的"调节器"。

银行，是在国务院领导下制定和执行货币政策、维护金融稳定、提供金融服务的宏观调控部门。"调整后的中国人民银行强化了与制定和执行货币政策有关的职能，转换了调控金融业以及防范和化解系统性金融风险的方式，增加了反洗钱和管理信贷征信业两项职能。随着这些变化，中国人民银行将在未来的宏观调控中发挥更加重要的作用。

2.中国人民银行的机构设置

中国人民银行的总行设在北京，总行内现设19个职能司、局（厅），具体如下表所示：

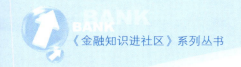

办公厅	条法司	货币政策司
货币政策二司	金融市场司	金融稳定局
调查统计司	会计财务司	支付结算司
科技司	货币金银局	国库局
国际司	内审司	人事局
研究局	征信管理局	反洗钱局
党委宣传部		

中国人民银行管理的国家局：国家外汇管理局。

中国人民银行根据履行职责的需要设立派出机构，并对分支机构实行统一领导和管理。设有天津（内辖天津、河北、山西、内蒙古）、沈阳（内辖辽宁、吉林、黑龙江）、上海（内辖上海、浙江、福建）、南京（内辖江苏、安徽）、济南（内辖山东、河南）、武汉（内辖江西、湖北、湖南）、广州（内辖广东、广西、海南）、成都（内辖四川、贵州、云南、西藏）、西安（内辖陕西、甘肃、宁夏、青海、新疆）9个分行，中国人民银行营业管理部和中国人民银行重庆营业管理部，20个省会城市中心支行，5个副省级城市中心支行，308个地（市）中心支行和1766个县（市）支行（2009年）。这些分支机构作为中国人民银行的派出机构，根据中国人民银行总行的授权，依法维护本辖区的金融稳定，承办有关业务。

2005年8月，根据我国经济金融形势发展的需要和上海国际金融中心地位的凸显，中国人民银行上海总部在上海挂牌成立，上海总部作为中国人民银行总行的有机组成部分，在中国人民银行总行的领导和授权下开展工作，主要承担部分中央银行业务的具体操作职能，同时覆行一定的管理职能。

另外，中国人民银行设立了中国人民银行驻北美洲（纽约）代表处、中国人民银行驻欧洲（伦敦）代表处、中国人民银行驻法兰克福代表处、中国人民银行驻非洲代表处、中国人民银行驻东京代表处、中国人民银行驻加勒比开发银行联络处、中国人民银行驻南太平洋（悉尼）代表处等9个驻外代表机构，主要负责研究国际金融问题，并与世界主要中央银行进行联系和协调。

同时，中国人民银行还设有中国反洗钱监测分析中心、中国人民银行征信中心、中国外汇交易中心、中国金

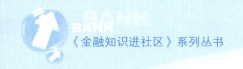

融出版社、金融时报社、中国人民银行清算总中心、中国印钞造币总公司、中国金币总公司、中国金融电子化公司、中国人民银行研究生部、中国人民银行北京培训学院、中国人民银行郑州培训学院、中国钱币博物馆、银行间市场清算所股份有限公司等23个直属企事业单位。

专栏2.1 中国人民银行上海总部

中国人民银行上海总部成立于2005年8月10日。主要职责有：组织实施中央银行公开市场操作；承办在沪商业银行及票据专营机构再贴现业务；分析市场工具对货币政策和金融稳定的影响，监测分析金融市场的发展，防范跨市场风险；密切跟踪金融市场，承办有关金融市场数据的采集、汇总、分析，定时报送各类动态研究报告；研究并引导金融产品的创新；承办有关区域金融交流与合作工作等。同时，根据中国人民银行总行授权，还承担对中国外汇交易中心（全国银行间同业拆借中心）等中国人民银行总行直属在沪单位的管理工作，以及上海黄金交易所、中国银联等有关机构的协调、管理工作。

3.中国人民银行的职能

根据《中国人民银行法》的规定，中国人民银行的主要职责为：

（一）起草有关法律和行政法规；完善有关金融机构运行规则；发布与履行职责有关的命令和规章。

（二）依法制定和执行货币政策。

（三）监督管理银行间同业拆借市场和银行间债券市场、外汇市场、黄金市场。

（四）防范和化解系统性金融风险，维护国家金融稳定。

（五）确定人民币汇率政策；维护合理的人民币汇率水平；实施外汇管理；持有、管理和经营国家外汇储备和

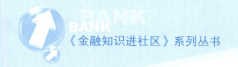
黄金储备。

（六）发行人民币，管理人民币流通。

（七）经理国库。

（八）会同有关部门制定支付结算规则，维护支付、清算系统的正常运行。

（九）制定和组织实施金融业综合统计制度，负责数据汇总和宏观经济分析与预测。

（十）组织协调国家反洗钱工作，指导、部署金融业反洗钱工作，承担反洗钱的资金监测职责。

（十一）管理信贷征信业，推动建立社会信用体系。

（十二）作为国家的中央银行，从事有关国际金融活动。

（十三）按照有关规定从事金融业务活动。

（十四）承办国务院交办的其他事项。

专栏2.2 "一行三会"

20世纪90年代中期以后，为有效地防范金融风险，中国金融业确定了"分业经营"的原则，在此基础上逐步形成了"分业监管"的模式，建立了"一行三会"的金融监管结构。所谓"一行"是指中国人民银行。《中国人民银行法》明确了中国人

民银行的金融监督管理职责，中国人民银行主要负责对金融市场的监督管理，此外，中国人民银行对金融机构执行有关存款准备金规定等特定行为进行检查监督；当银行业金融机构出现支付困难，可能引发金融风险时，经国务院批准，有权对银行业金融机构进行检查监督。"三会"是指中国银行业监督管理委员会（以下简称银监会）、中国证券监督管理委员会（以下简称证监会）和中国保险监督管理委员会（以下简称保监会），分别对银行业、证券业和保险业进行监管。中国人民银行和"三会"之间建立监督管理信息共享机制。在分业监管格局下，各监管组织各司其职，同时相互合作，加强监管协调，监管效率不断上升。

Chapter 3

第三章
中央银行的货币政策

近年来，经济"过热"、"过冷"的字眼频频见诸报端，经济学家们也常常为了经济到底是"热"还是"冷"吵得不可开交，中央银行到底该怎么办也成为关注的焦点。您可能会问：到底什么是经济"过热"、"过冷"？这跟中央银行又有什么关系？

实际上，经济"过热"、"过冷"是对两种经济态势的形象比喻。比如，如果人们对未来预期过于乐观，众多企业盲目扩大投资规模，大量资金被投入新的建设项目，而这些项目的生产能力可能远远超过社会的实际需求；投资的热潮又拉动能源、原材料等价格的迅猛上涨。这时候，我们就说经济"过热"了。反过来，如果人们对未来预期过于悲观，企业压缩投资，人们抑制消费，价格持续下跌，经济委靡不振，这时候，我们就说经济"过冷"了。

那么，经济"过热"、"过冷"与中央银行又有什么关系呢？原来，经济的"过热"、"过冷"，总少不了货币的作用。当经济"过热"的时候，众多企业大量投资建设新的项目，它们所需要的资金从哪里来呢？部分是企业自有的，但更多的是来自银行的贷款。当经济"过冷"的时候，企业压缩投资，人们抑制消费，银行的贷款放不出去。经济的"热"与"冷"总是跟货币有着千丝万缕的联系，而中央银行又是货币的供应机构，自然关系重大。所以当经济出现"过热"、"过冷"时，中央银行责无旁贷地要出来给宏观经济"打针吃药"。

那么，中央银行如何判断宏观经济是"过热"还是"过冷"？又如何"对症下药"呢？

中央银行垄断货币的发行权，也就有一些特殊的本领来驾驭货币"这匹难驯的烈马"。比如，中央银行可以利用存款准备金率、再贴现率、公开市场操作等工具来调节利率水平、货币供应量等货币因素，最终影响企业、居民的经济行为，保障货币币值稳定和宏观经济平稳运行。中央银行所采取的这些举措，也就是我们常说的"货币政策"。

自从中央银行诞生以来，人们就在讨论中央银行如何制定货币政策才能实现价格稳定、经济增长等目标。接下

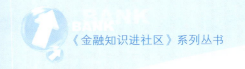
来，我们将为您介绍中央银行调控宏观经济的"十八般武艺"。

1.货币供应量"三兄弟"

在日常生活中，如果有人问："您有多少货币？"您可能会掏出自己的钱包说您有多少钞票。钞票是货币，那么银行存款是不是呢？实际上，我们手里的钞票、银行里的存款，甚至短期国库券都可以说成是货币。为什么呢？因为货币最主要的功能就是购买商品时进行支付结算。钞票随时可以购买商品；当款项数额比较大时，银行存款可以通过与银行账户相连的银行卡、存折或者开出支票结算；在有些情况下甚至可以用短期国库券直接支付。

因此，不仅钞票是货币，而且银行存款也是货币，它们都会对社会购买力产生影响。

钞票和银行存款虽然都是货币，但它们的流动性又有很大的不同。现钞直接就是现实的购买力，而银行存款则必须满足一定的条件才能变成购买力，如取现、刷卡或者转账。

专栏3.1 流动性

> 流动性指转化为现金所需要的时间和成本。转化为现金的时间越短、成本越低，流动性越强。
>
> 流动性比较：现钞＞银行存款＞有价证券＞房地产

为了测算、掌握流通中货币供应量的情况，更有效地调控货币供应量，通常根据货币涵盖范围的大小和流动性的差别，把货币供应量家族划分成"三兄弟"：

老幺M0，又叫"现钞"，是指流通于银行体系以外的现钞，也就是居民和企业手中的现钞。M0虽然是货币家族的老幺，但最机灵，流动性最强，具有最强的购买力。

老二M1，又叫"狭义货币"，由流通于银行体系以外的现钞（M0）和银行的活期存款构成。其中活期存款由

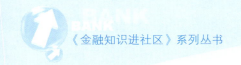
于随时可以变现（提取），所以流动性和购买力不亚于现钞。M1是货币家族的老二，代表了一国经济中的现实购买力，因此，对社会经济生活有着最广泛和最直接的影响。许多国家都把M1作为调控货币供应量的主要对象。

老大M2，又叫"广义货币"，由流通于银行体系之外的现钞加上活期存款（即M1），再加上定期存款、储蓄存款等构成。M2是货币家族的老大，包括了一切可能成为现实购买力的货币形式。定期存款、储蓄存款等不能直接变现，所以不能立即转变成现实的购买力，但经过一定的时间和手续后，也能够转变为购买力，因此，它们又叫做"准货币"。由于M2对研究货币流通的整体状况有着重要意义，近年来，很多国家开始把货币供应量的调控目标转向M2。

专栏3.2 我国的货币供应量划分口径

M0：流通中的现金

M1：M0+企业活期存款

M2：M1+准货币（定期存款+居民储蓄存款+

其他存款）

我们一般说的货币，通常指M1，即流通中的现金+企业活期存款。

2.货币供应的"流"：存款创造

我们可以形象地把货币供应量比喻成一潭湖水，那么这湖里的水是从哪里来的呢？我们先来看看形成这湖水的"流"——存款创造机制。理解了存款创造，您也就理解了一般情况下货币供应量形成的主要过程。

中央银行通过商业银行向社会投放现金。商业银行有着一种神奇的能力——收进一定数量的现金，能在流通中创造出更多的货币。让我们一起来观察这一过程。

比如说，商业银行吸收了居民100万元现金存款，假设商业银行根据经验知道，只需保留10％的现金来应付居民的提款需求就可以了，可将剩下的90万元贷给企业。企业又会把这90万元存在银行，商业银行提出其中的10％应付居民提款需求，然后将剩余的81万元贷放出去……如此循环往复，商业银行最终可以发放900万元贷款。

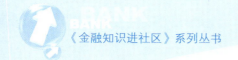

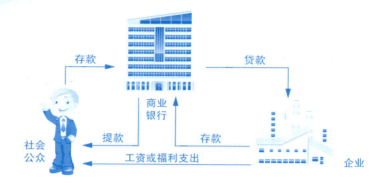

商业银行在扩大贷款规模的同时，还扩大了存款的规模。经过简单计算可以发现，商业银行吸收的存款大大增加了，最初只有居民存入的100万元，最后却变成了居民和企业的总存款1000万元。涓涓细流汇集成了一潭湖水，这个过程就是商业银行的存款创造过程。

专栏3.3　银行的神奇能力——存款创造

阶段	居民/企业存款（万元）	银行保留额（万元）	银行放贷额（万元）
1	100	10	90
2	90	9	81
3	81	8.1	72.9
4	72.9	7.29	65.61
…	…	…	…

银行放贷总额=$100（1-10\%）+100（1-10\%）^2+100(1-10\%)^3+\cdots+100(1-10\%)^n$

根据等比数列求和公式，银行放贷总额=$\dfrac{100\times0.9（1-0.9^n）}{1-0.9}$

当n为无穷大的时候，0.9^n约等于零，所以

银行放贷总额$\approx100\times0.9\times1/(1-0.9)\approx900$

我们还可以计算出存款总额：

居民/企业存款总额=$100+100\times90\%+100\times90\%^2+100\times90\%^3+\cdots+100\times90\%^n\approx1000$

商业银行为了应对居民提款需要所保留的现金被称为准备金，商业银行提取准备金的比率被称为准备金率。在上例中，商业银行的准备金率为10%。准备金率越高，商业银行在每个循环阶段能放贷的金额就越少，存款创造能力就越弱。中央银行往往通过调节准备金率来调控商业银行的存款创造能力。

理论上，我们把居民最初存入的100万元现金存款称为原始存款，而后来由于发放贷款形成的新的存款则称做派生存款。

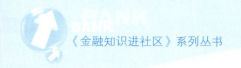

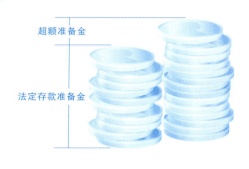

超额准备金

法定存款准备金

其中的奥妙何在呢？原来，贷款者从银行贷款90万元，并不会把这90万元立刻兑成现金取走，而是开个账户，把它继续存进银行。这样，商业银行只需要为企业开两个账户就可以了，一个是贷款账户，另一个是存款账户。企业一般很少使用现金，结算的时候只需要在不同账户之间划转资金即可。这样，大部分现金仍然保留在银行，银行只要为企业预留少量准备金以应付偶尔的取款就可以了。而有现金在手，商业银行就总是可以进行存款创造。

当然，商业银行不能无限制地通过上面所说的方式发放贷款、创造存款，因为每发放一笔贷款、形成一笔存款，商业银行都必须预留一部分现金，以应付存款人的提款需求。中央银行为了防止商业银行盲目地、无限制地扩张信贷，以法令的形式规定商业银行必须按一定比率缴存存款准备金，理论上将这个比率称为法定存款准备金率。没有特殊情况，这部分法定存款准备金商业银行是不能动用的。商业银行为了稳妥起见，也会向中央银行再额外多缴存一些存款以保证资金周转，理论上称为超额存款准备金。

了解了商业银行创造存款的"秘诀"，就容易理解货币供应量是怎么形成的了。

3.货币供应的"源"：基础货币

那么，货币供应量这潭湖水的源头在哪里呢？现在我们就来看看它的"源"——基础货币。

简单说来，基础货币就是直接由中央银行发行的货币。中央银行通过一定的渠道将基础货币注入市场，比如，中央银行给商业银行发放贷款，中央银行"花钱买入"商业银行持有的国债或者外汇，通过这些渠道，商业银行获得了大笔资金，这些资金可以用于放款，从而也就开始了创造派生存款的过程。就像前面所提到的，商业银行也可以吸收流通中的现金（即商业银行的存款业务），将这些现金中的一部分用于放款，也能进行存款创造。商业银行通过存款业务吸收的现金同样是来源

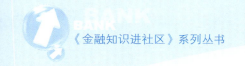

于中央银行的。

从基础货币的"源",到存款创造的"流",最终形成了货币供应量这"一潭湖水"。在这个过程中,增加1元基础货币,会导致货币供应量数倍地扩张。这也就是基础货币又被称为"高能货币"或"强力货币"的原因。

对于中央银行来说,基础货币比货币供应量更容易控制。在存款创造过程中,有商业银行和社会公众的共同参与,中央银行不容易对这一过程施加直接的影响。由于基础货币是直接由中央银行发放的,中央银行很容易控制基础货币的量。

说到这里,您可能已经意识到了一个问题:中央银行改变1元基础货币,最终会引起货币供应量的多大变化?要回答这个问题,就需要了解货币乘数的概念。

专栏3.4 货币乘数

货币乘数是基础货币与货币供应量扩张关系的数量表现,即中央银行创造或缩减一单位的基础货币,能使货币供应量增加或减少的倍数。

货币乘数公式为

$$m = \frac{M_s}{B}$$

m为货币乘数，M_s为货币供应总量，B为基础货币。

在前面存款创造的例子中，在不考虑其他条件的情况下，如果中央银行发行的基础货币就是以居民存款形式出现的100万元，经过商业银行的存款创造过程，整个体系存款总额变为1000万元，这个存款总额就是货币供应量，那么货币乘数为10。也就是说，中央银行发行100万元的货币，在货币乘数效应的作用下，货币供应量增加了10倍。

回顾存款创造过程，您会发现，有好几个因素决定着货币乘数的变化。比如，有多少现金在百姓手中流通，银行的准备金率有多高。已经流出商业银行

只有能够流动的现金才能创造存款。

看来我得赶紧把放在家里的现金存入银行。

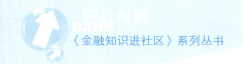
体系的现金是不能派生出存款的，因此流通中现金越多，货币乘数越小；银行准备金率越高，银行创造派生存款的能力越弱，货币乘数也就越小。

明白了货币供应量的形成过程，您一定想知道，中央银行都有哪些办法来调节货币供给，我们会在后面为您详细介绍中央银行的货币政策工具。

4.经济中需要多少货币

中央银行可以有很多办法来调节货币供应量。但货币供应量多少才算合适呢？为此，中央银行就要搞清楚整个经济体的货币需求是多少。

您可能会问，怎么还会有货币需求一说呢？谁不希望货币越多越好？这里不是说人们希望拥有多少"钱"，而是说，在人们已有的财富中，人们愿意把多少财富转化为货币的形式。举个简单的例子，假如您有100万元的财富，您愿意以什么形式持有它？有多少是股票、债券、房子之类的资产，又有多少是货币（现金和银行存款）？

20世纪30年代，大名鼎鼎的英国经济学家凯恩斯提出，人们对货币有偏好，因为货币变现的能力（流动性）比其他资产都强，可以直接用于支付。他把人们持有货币的动机划分为交易性动机、预防性动机和投机性动机。通俗地说，假定您的月收入为5000元，您首先要留点钱用于购买柴米油盐之类，这就是交易性动机；另外，您还要储蓄点钱，为将来的人情往来、医疗等支出作准备，这就是预防性动机；满足了前面两项，您一定还希望留点钱投资股票、债券等获利，这就是投机性动机。

20年后，另一位著名的经济学家弗里德曼为货币需求理论增添了新的智慧，在他眼里，货币不仅仅是一种买卖的交换媒介，还是一种资产。现金可以被看做是零收益的资产，而活期存款和定期存款都有利息，股票、债券之类资产的收益则更高了。谁不希望自己的财富多多益善呢！所以，当股票或债券市场变得火暴时，人们喜欢多买一些股票、债券而少持有一些现金存款。人们总是在比较这些资产未来的收益状况，以便在不同的资产形式间作出选择，从而改变对货币的需求。

研究人员构建了许多数学模型，预测整个社会需要的货币数量，为相关经济决策提供必要的支持。然而，要准

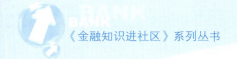
确预测整个社会需要多少货币是一件相当困难的事，许多国家的中央银行一直在为此不断努力。只有大体上弄清了社会需要多少货币，中央银行也就可以据此调节货币供应量，实现供需的平衡。

5.货币政策目标

根据《中国人民银行法》的规定，我国的"货币政策目标是保持货币币值的稳定，并以此促进经济增长"，这是我国货币政策的最终目标。它明确了货币政策对经济发展的贡献主要在于创造一个良好的货币环境，金融宏观调控需在充分考虑经济发展和就业增长的同时，做好维护价格稳定的工作。

货币政策

中介目标

最终目标

货币政策并不是直接作用于最终目标的，从货币政策操作到最终目标的实现之间有一个相当长的过程，为了更好地实现货币政策的最终目标，常常需要设定一个中间变量，通过调节和影响中间变量，达到间接地实现货币政策最终目标的目的，这个中间变量被称为货币政策的中介目标。目前中国人民银行仍以货币供应量作为中介目标。

专栏3.5 价格稳定的重要性与含义

价格不稳定的负面影响：

增大经济活动的不确定性，增加交易成本。由于价格不稳定，买方担心价格被高估，卖方担心价格被低估，往往会要求额外的补偿，会增加交易双方的成本。

价格机制被扭曲，传递混乱的经济信号。价格本来是市场供求关系的反映。价格上升通常反映市场需求大于供给，卖方需要扩大产量，买方可能削减需求；价格下降通常反映市场需求小于供给，卖方需要缩减生产，买方可以扩大购买。如果在一段

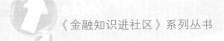

时间内，价格频繁起起伏伏，导致市场参与者无法形成正确的预期，造成市场的混乱与无序。

影响资源和财富的分配，造成社会不公和失序。价格的不稳定会刺激投机倒把活动的增加，正常的生产和交易受到干扰，造成社会的不公和动荡。

价格不稳定有两种形式：

通货膨胀：总体价格水平的持续上涨。

通货紧缩：总体价格水平的持续下降。

价格稳定的含义：

价格稳定指一般价格水平的稳定，并不是指商品或者服务相对价格的稳定。

价格稳定并不等于价格固定不变，而是指它的变化在一个合理的、可接受的范围。

价格稳定并不排除政府对个别扭曲价格水平的调节。

Chapter 4

第四章
中央银行的"百宝囊"

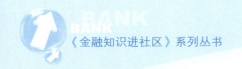
有了明确的货币政策目标，中央银行就要使用合适的货币政策工具调节货币的供求，实现这些目标。"工欲善其事，必先利其器。"在中央银行货币政策工具的"百宝囊"中，有三个举世闻名的"法宝"：公开市场操作、再贴现政策和存款准备金政策。此外，中央银行还会利用利率政策、汇率政策和信贷政策调控宏观经济中的货币量。下面我们将为您介绍中央银行"百宝囊"中的"宝贝"，以及这些"宝贝"的用途和效果。

1."三大法宝"之一：灵活的公开市场操作

公开市场操作最早出现在美国，它最初并非是用做货币政策工具，而是被美国联邦储备体系用来创收。早在1913年，美国就建立了联邦储备体系，承担着中央银行职能，但当时的国会却不给拨款，所以联邦储备体系只好自谋生路。最开始，联邦储备银行通过向会员银行发放贴现贷款赚取利息。由于1920年到1921年的经济衰退，贴现贷款数额急剧减少，联邦储备体系不得不另辟生财之道，于是开始购买债券，赚取利息。久而久之，美联储发现，当它从商业银行那里买进债券时，商业银行手里的准备金就增加了，经过存款创造机制，它

隔壁的王大妈最爱买国债了。

中央银行通过买卖债券吸收和放出货币。

们的存款规模成倍扩张，货币供应量增大了。真是无心插柳柳成荫！美联储意识到，它找到了一个调节货币供应量的简单而有效的工具。到了20世纪20年代末，这一工具已经成为美联储的重要"法宝"。直至今日，它依然是各国中央银行最常用的一种货币政策工具。

中央银行买卖国债为什么会带来货币供应量的变化呢？原来，中央银行购买国债时，卖主要么是商业银行，要么是社会公众。如果卖主是商业银行，商业银行手里的资金增加了；如果卖主是社会公众，社会公众又会把收到的现金存入商业银行，商业银行可以把这些钱拿去放贷，经过存款创造机制，货币供应量最终成倍扩张。反过来，

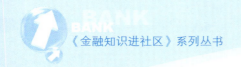
中央银行也可以卖出国债，那么买主——商业银行或社会公众都要付给中央银行相应的现金，最终货币供应量成倍减少。公开市场操作实际上就是通过改变货币供应量的"源"——基础货币，来调节货币供应量。

对中央银行来说，公开市场操作这个"法宝"用起来最得心应手。想增加多少或减少多少基础货币，中央银行都可以灵活确定，主动出击。

我国的公开市场操作包括人民币操作和外汇操作两部分。中国人民银行与包括商业银行、保险公司、证券公司、基金公司在内的数十家金融机构在公开市场上进行交易，主要包括证券回购

交易、现券交易和发行中央银行票据。自1998年中国人民银行取消对商业银行贷款限额控制，由直接货币政策调控转向间接货币政策调控以来，公开市场操作已成为中国人民银行货币政策日常操作的重要工具，发挥着越来越重要的作用。

2."三大法宝"之二:温和的再贴现政策

如果您持有还没到期的票据,但又急着用钱,就可以把票据转让给商业银行获得现款,代价是贴付一定利息,这就叫贴现。可商业银行也有周转不开的时候,它也可以把手中未到期的票据暂时"卖"给中央银行,这就叫再贴现。商业银行也得向中央银行支付一定利息,这个利率就叫再贴现率。

再贴现最初也不是一种货币政策工具,它原本是用来帮助商业银行周转资金的。商业银行虽然经营的就是"钱",但它们也有"手头紧"的时候。为了帮助"手头紧"的银行渡过难关,中央银行就为它们开设了再贴现的窗口,为它们提供资金援助。

渐渐地,再贴现变成中央银行的一大"法宝"。当中央银行降低再贴现率的时候,商业银行发现通过从中央银行再贴现借钱比较划算,就会更多地申请再贴现。这样一来,中央银行的基础货币投放增加了,货币供应量自然也会增加。再贴现利率的降低也会最终带动其他利率水平的

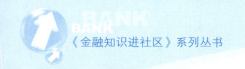
下降，起到刺激投资和增长的作用。反过来，中央银行也可以提高再贴现率，实现相反的意图。

再贴现这个"法宝"不但能调控货币总量，还能调整结构。比如，中央银行规定哪些票据可以被再贴现，哪些机构可以申请再贴现，这样分门别类、区别对待，使得政策效果更加精确。

再贴现这个工具的力度比较温和，不会对经济行为产生猛烈的冲击。但再贴现政策也有不足之处，毕竟，借不借钱，找谁借钱，都是商业银行自己说了算。借钱的渠道很多，商业银行不一定非得求助于中央银行。

3."三大法宝"之三：威猛的存款准备金政策

中央银行的第三个"法宝"——存款准备金政策，可以说是效果较强的工具。

我们知道，为了让商业银行维持稳健经营，许多国家都以法律形式规定，商业银行在吸收存款的同时必须拿出一定比例的现金存在中央银行，这个比例就被称为法定存款准备金率。

从理论上讲，有了存款准备金，商业银行创造存款的能力就受到限制。存款准备金率越高，商业银行创造存款的能力就越弱；相反，

听说中央银行又上调存款准备金率了。

看来中央银行控制通货膨胀的决心很大啊！

存款准备金率越低，商业银行进行存款创造的能力就越强。比如，存款准备金率是10％，理论上商业银行可以把100元现金存款放大10倍（10倍＝1÷10％）；而如果存款准备金率是5％，就可以放大为20倍（20倍＝1÷5％）！

这是为什么呢？如果提高法定存款准备金率，商业银行就必须向中央银行多缴纳准备金，能够用来发放贷款的资金就少了，创造派生存款的能力就变弱了，货币供应量则会成倍地减少。反过来，如果下调法定存款准备金率，商业银行创造存款的能力就会大大增强，货币供应量也会成倍增加。从一个国家的范围看，所有商业银行吸收的国内存款规模庞大，总额常常数以万亿元计。截至2010年6月末，我国人民币各项存款余额高达67.4万亿元，其中居民

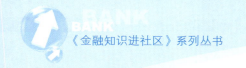
存款余额为29.2万亿元。在这样的基数下，法定存款准备金率1个百分点的变动就会引起法定准备金成百上千亿元的变动。可见，中央银行只需要很小幅度地变动存款准备金率，就可能对全社会的货币供应量产生较大影响。

不过，在实际中，存款准备金政策的力度强弱还受商业银行超额准备金等因素的影响。超额准备金是商业银行在中央银行存款中超过法定的存款准备金的部分。如果商业银行的超额准备金偏多，就会对法定准备金率的调整形成一定的"缓冲"。因为如果商业银行超额准备金比较多，当中央银行提高法定存款准备金率时，商业银行就可以把一部分超额存款准备金转为法定准备金，而用不着减少用于发放贷款的资金，使中央银行的调控效果大打折扣。

专栏4.1 法定准备金与超额准备金

如果商业银行的存款为100万元，法定准备金率为10%，商业银行就必须留存10万元的法定准备金。在某些情况下，例如，商业银行出于防范风险的原因，将100万元存款的15%（15万元）留存，那么多出5万元准备金就是超额准备金。

如果中央银行为了减少流通中的货币，将法定存款准备金率调高至12%，也就是说商业银行必须留存12万元的法定准备金。商业银行可以将超额准备金中的2万元增加为法定准备金，而将超额准备金变为3万元。这样做，商业银行的准备金并没有发生变化，仍然是15万元，但中央银行希望通过提高存款准备金率来减少流通中货币的效果就大打折扣了。

我国的存款准备金制度是在1984年建立起来的。二十多年里，存款准备金率先后进行了多次调整。例如，2010年上半年中国人民银行三次调整存款准备金率，时间分别是1月18日、2月25日和5月10日，每次均上调0.5个百分点。自2010年5月10日起，调整后大型金融机构存款准备金率为17%，农村信用社、村镇银行暂不上

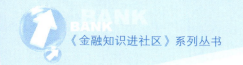
调，维持原来的13.5％。这一系列的政策调整冻结了商业银行上千亿元资金，对于回收过剩流动性起到了很好的效果。

4."四两拨千斤"：利率政策

利率是资金的价格，它的升降变化反映了市场上资金供求关系的变化。利率升高，说明市场上资金需求大于资金供应，资金紧缺；反之，利率降低，说明市场上资金供应大于资金需求，资金富余。所以说，利率的变化也反映了货币供应量是否满足市场需要。中央银行可以调控基准利率水平，通过基准利率的变化去影响市场上其他利率的变化，从而有效调节全社会各方面的经济活动。

专栏4.2 基准利率

简单地说，基准利率是中央银行对金融机构的存贷款利率，它是金融机构资金成本的基础，是金融机构在基准利率的基础上制定其存贷款利率。因此，中央银行通过调控基准利率水平影响金融机构的市场利率。

中国人民银行的基础利率包括：

再贷款利率，指中国人民银行向金融机构发放再贷款所采用的利率。

再贴现利率，指金融机构将所持有的已贴现票据向中国人民银行办理再贴现所采用的利率。

存款准备金利率，指中国人民银行对金融机构缴存的法定存款准备金支付的利率。

超额存款准备金利率，指中央银行对金融机构缴存的准备金中超过法定存款准备金水平的部分支付的利率。

中国人民银行在确定基准利率水平时，主要考虑以下四个宏观经济因素：一是全社会资金的供求。资金可以被看做是一种商品，利率则是资金的价格，可以被当

做平衡资金供求的调节工具。二是企业利润水平。许多企业要向银行贷款，贷了款就得支付利息。利息支出是企业成本的一部分。如果贷款利率水平太高，企业成本增加，利润空间缩小。三是商业银行的利润水平。商业银行是资金的媒介，它的主要收益就是资金来源与资金运用两者的利息之差。中央银行的利率会直接影响商业银行的利润空间。四是物价水平。如果物价上涨过高，中央银行往往会提高利率，抑制通货膨胀；相反，如果物价太低，出现通货紧缩，中央银行就会考虑降低利率，帮助经济摆脱困境。

在市场经济条件下，合理的利率水平应该主要由市场上资金供给和需求的状况决定。目前，我国的利率正逐步向市场化迈进。作为一项过渡性措施，中国人民银行目前对存款利率实行上限管理，对贷款利率实行下限管理，商业银行在此前提下可以自主决定利率浮动的水平。中央银行利用利率调

没错，利率一上升，我的房贷就增加了不少呢。

利率跟老百姓也是息息相关。

节经济时，通过变动基准利率，对商业银行的资金成本和经营利润产生影响，商业银行就会借此调整它们的存贷款利率，这才是人们切身感受到的那种利率变化。基准利率有一点轻微的变动，就能给市场造成很大的影响。

例如，中国人民银行在2010年10月19日，宣布自10月20日起上调金融机构人民币存贷款基准利率。一年期存款利率由2.25％上调至2.50％，上调25个基点。一年期贷款利率由5.31％上调至5.56％，上调25个基点。这样一来，许多贷款购房的人就得多掏腰包了。

除了真实成本的变化以外，利率变动本身也给市场一种信息，使人们产生相应的预期，从而影响行为决策。例如，如果中央银行在一段时间内小幅度地逐步上调贷款利率，人们就会预期利率还会继续稳步上调，需要贷款的人就会尽早贷款，需要还贷的人就会考虑提前还款。所以说，利率这一货币政策工具是很灵敏的，变动小小的几十个基点就能产生效果。经常有报道称利率变动了多少个基点，这里的点数是以万分之一为单位的，一个基点相当于0.01个百分点，如同"四两拨千斤"。所以，中央银行调整利率时，总是显得小心翼翼。

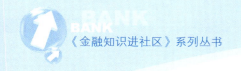

5. 内外兼顾：汇率政策

汇率是两种货币的相对价格，反映了不同货币的购买力。例如，2010年8月23日人民币兑美元的汇率中间价为1美元=6.7989元人民币，意味着1美元的购买力大概相当于6.7989元人民币的购买力。

政府为什么要干预汇率呢？简单地说就是，如果汇率完全听凭市场的力量而自由浮动，可能会出现剧烈波动的情形，给人们带来很大的损失。举个例子来说，今天1美元能兑换7元人民币，明天却能兑换10元人民币，后天变得只能兑换5元人民币。国内的出口商为了使收到的美元能换回更多的人民币，当然最希望用明天的汇率；国内的进口商为了用人民币换来更多的美元从而购买更多的货物，自然希望用后天的汇率。可见，要是汇率波动过于剧烈，就会给进出口贸易带来很多麻烦！所以，有时候政府站出来平抑汇率的波动，让大家都有一个合理的预期。本币汇率猛涨时，政府会抛出本币，买进外币，买入的外币就成了国家的外汇储备；本币汇率猛跌时，政府就会买进本币，卖出外币，这时，外汇储备就成了调节汇率变动的蓄水池。

　　为了平衡国际收支，政府有时也会主动引导汇率的长期变动。如果一个国家出现巨额贸易逆差，政府除了动用外汇储备弥补逆差外，有时也会让本国货币贬值，这样使出口商品具有价格竞争力，从而增加出口创汇；与此同时，贬值使进口的成本增加，从而抑制了进口，逆差的局面由此被扭转。除了调节国际收支，政府为了扶持本国出口产业，带动就业，也倾向于使用贬值这一招。如果一个国家出现了持续的巨额贸易顺差，说明出口商品卖得实在是太便宜，资源没有得到合理利用，政府会适当地让本币升值，让国际收支呈现大致的平衡。

　　汇率调整牵涉方方面面的利益，有时会招来其他国家的干预，汇率之争常常上升为国家利益之争。汇率变动的背后，既是各国货币之间的较量，也是各国实力的竞争。凡事总有利弊，一国政府总要权衡调整汇率政策的得失，主动灵活地作出相应安排。

6."窗口指导"：信贷政策

　　前面为您介绍的这些货币政策工具多数是针对经济总

量的。例如，中央银行调整利率，全社会方方面面都可能受到影响。但在有些时候，一个国家的经济总体上比较健康，局部出现一些问题。这时，中央银行就可以采取一些有针对性的、能够影响商业银行信贷行为的措施，通过商业银行信贷投放数量和方向的变化，使国家鼓励发展的领域得到更多的资金支持，而国家限制发展的领域受到切实的限制。比如，在我国，农业、高科技产业和有利于保护环境的企业或行业等，都是中央银行信贷政策鼓励和支持的领域；而高能耗、高污染、重复建设严重的行业、企业等，都是中央银行信贷政策限制的领域。

需要说明的是，中央银行的信贷政策一般采取道义劝说的方式，是指导性的，而不是必须服从的强制性、指令性政策。由于中央银行的权威性，商业银行一般都会遵从中央银行的指导性意见。

信贷政策还可以扶弱济贫，促进社会主义和谐社会的建设。由于历史的原因，我国还存在一些经济落后地区和贫困人口，同时，还有一些处于创业初期和具有较好发展前景的企业。这些地区、企业和人员单靠自身力量难以获得金融机构的资金支持。中央银行通过特定信贷政策，可以引导金融机构的资金流向这些领域，促进社会的全面繁荣与进步。

近年来，中国人民银行不失时机地推出一系列信贷政策，取得了很好的效果。例如，近年来，中国人民银行出台了相应的信贷政策，加大了对农业的支持力度，指导金融机构支持乡镇企业、县域经济和劳动密集型小企业，帮助广大农民就业致富。又如，过去几年里，我国一些城市的房地产价格增长过快，中国人民银行及时调整住房信贷政策，针对房地产价格增长过快的地区有区别地提高住房贷款最低首付款比例，引导合理的住房消费与房地产投资。再如，在中国人民银行信贷政策的推动下，金融机构近年来开办了失业人员小额担保贷款、助学贷款、中小企业贷款等，这些金融产品和服务日益受到弱势地区、企业和群体的欢迎。此外，出现突发事件或危机事件时，也可以迅速启动应急信贷政策。在应对我国2003年的"非典"和2005年的"禽流感"等突发疫情中，金融机构发挥了重要作用。

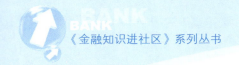

7.货币政策调控的实例和效果

虽然有这么多政策工具，但中央银行调控经济仍非易事，因为适时和适度是货币政策调控中的两大难题。在这方面我们有经验，也有教训。

专栏4.3 20世纪80年代的抢购风潮与"硬着陆"

很多人对1988年的抢购风潮还记忆犹新，那可算得上是新中国历史上少有的一幕：大到百货商店，小到街边的杂货铺，都挤满了疯狂抢购的人。很多人什么东西都抢着买，珠宝首饰、电视机，甚至是肥皂、大白菜，不管是否用得着，也不管一时能用得了多少，买到手再说，有的人家抢购的肥皂几年后还没用完。

事过境迁，这样的场景多多少少成了人们挂在嘴边的笑谈，人们只是把当年的行为浅显地理解成一时的冲动。一个人偶尔冲动行事是正常的，许多人有时跟风也能够理解，但当全国各地的人们都疯狂抢购时，就不能不引起深思了。

1988年抢购风潮的原因还得从20世纪80年代初说起，当时我国有个非常流行的词叫"价格双轨制"。它是指计划内生产的商品由计划定价，计划外生产的商品则由市场定价。定价方式不同，自然产生价差，于是就有套利的机会。许多人钻起了空子，倒买倒卖，牟取价差。到了1988年，政府提出"价格闯关"，计划一步到位地全面放开物价，实现价格并轨，结束"价格双轨制"。由于多年来的价格控制（低物价政策），放开价格自然与涨价的传言联系在一起，那时方方面面的动向都在强化着涨价的预期。当年5月，中国人民银行首次发行人民币百元钞票，而此前人们习惯用的还是那一张张"大团结"（拾元钞票）。那时的人们已经领教过1984年那一轮物价上涨的厉害，所以对涨价非常敏感，稍听到一点风声就紧张起来，虽然还不清楚决策层的具体动向，但涨价的传言已经四处蔓延，人心浮动。

到1988年8月，许多人开始成群结队地从银行取出存款，涌进各个商店，抢购任何能够保值的商品。在供不应求之下，许多商品的价格自然会涨起来，所谓的涨价传言变成了现实，刺激更多的人加入挤提存款的队伍，加入抢购的大军，最后演变成了全国性抢购风潮，引发了严重的通货膨胀。

"价格闯关"冲击之大，政府始料未及。价格和工资改革被迫搁置起来，随后政府着力进行"治理整顿"：迅速停建、缓建一大批固定资产投资项目，清理整顿大量公司，压缩社会的总需求，压缩财政开支，控制信贷规模。中国人民银行两次提高储蓄利率，还开展保值、有奖储蓄，将老百姓手里的钱重新吸收回来。到1990年，治理整顿工作有了成效，通货膨胀已经得到控制，但先前出台的政策太过猛烈，留下了不小的后遗症。抢购风潮一过，人们的购买热情迅速冷却，市场变得疲软不振，"急刹车"使经济增长猛地减缓下来，如同一架飞机一头栽到地上，所以许多人也称其为经济的"硬着陆"。

专栏4.4　20世纪90年代的通货膨胀与"软着陆"

　　1993年和1994年的中国经济就如同吃了兴奋剂，"亢奋"异常。房地产火得发烫，开发区热得冒烟，股票在疯涨，期货被热炒，资金涌动，泡沫泛起。许多人按捺不住暴富的诱惑，"下海"经商成了一时潮流。社会上流通的货币多了起来，物价也涨了起来，连平常吃的大米白面、菜肉蛋奶的价格也一个劲儿地往上蹿。日常花销增加许多，工资却没涨多少，人们感觉钞票又不值钱了，不少人又在抢购囤积值钱的东西。

　　又一次通货膨胀！1988年的抢购风潮还没完全从人们的记忆中退去，"硬着陆"的后遗症还没有彻底消散。不能再来一次"急刹车"了，如同从火炉一下子跌进冰窖，再强健的经济恐怕也经不住这般"伤筋动骨"的折腾。吸取教训，理想的办法当然是让经济徐徐降温、缓缓退烧。政府也是这么做的，出台了一系列政策。限于篇幅，我们为您着重介绍货币政策是怎么"诊治"的。

货币政策总体上打出了适度紧缩的信号，开出的"药方"大致如下：一是控制基础货币供应。1994年，汇率并轨后，买入外汇成了中国人民银行投放基础货币的主要渠道，中国人民银行同时收回对商业银行的再贷款（再贷款是指中央银行对商业银行的贷款），从而对冲抵销过多的货币，实现基础货币的稳定供给。二是强化信贷控制。商业银行的政策性业务和商业性业务开始"分家"，中国人民银行强化了对固定资产投资贷款的监控，同时整顿金融秩序，制止违规拆借资金，整肃金融机构。资金流动受到有效约束，犹如釜底抽薪，固定资产投资自然迅速降温。三是提高存贷款利率，保护储户利益，鼓励储蓄。

从1993年到1996年，各项政策逐渐发挥作用，通货膨胀率成功地降了下来，经济增长率回落到一个合适的水平，国家经济避免了大起大落的震荡，因此人们形象地称其为"软着陆"。

专栏4.5 20世纪末的通货紧缩

老百姓对通货膨胀畏之如虎，对物价上涨敏感而厌恶。通货紧缩不像通货膨胀那样容易给人们留下印象，殊不知它也不是好惹的，给经济生活造成的危害一点都不浅。

通货紧缩不是一两种商品降价了，而是物价整体地跌，持续地跌。东西普遍不好卖了，掉价实属无奈之举；而工资、原材料等成本不是说降就能降的。在通货紧缩肆虐之时，大部分企业的利润在缩水，长此以往，再大的企业也经不起折腾，要么减产裁员，要么破产倒闭。失业的人群愈加庞大，前景堪忧，人们越发捂紧了自己的钱袋，不敢再慷慨大方地花钱消费，企业也不敢大手笔地投资。产品销售越发艰难，继而是进一步地降价，更多的失业，更低的消费……一种恶性循环！

20世纪末，亚洲金融危机爆发，世界经济在衰退的阴影中挣扎，中国经济也深受通货紧缩的困扰。物价持续下降，农产品过剩；国内需求不振，出口受阻；许多企业深受其困，下岗分流人员增加。政府当然不能坐视不管，连续出台大量政策。稳健的货币政策出场了：中国人民银行通过再贷款、再贴现和购买外汇，适度增加基础货币；调低存款准备金率，增加商业银行的资金来源；从1997年10月到2002年2月，连续6次调低利率，极大地减轻了企业的利息负担；专门发布文件，支持个人消费信贷和住房信贷，以求扩大内需。在通货紧缩面前，单独使用货币政策难有作为。虽然中央银行希望给社会注入更多货币，但经济低迷之时，由于贷款风险很高，商业银行宁愿将资金放在库里，也不愿意贷出去，况且企业正受生产过剩（通货紧缩常常也表现为生产过剩）之苦，断不敢借钱投资。利率再低，人们也宁愿将钱存起来，以防有什么不测，也不敢大方地花钱消费。所以，有人形象地将货币政策比做绳子，可以"拉"住经济过热，却不能"推动"经济增长。

为促进经济增长，政府同时出台积极的财政政策：从1998年起，连续发行上千亿元长期建设国债，兴建一批重大基础性工程；这一年还发行了2700亿元特别国债，以充实商业银行资本金，剥离商业银行不良资产；从1999年开始增加机关事业单位职工工资和离退休人员的退休金，增加城市居民生活保障支出，鼓励消费；政府还提高了出口退税税率，降低关税税率，减轻企业负担，鼓励投资。

　　稳健的货币政策与积极的财政政策协调配合，为经济注入了强大活力，推动经济稳健增长。到2003年，中国经济开始摆脱通货紧缩的阴影，进入新一轮的快速增长阶段。时至2005年，积极的财政政策"功成身退"，中国进入稳健的货币政策与稳健的财政政策并行的时代。

Chapter 5

第五章
金融稳定

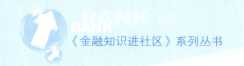

　　金融是现代经济的核心，金融市场一旦出现动荡，整个经济和社会都会大受影响。在历史上，股灾、银行倒闭、金融危机屡见不鲜，而金融危机的后果往往是经济发展停滞和社会动荡。历史的惨痛教训，值得人们深思。

　　《中国人民银行法》明确和加强了中国人民银行防范和化解金融风险、维护金融稳定的职能。为了实现这一目标，中央银行建立了一套完备的制度。维护金融乃至社会稳定，最重要的是防患于未然。中央银行也正是这么做的，它平时就在密切注视着金融市场的运行，尽早发现隐患，尽可能地采取有效措施迅速消除隐患。而当危机真正来临时，中央银行也能够及时伸出援手，帮助陷入危机的金融机构渡过难关，阻止事态扩大，稳定市场信心。

1.存款人和投资者合法利益的"守护神"

●个人债权收购制度。2004年10月，中国人民银行等相关部门联合制定并下发了《个人债权及客户证券交易结算资金收购意见》，收购范围包括除保险类机构外的所有

被处置（市场退出）金融
机构的个人债权和客户证
券交易结算资金。其中
个人债权包括个人储蓄存
款、个人持有的金融机构
发行的各类债权凭证、个
人委托金融机构运营的

放心吧。中央银行有保护存款人利益的金融稳定措施。

咱们把钱存银行安全吗？

财产、个人持有的存放于金融机构相关账户上的被金融机
构挪用的有价证券形成的对金融机构的个人债权。收购标
准是个人储蓄存款及客户证券交易结算资金的合法本息全
额收购；对于2004年9月30日（含2004年9月30日）以前
发生的收购范围内的其他个人债权，本金10万元（含10万
元）以下的全额收购，超过10万元的，超过部分9折收购。

● 保险保障基金。保险保障基金是在保险公司被撤
销、被宣告破产的情形下，用于向保单持有人或者保单受
让公司等提供救济的法定基金。2006年初，保险保障基金
理事会正式成立，保险保障基金余额约100亿元。基金分为
财产保险公司保障基金及人寿保险公司保障基金。财产保
险公司保障基金由财产保险公司、综合再保险公司和财产

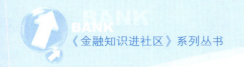
再保险公司缴纳形成。人寿保险公司保障基金由人寿保险公司、健康保险公司和人寿再保险公司缴纳形成。2008年9月，保监会、财政部、中国人民银行联合发布了《保险保障基金管理办法》，明确了保险保障基金的性质，并对保险保障基金管理体制、缴纳基数、缴纳范围和比例，以及投资渠道等多个方面进行了修订、完善。

●证券投资者保护基金。证券投资者保护制度是一种保护中小投资者的基本制度。在这一制度下，证券投资者保护公司（或基金）按一定方式筹集基金，在证券经纪机构破产或倒闭清算时，向相关投资者赔偿部分或全部损失。近年来，中国证券公司多年积累的风险不断暴露，多家证券公司被关闭、撤销或行政托管，由中央银行提供再贷款偿付被处置证券公司个人债权及弥补客户交易结算资金缺口。这种政府主导的金融机构市场退出方式，可能引发道德风险,影响中央银行货币政策独立性。2005年6月30日，中国人民银行等部门联合发布了《证券投资者保护基金管理办法》，2005年8月30日，中国证券投资者保护基金有限责任公司注册成立。

●客户交易结算资金第三方存管制度。2004年以前中国主要实行的是证券公司主导型的存管制度，投资者必须将交易结算资金存入证券公司，然后以证券公司的名义存入商业银行，这就为证券公司挪用资金打开了方便之门。与之不同，第三方存管制度在证券公司和存管银行之间形成合理的分工和制约。投资者证券账户在证券公司开立和管理、日常交易活动仍在所开户的证券公司营业部进行，但是客户交易结算资金账户须以投资者自己的名义在存管银行开立，由存管银行进行管理、核算，投资者资金转账和存取全部通过存管银行办理。这样，证券公司与存管银行在证券与资金的管理上各司其职，相互监督，可以有效防范信用风险，切实保护投资者利益。

专栏5.1 存款保险制度

存款保险制度是市场经济体系中银行业的一项基础性制度安排，其基本要素包括：存款类金融机构按照规定的标准参加存款保险和缴纳保费；建立专门的机构负责存款保险制度的运行；当某一家存款类金融机构倒闭破产时，由存款保险机构按规定标准及时向存款人予以赔付并依法参与或组织清算。存款保险制度的核心在于通过建立市场化的风险补偿机制，合理分摊政府、股东和存款人因存款类金融机构倒闭而产生的财务损失，保护存款人的利益和提升社会公众对银行体系的信心，维护金融体系的稳定。

2004年10月，中国人民银行遵照国务院有关批示精神，与发展改革委、财政部、法制办和银监会组成存款保险制度设计工作协调组，开始启动存款保险制度设计的一系列工作。

2007年第三次全国金融工作会议对存款保险制度建设提出了具体的要求，即"加快建立存款保险制度。存款保险制度要覆盖所有存款类金融企业，实行差别费率、有限赔付，及时处置风险。设立功能完善、权责统一、运作有效的存款保险机构，增强金融企业、存款人的风险意识，保护存款人合法权益"。

目前，中国的存款保险制度建设已经取得阶段性成果：起草了《存款保险条例（草案）》；

完成了《关于存款保险制度实施方案的报告（草稿）》；多次召开中外存款保险研讨会，广泛听取商业银行和国内外有关金融和法律专家的意见。到目前为止，尽管制度设计尚未形成最终定论，但有关部门已对制度实施中涉及的一些主要问题及该制度的基本框架达成初步共识，主要包括建立强制型存款保险制度、实行差别费率、实行有限赔付、赋予存款保险机构必要的职能等。

2.商业银行等金融机构最后的"救命稻草"

难怪说中央银行是"银行的银行"。

商业银行遇到麻烦的时候会向中央银行寻求救助。

中国的老百姓多有储蓄的传统。人们都很安心地把钱存进商业银行，似乎没人担心银行可能会倒闭从而不能提取存款，也没人成天盯着银行怎么支配这些存进去的钱。为

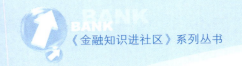

什么这么信任银行呢？许多人可能压根儿就没想过这个问题，因为银行都是国家开的，怎么可能倒闭呢？即使出了什么问题，也自然有国家想办法拯救。那谁来代表国家充当拯救者呢？恐怕没多少人知道那就是中央银行了。

早期的中央银行没有这样的职责。如果商业银行实在经营不下去了就任其关门倒闭，储户们只好眼睁睁地看着财富蒸发消失。那时的人们极为担心，一有风吹草动就纷纷涌进银行抢着取钱。恐慌容易四处传播开来，看着银行门前长长的队伍，耳边充斥着各种不利传闻，再沉得住气的人恐怕也会坐不住的，于是越来越多的人加入挤提队伍。再好的银行也难以应付这种场面，储户的大部分钱已变成贷款放了出去，一时半刻是收不回来的。银行只能四处借钱应急，可那么大的数目，不是多少人能拿得出来的，借不到足够多钱的银行难逃破产倒闭的命运。

现在，当银行遭遇危机时，拥有发行钞票特权的中央银行成了它们最后的"依靠"——最后贷款人。与其他机构相比，中央银行确实也最有能力担当这一角色。不过中央银行在扮演这个角色时非常慎重，因为它的出发点是保障全局性的经济金融稳定，不会一遇紧急情况就对银行施以援手，即使出手也不见得对每家银行都予以救助。中央银行不能作出无条件拯救任何一家银行的承诺，因为那样会纵容银行更加大胆冒险地经营。所以，人们把钱存进银行后，千万别以为就可以高枕无忧了，应该多个"心眼"，培育风险意识。

中国金融业迅速发展的同时，积累了一定的风险和历史包袱，局部地区的少数城市信用社、农村信用社、信托公司和高风险证券公司等中小金融机构风险不断积聚，曾出现了支付危机。为防止个别、局部支付风险演变为区域性甚至系统性金融风险，自1997年以来中国政府采取了一系列化解金融风险的措施，如分类处置了2000多家城市信用社，关闭了约200家信托投资公司、证券公司等非银行金融机构，清理了大量的农村合作基金会等。根据《中国人民银行法》关于防范和化解系统性金融风险、维护金融稳定的规定，中国人民银行履行最后贷款人职责，不但向暂时流动性困难的金融机构提供紧急救助，经国务院批准，在对风险金融机构采取停业整顿、关闭撤销或破产清算等方式进行风险处置时，也提供了风险处置资金，对有效防范和化解系统性金融风险，维护经济、金融和社会稳定起

到了重要作用。

专栏5.2 德隆系风险处置

　　德隆系是指以德隆国际战略投资有限公司（以下简称德隆国际）为母公司，通过控股新疆德隆（集团）有限责任公司（以下简称新疆德隆）、新疆屯河（集团）有限责任公司（以下简称新疆屯河集团），并以德隆国际、新疆德隆和新疆屯河集团为平台，经过复杂的资本运作及一系列不规范的操作，形成直接或间接控股、参股的200余家实业企业、13家金融机构的总称。有关初步研究显示，德隆系以德隆国际为母公司的实业企业汇总资产为222.25亿元，汇总负债为178.76亿元，扣除少数股东权益39.44亿元、持有金融机构股权损失、关联损失以及德隆系大量担保和抵（质）押等或有负债损失，净资产为-70多亿元。德隆系13家金融机构，剔除相互间债权债务，预计实际损失总额超过200亿元。

　　2004年4月，以德隆系所控制的合金投资、新疆屯河集团和湘火炬三只上市公司股票的连续跌停为标志，德隆系风险爆发。中国人民银行、相关部门和地方政府按照国务院统一部署，摸清德隆国际风险状况，制订了总体方案，明确了德隆系风险处置原则，并分工负责，协调有关政策，指导中国华融资产管理公司托管德隆系企业，化解德隆系风险。

经过一年多的托管，德隆系实业企业的有效资产基本处置完毕，德隆系持有的天山股份和屯河股份两家上市公司的股权已实现转让，债务重组取得积极进展。德隆系金融机构中，德恒证券、恒信证券实施关闭清算，德隆系参股的长沙市商业银行、株洲市商业银行、昆明市商业银行、南昌市商业银行和东方人寿保险公司5家金融机构，通过股权转让的方式实现了德隆系的退出。金新信托、伊斯兰信托、新疆金融租赁、新世纪金融租赁被实施停业整顿，南京国投被撤销清算。

德隆系通过直接或间接方式控股或参股了多家银行、证券公司和信托投资公司，并通过资本运作方式，在各金融机构和非金融企业之间频繁转移资金，通过资金链和大量的关联交易，将不同金融机构之间、金融机构和非金融企业之间的风险联结在一起。一旦某个金融机构或实业企业经营出现问题，集团内部的资金链断裂，个别机构的个体风险就会相互传染并影响到整个集团。这类风险如果不及时处置，还可能形成金融体系的系统性风险。

3.防患于未然：金融风险监测与评估

金融稳定评估是对一国金融体系健康状况进行的综合监测和全面评价，以确定金融体系的稳健性。对金融体系的监测和全面评估，是防范和化解金融风险、维护金融稳定的基础性工作。

在许多人眼里，似乎只有危机降临时才能清晰地看见中央银行为维持金融稳定所作出的努力。其实不然，维护金融稳定，最重要的是防患于未然，理想的情况是及时发现问题，及时采取

有效的针对性措施。实际上，中央银行平时就在密切注视
金融市场上的各种动向，利用各种统计数据研究分析金融
市场的运行情况，识别和判断金融风险，一旦出现不好的
苗头，及时采取针对性措施，堵住漏洞，消除隐患。

值得注意的是，金融稳定指的是一个国家的整个金
融体系不出现大的波动，并不是说任何金融机构都不会倒
闭。金融机构常常同时面临许多种类的风险，其中的哪个
环节出现问题，都有可能使一家金融机构遭受"灭顶之
灾"。防范和控制风险，需要各方共同努力，而中央银行要
做的，是尽可能地控制整个金融体系面临的系统性风险。
当然，要确保金融体系时时刻刻都在安全运转是非常困难
的，但中央银行确实在为这一目标而竭尽全力。当您在享受
安定生活的同时，不要忘记中央银行所作出的努力。

近年来，中国人民银行积极推进金融风险监测与评估
体系建设，初步建立了分行业监测指标体系和分析方法，
密切关注银行业、证券业、保险业和金融控股公司发展状
况，做好数据采集和加工分析工作，提高风险预警能力，
防范系统性风险。中国人民银行还采取积极措施，为加入
"金融部门评估规划"（FSAP）做好相关准备工作。

专栏5.3 中国正式启动金融部门评估规划

在总结亚洲金融危机教训的基础上，国际货币基金组织和世界银行于1999年5月联合推出"金融部门评估规划"（以下简称FSAP），旨在加强对基金组织成员国（地区）金融脆弱性的评估与监测，减少金融危机发生的可能性，同时推动成员国（地区）的金融改革和发展。FSAP以宏观审慎监测为核心，以金融市场监测、宏观金融联系分析、宏观经济监测为补充；内容包括金融结构和金融发展评估、金融部门评估、金融监管评估以及基础设施评估；主要方法是金融稳健指标分析、压力测试以及国际标准与准则评估。经过逐步发展和完善，FSAP已成为国际社会广泛接受的金融稳定评估框架。截至2009年底，已有125个国家（地区）完成了首次FSAP。2008年2月，温家宝总理宣布我国参加FSAP；胡锦涛主席在2008年11月、2009年4月的两次G20峰会上承诺我国进行FSAP。经与国际货币基金组织、世界银行协商，我国于2009年8月正式启动FSAP。

为做好启动我国FSAP的各项准备工作，中国人民银行与各有关部门进行了充分沟通协商。2009年8月，中国人民银行会同外交部等11个部门研究启动我国FSAP相关工作。各部门一致认为，在当前背景下，启动FSAP是落实我国领导人的郑重承诺，也有利于结合国际经验教训审视我国金融体系的稳健性，并促进我国金融长期、稳定、健康发展。随后，FSAP工作机制正式启动，FSAP部际领导小组和部际工作小组相继组建。

2009年9月，国际货币基金组织/世界银行FSAP先遣团来华举行会谈。FSAP部际工作小组各成员单位与先遣团进行了充分的交流和沟通，双方就我国FSAP范围和工作进程等基本达成一致，并据此签订了《中国金融部门评估规划评估范围备忘录》（以下简称《备忘录》），作为我国开展FSAP的工作指引。《备忘录》明确了我国FSAP涵盖以下内容：一是分析宏观金融风险和金融体系脆弱性；二是评价金融监管环境；三是评估系统流动性和金融稳定方面情况；四是评估相关法律、会计、信息披露等金

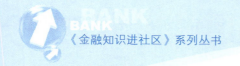

融市场基础设施建设；五是评估金融发展和金融服务可获得性；六是评估应急预案和危机管理安排。

根据《备忘录》，国际货币基金组织/世界银行FSAP评估团分别于2010年6月、11月来华进行现场评估。2011年11月15日，国际货币基金组织和世界银行公布了中国FSAP评估成果报告——《中国金融体系稳定评估报告》和《中国金融部门评估报告》。

4.增强自我防范意识：金融安全知识教育

社会公众的金融风险意识、金融法治意识和诚信观念，直接关系到金融机构的资产质量和风险状况，关系到金融体系的稳健运行。强化全社会的金融安全知识教育，可以在全社会范围内普及金融知识，增强金融风险意识，有助于维护金融稳定和社会稳定。

中国人民银行作为中国的中央银行，为维护金融稳定，大力开展金融安全知识教育，全面启动以投资者教育为核心的金融安全知识普及和宣传工作。具体而言，一是树立全社会正确的金融风险意识，使投资者了解各种金融工具，清楚地认识金融服务产品的收益和风险，促使其合理投资；二是树立全社会的金融法治意识，使全社会了解金融法律、法规和各项规章制度，减少各种金融违法行为和金融犯罪；三是提高全社会的信用观念，改善信用环境；四是促使金融机构改善金融服务，促进金融业发展和创新。

金融安全知识教育是关系金融稳定和社会稳定的重要工作，它不仅是中国人民银行的重要职责，也是各级政府、部门、金融监管机构、社会组织的共同任务。开展金融安全知识教育，使社会公众更好地了解金融、认识金融、运用金融、享受金融，在追求利益最大化的同时，有效分散和防范风险。

近年来，中国人民银行采取多种方式普及金融知识、揭示金融风险，提高社会公众的金融素质。从2005年开始，中国人民银行同地方政府在全国主要城市举办大型公

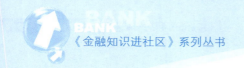

益性金融知识展览，在有关新闻媒体和网站开辟金融知识专栏，举办金融知识讲座，开展金融知识竞赛等多种金融知识普及教育活动。2006年中国人民银行编写了普及金融知识的教育读物——《金融知识国民读本》，免费向社会发放；2008年中国人民银行举办了"全国征信知识宣传月活动"暨"征信知识进社区活动"；2009年中国人民银行和共青团中央联合开展了"金融知识进社区"活动，组织编写了《金融知识进社区》学习丛书等。

世界上绝大多数国家和地区都曾在不同的历史时期实行过程度不同的外汇管制！

Chapter 6

第六章
外汇管理

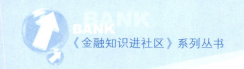
　　"外汇"一词相信大家都不陌生，您可能去银行办理过外汇方面的业务，您也可能是"炒汇一族"，您是否认为可以随时随地拿人民币去银行换外汇呢，答案是不行，因为我国实行外汇管制。

　　世界上绝大多数国家和地区都曾在不同的历史时期实行过程度不同的外汇管制，即使现在名义上完全取消了外汇管制的国家，也仍时常对居民的非贸易收支或非居民的资本项目收支实行间接的限制。

1. 外汇管理：本币与外币之间的"防火墙"

　　根据《中国人民银行法》的规定，中国人民银行具有"确定人民币汇率政策；维护合理的人民币汇率水平；实施外汇管理；持有、管理和经营国家外汇储备和黄金储备"的职能。那么，何为"外汇管理"呢，实施外汇管理有何作用呢？

　　外汇管理又称外汇管制，是指一国为了减缓国际收支危机，防止资金流失，加强黄金外汇储备，增强本币信用，稳定汇率，而对外汇买卖、国际结算和外汇汇率采取的限制性措施。它是国家加强对外汇与国际结算管理的集中反映。从宏观调控的角度看，通过外汇管制，在本币和外币之间设立屏障，可在一定程度上将本国经济与国际市场隔离开来，维护国际收支基本平衡，提高宏观调控的有效性。同时，由于发展中国家金融市场不发达，市场主体风险管理能力较弱，实行外汇管制，也有利于防范大规模跨境资本流动的冲击，维护金融稳定。具体来说，实施外汇管理有如下作用：

● 促进国际收支平衡或改善国际收支状况。长期的国际收支逆差会给一国经济带来显著的消极影响，维持国际收支平衡是政府的基本目标之一。政府可以用多种方法来调节国际收支，但是对于发展中国家来说，其他调节措施可能意味着较大代价。例如，政府实行紧缩性财政政策或货币政策可能改善国际收支，但它会影响经济发展速度，并使失业状况恶化。

● 稳定本币汇率，减少涉外经济活动中的外汇风险。汇率的频繁大幅度波动造成的外汇风险严重阻碍一国对外贸易和国际借贷活动的进行。拥有大量外汇储备的国家或

有很强的借款能力的国家可以通过动用或借入储备来稳定汇率。对于缺乏外汇储备的发展中国家来说，外汇管制是稳定本币对外币的汇率的重要手段。

● 防止资本外逃或大规模的投机性资本流动，维护本国金融市场的稳定。经济实力较弱的国家存在着非常多的可供投机资本利用的缺陷。例如，在经济高速发展时商品价格、股票价格、房地产价格往往快速上升，大大高于其内在价值。在没有外汇管制的情况下，这会吸引投机性资本的流入，进而导致价格的进一步扭曲。一旦泡沫破灭，投机性资本外逃，又会引发一系列连锁反应，造成经济状况迅速恶化。外汇管制是这些国家维护本国金融市场稳定运行的有效手段。

● 增加本国的国际储备。任何国家都需要持有一定数量的国际储备资产。国际储备不足的国家可以通过多种途径来增加国际储备，但是其中多数措施需要长期施行才能取得明显成效。外汇管制有助于政府实现增加国际储备的目的。

● 有效利用外汇资金，推动重点产业优先发展。外汇管制使政府拥有更大的对外汇运用的支配权。政府可以利用它限制某些商品进口，来保护本国的相应幼稚产业；或者向某些产业提供外汇，以扶持重点产业优先发展。

● 增强本国产品国际竞争能力。在本国企业不足以保证产品的国际竞争能力的条件下，政府可以借助于外汇管制为企业开拓国外市场。例如，规定官方汇率是外汇管制的重要手段之一，当政府直接调低本币汇率时，或限制短期资本流入时，都有助于本国增加出口。

● 增强金融安全。金融安全指一国在金融国际化条件下具有抗拒内外金融风险和外部冲击的能力。开放程度越高，一国维护金融安全的责任和压力越大。影响金融安全的因素包括国内不良贷款、金融体制改革和监管等内部因素，也涉及外债规模和使用效益、国际游资冲击等涉外因素。发展中国家经济发展水平较低，经济结构有种种缺陷，特别需要把外汇管制作为增强本国金融安全的手段。

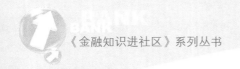
专栏6.1 中国外汇管理体制的演变和现行框架

现阶段，中国实现了人民币经常项目可兑换，资本项目部分可兑换。外汇管理方式逐渐由事前审批转向事后监督，由直接管理转向间接管理。有关跨境资金交易，大多通过外汇指定银行进行，外汇管理部门主要在事后监管银行外汇业务的合规性。加快建立健全调节国际收支的市场机制与管理体制，加强对资金流出入的均衡管理，完善统计监测预警制度，促进国际收支基本平衡。

≫ 人民币经常项目分步实现了可兑换

根据国际货币基金组织的定义，经常项目可兑换是指一国不再对经常性国际交易的对外支付进行汇兑限制，不再实行歧视性货币措施或多重汇率安排等。改革开放之前，中国外汇统收统支，所有外汇收入上缴国家，外汇支出由计划分配。1979年以后，实行外汇留成制度，在外汇分配领域引入市场机制。随着留成比例逐步提高，市场调节外汇收支的作用不断提升。1994年，中国实现经常项目有条件可兑换，取消对中资企业贸易及与贸易有关的非贸易经营性用汇限制。1996年12月，中国接受《国际货币基金组织协定》第八条款义务，实现人民币经常项目可兑换，取消所有经常项目对外支付和转移的限制。经常项目外汇交易只要具备真实性，都可以进行。

具体而言，境内机构经常项目用汇基本上可直接按照市场汇率凭有效凭证从外汇指定银行购汇。我国对境内居民个人用汇实行年度购汇总额管理，总额以内的用汇，直接持有效身份证件在银行申报用途后购买。为了区分经常项目和资本项目交易，防止无交易背景的逃骗汇、洗钱和资金流动套利等违法犯罪行为，经常项目外汇管理仍实行真实性审核，这并不构成对经常项目可兑换的限制。为促进贸易投资便利化，有关审核程序和凭证不断简化。

从2008年起，为防止异常资金流入，外汇管理部门与海关总署、商务部联合实行出口收结汇联网核查政策，实施进出口企业商业性贸易信贷登记管理制度，加强对贸易项下资金流入与货物出口的真实性、一致性审核。对经常项目外汇收入，企业可按实际需要保留。根据2008年新修订出台的《外汇管理条例》，企业经过批准，可在境外保留经常项目外汇收入。

» 人民币资本项目部分可兑换

国际上，对资本项目可兑换没有统一、规范的界定。通常而言，资本项目可兑换是指取消对跨境资本交易和汇兑活动的限制。资本项目可兑换是相对的，世界上不存在完全不受限制的可兑换。

改革开放以来，中国大体按照"先流入后流出、先长期后短期、先直接后间接、先机构后个人"的次序，有计划、分步骤地推进资本账户开放，人民币资本项目可兑换程度不断提高。目前，严格的管制主要是针对非居民在境内发行或买卖金融工具、非居民在境内自由发行或买卖金融衍生工具、居民对外借款和放贷等。

具体而言，在直接投资方面，外国投资者可在中国境内成立外商投资企业。外汇管理部门以登记管理为中心，管理外商直接投资的流入、流出以及各种中间环节，对外商投资企业实行年检。直接投资外汇流入以及外方所得利润，因企业清算、减资、转股和先行收回投资所得资本的汇出或境内再投资，需经外汇管理部门核准。中国境内居民可对外进行直接投资，外汇管理部门进行外汇登记，对资金流出和流入、汇兑以及对境外关联企业放款等进行核准管理。

国家有外汇管制，你得提前购汇！

最近我打算出国玩玩。

在证券投资方面，外国投资者可用外币认购和买卖B股。通过合格境外机构投资者（QFII）制度，允许符合一定条件的境外机构投资者，在批准额度范围内汇入外汇资金并兑成人民币，投资国内A股、国债、公司债券等。国际开发机构可在中国发行人民币债券。境内企业经批准，可在境外上市筹集资金，但须办理外汇登记，募集的资金原则上应在一定期限内调回，在此期间内经批准可存放境外进行保值运作。境内银行、保险公司以及证券公司等金融机构经批准后，可作为合格境内机构投资者（QDII），在核定的外汇额度内在国际资本市场上投资有价证券。境内居民个人不允许直接投资境外资本市场，但可委托有业务资格的金融机构或购买其产品实现间接投资。

在外债管理方面，境内企业、金融机构可对外举借外债，境内居民个人不能对外借入外债。中资企业和金融机构短期外债实行限额管理，外商投资企业的所有外债不得超过其总投资与注册资本的差额。外债的结汇和还本付息方面，实行审批、审核管理制度。实行外债登记管理制度，借款单位须到外汇管理部门办理外债登记手续，提供必要的外债统计监测信息。

此外，非居民个人在中国境内购买房地产应符合自用和实需原则。允许从中国内地移居境外（包括港澳地区）的自然人转移其在境内拥有的合法财

产，允许外国公民（包括港澳永久居民）转移其在境内继承的遗产。

》 加强和完善对金融机构外汇业务的监督和管理

对金融机构外汇业务的监管主要分为银行业外汇业务监管、保险业外汇业务监管、证券业外汇业务监管等方面。经相关主管部门核准后，金融机构可开展存款、贷款、汇款、结算、担保、投资以及各种中间业务等，外汇管理部门主要是对其涉及的外汇业务进行核准和监管，金融机构办理各项外汇业务须遵守中国经常项目、资本项目管理的各项规定。银行机构可吸收外汇存款，按管理部门核定的外债额度借入外债，对客户发放外汇贷款，并向客户买卖外汇，即结售汇业务。监管银行办理的结售汇业务，是外汇监管的一项重要内容。这是因为，目前经常项目各项外汇收支基本上直接到外汇指定银行办理；资本项目的外汇收支经外汇管理部门或由银行直接批准或核准后，也在外汇指定银行办理。银行在办理结售汇业务中，必须严格按照规定审核有关凭证，防止资本项目下的外汇收支混入经常项目结售汇。类似地，保险、证券、信托等机构经批准后，可经营外汇委托存款、委托贷款、外汇投资等业务，外汇投资一般要受到额度管理。

外汇管理部门对金融机构执行外汇管理规定进行考核，激励、督促银行合规经营，有效贯彻各项外汇管理政策，充分发挥银行在外汇收支监管中的积极作用。

》 建立健全国际收支统计监测预警体系

1981年，中国制定了国际收支统计制度，自1982年开始正式编制国际收支平衡表，1985年起向社会发布；1986年开始进行外债统计；1994年开始银行结售汇统计；1996年开展跨境资金流动统计；2005年起发布中国国际收支报告；2006年起发布国际投资头寸表。

目前，中国建立了比较完整的国际收支统计体系，该体系在国际收支统计数据采集方面包括两个层次：一是国际收支申报体系，包括通过境内银行进行国际收支统计申报、金融机构对境外资产负债及损益申报、汇兑业务统计申报、证券投资统计申报四部分内容。二是企业调查体系，通过统计抽样，选取样本企业报送国际收支交易和存量数据，补充国际收支统计间接申报和直接申报无法获取的数据。对数据采集处理后，定期对外公布中国国际收支平衡表和国际投资头寸表，每半年发布一次《中国国际收支报告》。

为了加强对跨境资金流动的监测，防范国际收支风险，结合国际一般经验和新兴市场国家发生危机的教训，2003年正式运行国际收支风险预警系统，对国际收支风险状况进行按季度监测。2005年运行高频债务监测预警系统和市场预期调查系统，及时掌握市场主体对宏观经济和外汇形势的看法，加强对流动性强的外债的监测。此外，建立国家有关部门参加的异常外汇资金流动监管协调机制，制定非现场监测指标，组织有关部门协查和依法处理资金非法流动案件。

》 发展外汇市场

在计划经济时期，中国对外汇进行高度集中管理，当时没有外汇市场。改革开放之初，中国实行外汇留成制度，建立和发展外汇调剂市场。1994年，中国实行银行结售汇制度，建立全国统一的银行间外汇市场和银行对客户的结售汇

市场。此后，不断改进银行间外汇市场交易机制，扩大市场主体，增加交易工具，进一步理顺供求关系。目前，初步形成了外汇零售和银行间批发市场相结合，竞价和询价交易方式相补充，覆盖即期、远期和掉期等类型外汇交易工具的市场体系。目前，银行间外汇市场包括本币对外币即期市场、远期市场和掉期市场以及外币对外币买卖市场。中外资银行、非银行金融机构和非金融性企业经批准成为中国外汇交易中心会员后，即可参与人民币对外币即期外汇市场交易以及外币对外币买卖；符合条件的中国外汇交易中心会员经国家外汇管理局备案后，可参与银行间远期外汇交易和掉期交易。在交易方式上，实行银行间竞价交易和询价交易方式，

同时引入人民币对外币交易做市商制度。2008年，在北京、上海开展小额外币兑换特许业务试点，以满足个人日益增长的本外币汇兑需要。允许符合条件的企业、集团、财务公司开展即期结售汇业务，进一步便利企业集团的外汇资金内部运营。

下一阶段，中国外汇管理还需要不断深化改革，提高管理的有效性。一是为适应社会主义市场经济发展的需要，应逐步放松行政管制，促进资源的合理流动，充分发挥市场机制的作用。二是未来相当一段时期，仍将保持外汇大量净流入态势，促进国际收支基本平衡的任务依然艰巨。三是随着改革开放的深入、经济市场化程度的提高和融入经济全球化的加深，市场主体对利率、汇率等价格信号越来越敏感，跨境关联交易日益频繁，交易方式复杂多样，金融创新层出不穷，传统的外汇管理方式将面临更大挑战。四是随着跨境资金流动规模不断扩大，国际资本流动冲击风险增大，为提高金融调控的有效性、维护国家金融安全，需要在推进人民币可兑换的同时，进一步加强国际收支监测、预警，打击违规资金流动。

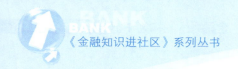
2. 国际收支平衡表：国际收支核算的重要工具

一国的国际收支是通过国际收支平衡表来体现的。国际收支平衡表是指国际收支按照特定账户分类和复式记账原则表示的会计报表。运用国际收支平衡表可以进行国际收支平衡状况分析，重点是分析国际收支差额，并找出原因，以便采取相应对策，扭转不平衡状况；可以对国际收支结构进行分析，揭示各个项目在国际收支中的地位和作用，从结构变化中发现问题并找出原因，为指导对外经济活动提供依据。

根据国际货币基金组织制定的第五版《国际收支手册》，国际收支账户可分为三类账户：经常账户、资本与金融账户、误差与遗漏账户。

●经常账户。经常账户是指对实际资源在国际间的流动行为进行记录的账户，包括的项目主要有：货物、服务、收入和经常转移。

●资本与金融账户。资本与金融账户是指对资产所有权在国际间流动行为进行记录的账户，包括资本账户和金融账户两部分。资本账户包括资本转移和非生产、非金融资产的收购或放弃两个部分。非生产、非金融资产的收购或放弃是指各种无形资产如专利、版权、商标、经销权以及租赁和其他可转让合同的交易。金融账户包括引起一个经济体对外资产和负债所有权变更的所有权交易。根据投资类型或功能，金融账户可以分为直接投资、证券投资、其他投资、储备资产四类。

● 误差与遗漏账户。国际收支账户运用的是复式计账法，因此所有账户的借方总额与贷方总额应相等。但是，由于不同账户的统计资料来源不一，记录时间不同，再加上一些人为因素等原因，在结账时往往会出现净的借方或贷方余额，这时就需要人为设立一个抵消账户，数目与上述余额相等而方向相反。这个账户就是误差与遗漏账户。

专栏6.2 中国国际收支平衡表

我国从1980年开始试编制国际收支平衡表，1981年制定了我国的国际收支统计制度，并于1984年进行补充和修改，使得我国的国际收支平衡表在

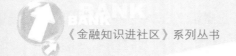
项目的设立分类、时间的记载等方面更合理、更具有国际可比性，1985年起我国对外公布国际收支平衡表。1996年之前，我国依照国际货币基金组织《国际收支手册》第四版规定的方法编制国际收支平衡表，国家外汇管理局在编制国际收支平衡表时，从各种来源收集数据，这些来源包括政府机构、银行和国家外汇管理局的记录等。从1996年开始，我国按照国际货币基金组织《国际收支手册》第五版规定的各项原则并根据我国的具体情况编制国际收支平衡表，采用复式记账法的原理记录国际经济交易。所有交易都发生在我国大陆居民和非居民之间。国际收支平衡表的贷方项目包括：货物和服务的出口、收益收入、接受的货物和资金的无偿援助、金融负债的增加和金融资产的减少；借方项目包括：货物和服务的进口、收益支出、对外提供的货物和资金无偿援助、金融资产的增加和金融负债的减少。

目前，我国国际收支平衡表分为四大类项目：经常项目、资本和金融项目、储备资产、净误差与遗漏。国家外汇管理局把这四大类项目分成200多个子项目，经过整理后对外公布50多个项目，每个季度公布一次数据。我国国际收支平衡表中所需要的数据庞大，数据来源非常广泛，概而言之，数据主要来源于国家外汇管理局系统以及其他系统。国家外汇管理局系统的数据主要有三类：一类是外汇管理局编制的国际交易报告系统，该部分数据主要用于经常项目中的服务项；二类是外汇管理局储备司的相关储备项目数据；三类是外汇管理局资本项目司的外债数据。其他系统则包括：海关数据，主要用于经常项目下的货物项；商务部的直接投资数据，主要用于直接投资项目；国家旅游局的国际旅游数据，主要用于经常项目中服务项下的旅游项目；证监会和中国人民银行的相关数据，主要用于金融项目下的相关项目。近年来，我国国际收支平衡表的统计质量明显提高，国际收支平衡表中的净误差与遗漏所占比重不断下降。国际收支统计体系的完善和统计数据质量的提高为我国宏观经济决策提供了良好的基础。

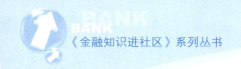
3.汇率制度：固定还是浮动

由于各个国家都有自己的货币，随着国与国之间的经济交往，就必然存在着不同货币之间的交换和买卖，这时就需要汇率。所谓汇率是指以一种货币表示的另一种货币的相对价格，或者可以简单地理解为两种货币之间的兑换比率、比价或价格。

汇率制度又称汇率安排，是指一国货币当局对汇率制度本国汇率变动的基本方式所作的一系列安排或规定。传统上，按照汇率变动的幅度，汇率制度被分为两大类型：固定汇率制和浮动汇率制。

●固定汇率制是指以本位货币本身或法定含金量为确定汇率的基准，汇率比较稳定的一种汇率制度。在不同的货币制度下具有不同的固定汇率制度。

●浮动汇率制是指一国不规定本币与外币的黄金平价

和汇率上下波动的界限，货币当局也不再承担维持汇率波动界限的义务，汇率随外汇市场供求关系变化而自由上下浮动的一种汇率制度。

专栏6.3 汇率制度的演变

》 金本位体系下的固定汇率制

1880-1914年，主要西方国家通行金本位制，即各国在流通中使用具有一定成色和重量的金币作为货币，金币可以自由铸造、自由兑换及自由输出入。在金本位体系下，两国之间货币的汇率由它们各自的含金量之比——金平价来决定，例如，1英镑的含金量为113.0015格林，而1美元的含金量为23.22格林，则

1英镑=113.0015/23.22=4.8665美元

只要两国货币的含金量不变，两国货币的汇率就保持稳定。当然，这种固定汇率也要受外汇供求、国际收支的影响，但是汇率的波动仅限于黄金输送点。黄金输送点是指汇价波动而引起黄金从一

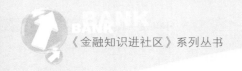
国输出或输入的界限。汇率波动的最高界限是铸币平价加运金费用，即黄金输出点；汇率波动的最低界限是铸币平价减运金费用，即黄金输入点。

当一国国际收支发生逆差，外汇汇率上涨超过黄金输出点，将引起黄金外流，货币流通量减少，通货紧缩，物价下降，从而提高商品在国际市场上的竞争能力。输出增加，输入减少，导致国际收支恢复平衡；反之，当国际收支发生顺差时，外汇汇率下跌低于黄金输入点，将引起黄金流入，货币流通量增加，物价上涨，输出减少，输入增加，最后导致国际收支恢复平衡。由于黄金输送点和物价的机能作用，把汇率波动限制在有限的范围内，对汇率起到自动调节的作用，从而保持汇率的相对稳定。在第一次世界大战之前的35年间，美国、英国、法国、德国等国家的汇率从未发生过升值、贬值波动。

1914年第一次世界大战爆发，各国停止黄金输出入，金本位体系即告解体。第一次世界大战与第二次世界大战之间，各国货币基本上没有遵守一个普遍的汇率规则，处于混乱的各行其是的状态。固定汇率制保障了国际贸易和信贷的安全，方便生产成本的核算，避免了国际投资的汇率风险，推动了国际贸易和国际投资的发展。但是，严格的固定汇率致使各国难以根据本国经济发展的需要执行有利的货币政策，经济增长受到较大制约。

» 布雷顿森林体系下的固定汇率制

布雷顿森林体系下的固定汇率制也可以说是以美元为中心的固定汇率制。1944年7月，在第二次世界大战即将胜利的前夕，第二次世界大战中的45个同盟国在美国新罕布什尔州的布雷顿森林村召开了"联合和联盟国家国际货币金融会议"，通过了《国际货币基金协定》和《国际复兴开发银行协定》，总称《布雷顿森林协定》，从此开始了布雷顿森林体系。

布雷顿森林体系下的汇率制度，概括起来就是美元与黄金挂钩，其他货币与美元挂钩的"双挂钩"制度。具体内容是：美国公布美元的含金量，1美元的含金量为0.888671克，美元与黄金的兑换比例为1盎司黄金=35美元。其他货币按各自的含金量与美元挂钩，确定其与美元的汇率。这就意味着其他国家货币都盯住美元，美元成了各国货币围绕的中心。

各国货币对美元的汇率只能在平价上下各1%的限度内波动，1971年12月后调整为平价上下2.25%的波动，超过这个限度，各国中央银行有义务在外汇市场上进行干预，以保持汇率的稳定。只有在一国的国际收支发生"根本性不平衡"时，才允许贬值或升值。各会员国如需变更平价，必须事先通知国际货币基金组织，如果变动的幅度在旧平价的10%以下，国际货币基金组织应无异议；若超过10%，须取得国际货币基金组织同意后才能变更。如果在国际货币基金组织反对的情况下，会员国擅自变更货币平价，国际货币基金组织有权停止该会员国向国际货币基金组织借款的权利。

综上所述，布雷顿森林体系下的固定汇率制，实质上是一种可调整的盯住汇率制，它兼有固定汇率与弹性汇率的特点，即在短期内汇率要保持稳定，这类似金本位制度下的固定汇率制；但它又允许在一国国际收支发生根本性不平衡时可以随时调整，这类似弹性汇率。

1971年8月15日，美国总统尼克松宣布美元贬值和美元停兑黄金，布雷顿森林体系开始崩溃，尽管1971年12月十国集团达成了《史密森协议》，宣布美元贬值，由1盎司黄金兑换35美元调整到38美元，汇兑平价的幅度由1%扩大到2.5%，但到1973年2月，美元第二次贬值，欧洲国家及其他主要资本主义国家纷纷退出固定汇率制，固定汇率制彻底瓦解。

固定汇率制解体的原因主要是美元供求与黄金储备之间的矛盾造成的。货币间的汇兑平价只是第二次世界大战后初期世界经济形势的反应，美国依靠其雄厚的经济实力和黄金储备，高估美元，低估黄金，而随着日本和西欧经济复苏和迅速发展，美国的霸权地位不断下降，美元灾加剧了黄金供求状况的恶化，特别是美国为发展国内经济及对付越南战争造成的国际收支逆差，又不断增加货币发行，这使美元远远低于金平价，使黄金官价越来越成为买方一相情愿的价格。加之国际市场上投机者抓住固定汇率制的瓦解趋势推波助澜，大肆借美元对黄金下赌注，进一步增加了美元的超额供应和对黄金的超额需求，最终美国黄金储备面临枯竭的危机，不得不放弃美元金本位制，导致固定汇率制彻底崩溃。

≫ 浮动汇率制度

全球金融体系自1973年3月以后，以美元为中心的固定汇率制度就不复存在，而被浮动汇率制度所代替。

实行浮动汇率制度的国家大都是世界主要工业国，如美国、英国、德国、日本等，其他大多数国家和地区仍然实行盯住的汇率制度，其货币大都盯住美元、日元、法国法郎等。

在实行浮动汇率制后，各国原规定的货币法定含金量或与其他国家订立纸币的黄金平价就不起任何作用了，因此，国家汇率体系趋向复杂化、市场化。

在浮动汇率制度下，各国不再规定汇率上下波动的幅度，中央银行也不再承担维持波动上下限的义务，各国汇率是根据外汇市场中的外汇供求状况，自行浮动和调整的结果。同时，一国国际收支状况引起的外汇供求变化是影响汇率变化的主要因素：国际收支顺差的国家，外汇供给增加，外国货币价格下跌、汇率下浮；国际收支逆差的国家，对外汇的需求增加，外国货币价格上涨、汇率上浮。汇率上下波动是外汇市场的正常现象，一国货币汇率上浮，就是货币升值，下浮就是贬值。

应该说，浮动汇率制是对固定汇率制的进步。随着全球国际货币制度的不断改革，国际货币基金组织于1978年4月1日修改国际货币基金组织条文并正式生效，实行所谓"有管理的浮动汇率制"。由于新的汇率协议使各国在汇率制度的选择上具有很强的自由度，所以现在各国实行的汇率制度多种多样，有单独

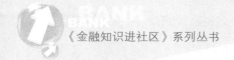
浮动、盯住浮动、弹性浮动、联合浮动等。

（1）单独浮动。指一国货币不与其他任何货币固定汇率，其汇率根据市场外汇供求关系来决定。

（2）盯住浮动。指一国货币与另一种货币保持固定汇率，随后者的浮动而浮动。一般地，货币不稳定的国家可以通过盯住一种稳定的货币来约束本国的通货膨胀，提高货币信誉。当然，采用盯住浮动方式，也会使本国的经济发展受制于被盯住国的经济状况，从而蒙受损失。

（3）弹性浮动。指一国根据自身发展需要，对盯住汇率在一定弹性范围内可自由浮动，或按一整套经济指标对汇率进行调整，从而避免盯住浮动汇率的缺陷，获得外汇管理、货币政策方面更多的自主权。

（4）联合浮动。指国家集团对成员国内部货币实行固定汇率，对集团外货币则实行联合的浮动汇率。

在经济全球化进程中，过去美元在国际金融的一统天下，正在向多极化发展，国际货币体系将向各国汇率自由浮动、国际储备多元化、金融自由化、国际化的趋势发展。

中国汇率政策的主要内容是选择适当的汇率机制，促进人民币汇率达到合理均衡水平并保持基本稳定，使国民经济在对内对外两方面同时实现平衡。

● 改革开放前，人民币汇率由国家确定和管理，外汇市场尚未形成。改革开放以后，人民币汇率制度逐步由计划向市场转变。1979年，中国对出口企业实行外汇留成制度，允许留成的外汇相互调剂，在此基础上逐渐形成了外汇调剂市场和外汇调剂汇率，形成官方汇率与调剂市场汇率并存的"双重汇率"制度。

● 1994年1月1日，中国进行汇率体制改革，人民币官方汇率与外汇调剂市场汇率并轨，实行单一的、有管理的浮动汇率制度，并且实现了人民币经常项目有条件可兑换。1994年的外汇体制改革是一个重要的里程碑，从此人

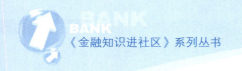
民币汇率形成机制逐步走向市场化。

● 1996年12月，中国宣布正式接受《国际货币基金组织协定》第八条款，实行人民币经常项目可兑换，这大大提高了外汇市场的市场化程度，改善了人民币汇率形成的市场条件。

● 2005年7月21日，中国启动了新一轮的人民币汇率形成机制改革，开始实行以市场供求为基础，参考一篮子货币进行调节、有管理的浮动汇率制度。人民币汇率不再盯住单一美元，而是按照中国对外经济发展的实际情况，选择若干种主要货币，赋予相应的权重，组成一个货币篮子。同时，根据国内外经济金融形势，以市场供求为基础，参考一篮子货币计算人民币多边汇率指数的变化，对人民币汇率进行管理和调节，维护人民币汇率在合理均衡水平上的基本稳定。

● 之后，为进一步改善人民币汇率生成的市场基础，中国人民银行采取了一系列措施深化外汇管理体制改革，完善银行间外汇市场体系，进一步提高人民币汇率形成机制的市场化程度和灵活性。

目前，中国的汇率政策包括以下内容：

● 保持人民币汇率在合理均衡水平上的基本稳定。中国是一个发展中的大国，需要一个相对稳定的国际、国内金融环境，中国经济的稳定发展对亚洲和世界都具有积极意义。事实证明，保持人民币汇率在合理均衡水平上的基本稳定，不仅有利于中国，而且有利于亚洲和世界。

●进一步完善人民币汇率形成机制。由于人民币还不是完全可兑换货币，因此外汇市场的状况还不能完全反映真实的供求关系，汇率在资源配置中的积极作用有待进一步增强。因此，中国将继续按照改革开放的整体部署，从中国的实际出发，积极培育外汇市场，稳步推进人民币可兑换进程，进一步理顺供求关系，不断提高汇率形成的市场化程度。

●采取多种措施促进国际收支平衡。一方面，继续扩大内需、加快国内经济结构调整；另一方面，加强国际经济金融政策的协调与合作，努力改善国际收支平衡状况，促进经济内外协调发展。

4.外汇储备：以备不时之需

外汇储备是指一国政府所持有的国际储备资产中的外

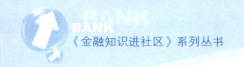
汇部分，即一国政府保有的以外币表示的债权，是一个国家货币当局持有并可以随时兑换外国货币的资产。狭义而言，外汇储备是一个国家经济实力的重要组成部分，是一国用于平衡国际收支、稳定汇率、偿还对外债务的外汇积累。广义而言，外汇储备是指以外汇计价的资产，包括现钞、国外银行存款、国外有价证券等。

外汇储备是当今国际储备中的主体。在国际储备中外汇储备的金额超过所有其他类型的储备（即在国际货币基金组织的储备头寸、特别提款权、货币性黄金储备），而且使用频率最高、规模最大。外汇储备的主要形式是国外银行存款与外国政府债券。

作为外汇储备的货币称为储备货币，储备货币一般必须具备三个条件：(1)普遍接受性，即各国普遍接受的国际通货；(2)汇率及购买力相对稳定；(3)在国际货币体系中占有重要地位。国际社会对这种货币具有信心，价值相对稳定。在1880—1914年，英镑是主要的国际储备货币。20世纪30年代后，随着美国经济实力的上升，美元和英镑同时成为国际储备货币。在两次世界大战之间，英镑、美元和法国法郎是重要的储备货币，布雷顿森林体系建立后，美元成为最主要的储备货币。1973年布雷顿森林体系崩溃，固定汇率制被浮动汇率制代替，储备汇率出现多元化趋势。目前，充当外汇储备的主要货币有美元、日元、英镑、欧元等。

外汇储备是国际储备的主体，因此，外汇储备的供给状况对世界经济有着直接的影响。如果储备供应过多，则会增加货币供应量，引发或加剧世界性通货膨胀；而储备供应过少，则不利于国际经济交易活动的顺利开展。适度的外汇储备水平取决于多种因素，如进出口状况、外债规模、实际利用外资等。应根据持有外汇储备的收益、成本比较和这些方面的状况把外汇储备保持在适度的水平上。一般说来，外汇储备的增加不仅可以增强宏观调控的能力，而且有利于维护国家和企业在国际上的信誉，有助于拓展国际贸易、吸引外国投资、降低国内企业融资成本、防范和化解国际金融风险。

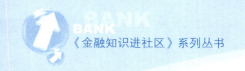

外汇储备就其影响来说具有两面性，有利的方面主要包括四点：

● 调节国际收支，保证对外支付。一定的外汇储备是一国进行经济调节、实现内外平衡的重要手段。当国际收支出现逆差时，动用外汇储备可以促进国际收支的平衡；当国内宏观经济不平衡，出现总需求大于总供给时，可以动用外汇组织进口，从而调节总供给与总需求的关系，促进宏观经济的平衡。

● 干预外汇市场，稳定本币汇率。同时当汇率出现波动时，也可以利用外汇储备干预汇率，使之趋于稳定。

● 维护国际信誉，提高融资能力。外汇储备的增加不仅可以增强宏观调控的能力，而且有利于维护国家和企业在国际上的信誉。

● 增强综合国力，抵抗金融风险。外汇储备有助于拓展国际贸易、吸引外国投资、降低国内企业融资成本，从而防范和化解国际金融风险。

外汇储备的不利影响主要有三个方面：

● 损害经济增长的潜力。一定规模的外汇储备流入代表着相应规模的实物资源的流出，这种状况不利于一国经济的增长。如果外汇储备超常增长持续下去，将损害经济增长的潜力。

●带来利差损失。投资利润率和外汇储备收益率之间存在差额，这使得外汇储备存在潜在的利差损失。如果考虑到汇率变动的风险，这一潜在损失更大。另外，外汇储备构成中绝大部分是美元资产，若美元贬值，则储备资产将严重缩水。

●加速热钱流入，引发或加速本国的通货膨胀。

改革开放之前我国的外汇储备规模一直很小，到1978年仅有16亿美元。改革开放以后，随着国家宏观经济政策调整、外商直接投资增加和外贸外汇改革成功，我国外汇储备先后经历了20世纪80年代上半期稳步增长、80年代下半期剧烈波动、90年代初迅速增长，以及到目前为止的超常规增长几个阶段。

1992年之前我国的外汇储备包括两个部分：一是国家外汇库存，即国家对外贸易和非贸易收支的历年差额的总和；二是中国银行外汇结存，即由中国银行的自有外汇资金，加上其在国内外吸收的外汇存款与对外借款，减去其在国内外外汇贷款与投资之后的

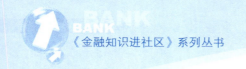
余额。1992年起，我国正式将国家外汇库存作为外汇储备的唯一组成部分。1994年1月1日，我国进行了外汇体制改革，人民币官方汇率与外汇调剂市场汇率并轨。实行银行结售汇制度。从此以后，随着我国国际收支状况的显著改善，外汇储备大幅增加。截至2010年6月，我国的外汇储备已达24542.75亿美元。

专栏6.4　我国外汇储备的管理

根据《中国人民银行法》，中国人民银行作为我国中央银行持有国家外汇储备，授权国家外汇管理局经营和管理。国家外汇管理局专门成立了中央外汇业务中心（储备管理司），由一支专业化的团队对我国外汇储备进行管理。长期以来，

国家外汇管理局始终遵循"安全、流动、增值"三原则，在明确、完善的授权体系下进行规范化、专业化的资产管理，逐步形成了一套符合我国国情的储备经营管理体系。

确定适度的外汇储备水平是管理外汇储备的关键。一国外汇储备并非越多越好，但也不能过少。在确定我国外汇储备水平的适度规模上，主要考虑以下几个因素：

▶▶ 对外贸易状况

随着改革开放的政策不断取得成效，我国的对外贸易飞速发展。进出口贸易连续数年保持高增长。目前我国的外汇储备水平约能满足16个月的进口需求，远高于国际公认的储备应不低于3个月进口额的水平。

▶▶ 融资能力

近年来，我国在国际上的经济和政治地位不断提高。随着国力不断增强，国际储备水平上升，我国的资信等级较高，在国际市场上有较强的融资能力，利用外资规模不断上升。

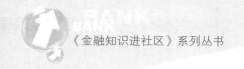
» 汇率制度及调节手段

我国目前实行的是以市场供求为基础，参考一篮子货币进行调节、有管理的浮动汇率制度。在这种制度下，我国金融当局仍须持有相当规模外汇储备，在必要时对外汇市场进行干预，以便在增强人民币汇率弹性的同时，保持人民币汇率在合理、均衡水平上的基本稳定。随着汇率制定和外汇管理体制的改革，人民币实现完全可自由兑换后，汇率对国际收支调节作用将更加突出，从长远来看，我国外汇储备水平将会降低。

» 对外债务情况

一国债务总量越大，所须持有的外汇储备也越多。在短期债务较多的情况下，更应有充足的外汇储备作为保证。从我国目前的情况来看，我国的外汇储备规模相当于外债的3.24倍。这一指标显示我国的外汇储备十分充裕。

从储备结构管理方面看，外汇储备的结构管理包括两个方面：一是储备币种的选择及所占比例，二是外汇资产构成的选择。

在储备货币的选择上主要考虑以下因素：

》 贸易结构

我国加入世界贸易组织以来，国际贸易总量逐年上升，贸易顺差屡创新高。为了保证对外支付能力，我国的外汇储备在币种的选择上应考虑进出口的来源、去向、数量及使用货币等因素。根据这一原则，我国储备货币主要为美元、欧元、日元和英镑等。

》 外债结构

为了确保对外及时还本付息以及降低币种转换的交易成本和风险，我国的外汇储备币种组合上还应考虑外债的币种结构。从目前情况看，我国外债所涉及的币种主要是美元、日元、英镑和欧元。目前我国的外汇储备相当于外债的3.24倍，这显示我国有充足的外汇储备可以应对偿债的需要。

》 汇率制度

我国自2005年7月21日开始实行以市场供求为基础，参考一篮子货币进行调节、有管理的浮动汇率制度。按照现行的机制，根据市场的变化，人民币具有自主向上和向下浮动。外汇储备的构成安排

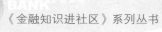

需考虑与汇率所参考的一篮子货币的构成。

» 储备货币的风险与收益

我国外汇管理一直遵循安全、流动、增值的原则。外汇储备结构管理的另一方面是储备资产形式的选择问题，即外汇储备中外国政府债券、准政府债券、银行存款、机构债券、公司债券、股票等各类资产所占的比例。目前我国的外汇储备中，美国政府部门发行的各种证券和其他长期金融资产，及美元短期资产占外汇储备的相当规模。这表明我国外汇储备具有较好的流动性、充足性和安全性，但是由于金融债券的名义收益率较低，我国外汇储备的收益性受到限制。同时，通货膨胀率和美元贬值等因素对我国外汇储备收益的影响也不容忽视。

后　记

　　根据中国人民银行和共青团中央《关于开展"青春共建和谐社区行动·金融知识进社区"活动的通知》（银发【2008】184号）精神，活动领导小组办公室于2008年组织有关专家编写出版了《金融知识进社区》系列丛书（共5本），作为配套读物在活动期间向公众发放。丛书以图文并茂的形式，深入浅出地介绍了金融领域与百姓生活密切相关的银行、证券、保险、理财和人民币的有关知识，受到了百姓的普遍欢迎。

　　活动期间，组织者通过问卷调查、实地走访等多种形式深入开展了社区居民金融知识需求调研。根据调研情况、读者反馈和清华大学媒介实验室的跟踪调查评估结果，我们组织专家对《金融知识进社区》系列丛书的内容进行了充实和更新，结构进行了重新调整，又邀请人民银行、银监会、证监会、保监会和中国理财师协会有关专家进行了审定，形成这套《金融知识进社区》系列丛书（共4册）。

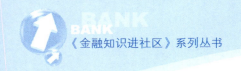

因水平有限，纰漏和不足在所难免，真诚希望广大读者提出宝贵意见和建议。

编　者

2011年11月

中央银行的金融服务

金融服务

《金融知识进社区》系列丛书编委会

中国金融出版社

责任编辑：何　为
责任校对：刘　明
责任印制：裴　刚

图书在版编目（CIP）数据

中央银行的金融服务（Zhongyang Yinhang de Jinrong Fuwu）/《金融知识进社区》系列丛书编委会编. —北京：中国金融出版社，2011.12

（《金融知识进社区》系列丛书；2）

ISBN 978-7-5049-5708-5

Ⅰ.①中…　Ⅱ.①金…　Ⅲ.①中国人民银行—金融—商业服务—基本知识　Ⅳ.①F832.31

中国版本图书馆CIP数据核字（2010）第248878号

出版
发行　**中国金融出版社**

社址　北京市丰台区益泽路2号
市场开发部　（010）63266347，63805472，63439533（传真）
网上书店　http：//www.chinafph.com
　　　　　　（010）63286832，63365686（传真）
读者服务部　（010）66070833，62568380
邮编　100071
经销　新华书店
印刷　天津市银博印刷技术发展有限公司
尺寸　145毫米×210毫米
印张　4.125
字数　63千
版次　2011年12月第1版
印次　2016年9月第4次印刷
定价　65.00元（套，含光盘）
ISBN 978-7-5049-5708-5/F.5268
如出现印装错误本社负责调换　联系电话（010）63263947

目 录

目录

目录

Chapter 1

第一章
金融服务：春风化雨　润物无声

1.与百姓生活密切相关的职能

　　人人都有和银行打交道的经验。存款、取款、买房贷款，乃至现在的水、电、煤气等费用的交纳都离不开银行。在中国，工商银行、农业银行、建设银行、中国银行等银行的名字大家耳熟能详。这些银行是商业银行，它们对企业和居民办理的各种业务属于商业银行的金融服务。

　　与上述银行相比，作为我国中央银行的中国人民银行的金融服务在许多人的心目中有些模糊。在许多人看来，中央银行只是一家制定和实施货币政策、承担维护金融稳定职责的国家机关。普通的老百姓更多的是将它与利息的升降、对金融违法违规行为的查处联系在一起，认为它离自己的日常生活很远。

事实上，中央银行的职责远不止这些，它作为政府的银行、发行的银行和银行的银行，还承担着十分重要的金融服务职能，这些金融服务与老百姓的日常生活息息相关。

人们平常使用的人民币，就是中国人民银行印制和发行的。您在不同银行间进行的每一笔转账和汇款，都要通过中国人民银行组织的清算系统。您去商业银行申请贷款时，也需要借助中国人民银行建立的征信系统为您提供信用证明。中国人民银行提供的金融服务还远不止这些，它还经理国库，管理国家的外汇储备和黄金储备，统计金融数据，组织反洗钱，维护账户安全……您能够享受方便快捷的金融服务，这背后都离不开中央银行的重大贡献。

2.源远流长的职能

从世界上最早中央银行的雏形——英格兰银行的情况看，1694年英格兰银行成立的条件之一是由股东贷款120万英镑给英国政府，以支持英国在欧洲大陆的军事活动。英国人曾风趣地称，英格兰银行成立之时也就是英国背上

国债之日。不过英格兰银行自成立以后，一直为英国政府筹集资金、经营债券，从而具有"政府银行"的性质，这是英格兰银行迈向中央银行的第一步。

不仅英格兰银行，早期其他一些国家的中央银行，如19世纪中后期法国的法兰西银行、日本的日本银行等，最初也都是为政府提供融资和管理国库资金服务而设立的，并在为政府的服务中开始了演变为中央银行的历史进程。

钞票发行是各国中央银行在成立之初承担的一项重要的金融服务职能。例如，作为向政府融资的条件，英格兰银行在成立的第二年起就开始发行自己的钞票。中央银行的钞票发行服务包括了钞票面额的设计、印制、供应和管理等各个方面。钞票的印制、发行不仅反映了一个国家和社会的文化，而且对经济发展也有重要影响。

为其他金融机构提供支付清算服务是中央银行较早承担的另一项职能。在支票、汇票等各种信用支付工具被广泛使用的情况下，接受票据的银行最头痛的问题是如何最快地交换相互开出的票据和为客户收取资金，即所谓票据的"托收"及相关资金的"清算"问题。

在银行发展的历史过程中，最初银行直接派人持有支票到其他银行去接受付给本行及本行客户的资金，或者由坐落于城市之外的银行将支票等送达代理行，再由代理行托收。但这两种办法都会产生大量的人员旅行以及钞票或黄金的搬运转移，带来了极大的不便。

相传，一家伦敦银行的托收人员在奔波去其他银行的途中，到一家小酒馆休息，遇见了另一家银行的托收员。他们很快发现互相持有对方银行的应付支票，为节约时间，他们当即决定马上交换这些票据。随后，越来越多的托收人员加入到小酒馆的交换行列中。他们发现不仅可以集中交换支票，还可以将必须交换并清算的支票进行金额轧差。这种交换的方式，后来被包括英格兰银行在内的多家银行所采用。

由于英格兰银行对钞票发行权日益垄断，再加上该行发行的钞票信用稳固、流通范围日益扩大，因此，从18世纪起，许多商业银行为了业务上的方便，也愿意在英格兰银行开立资金清算账户。

可以说，自有中央银行以来就有中央银行的金融服务。尽管在中央银行的货币政策和金融监管职能出现后，金融服务职能经常被人们所忽视，但是它在中央银行中的

地位和作用却没有改变。即便用今天的眼光来重新审视，我们仍会发现，金融服务始终是中央银行最基础甚至是最重要的职能。

呵呵，总结得不错。

爸爸，你说了那么多，你是不是想说，银行都是提供金融服务的，即使站在"中央"的银行也一样，先有金融服务，再逐渐有了其他功能。

3.不断发展的职能

我们正在加速进入一个新的信息文明时代，计算机的普及，通信技术的发展，以及互联网技术的突飞猛进，正在极大地改变着我们的生产、生活和工作方式。在金融领域，网络银行、网络证券、网络保险、电子货币等这些处于虚拟环境中的金融组织和金融产品正逐渐走进我们的生活。

一个世纪以来，在实施货币政策、加强金融监管和提供金融服务方面，中央银行扮演了重要角色。那么，在技术进步和金融创新日益加快的情况下，中央银行服务功能会发生什么变化？中央银行会消亡吗？

中央银行是否注定要成为新世纪的"恐龙"，我们尚需拭目以待。但变革总要逐步发生。面对网络银行和电子货币带来的挑战，在新的时代，中央银行金融服务的未来发展方向会是什么？

在这个技术日新月异的时代，要准确地预测未来是一件很难的事情。然而，如果我们观察一下中央银行已经或正在发生的变化，大体仍可以作出以下判断。

首先，中央银行的金融服务会朝着更加专业化的方向发展。量体裁衣，为客户量身提供各具特色、个性化的服务已成为当今金融领域的重要竞争方式。无论是推出网络银行这种新的金融组织形式，还是在传统金融组织形式内推出银行卡、电子钱包等这些新的金融产品，都是为了满足不同客

户的不同需要。作为向金融机构提供服务的中央银行，服务职能只有更加专业化才能适应这一发展趋势，才能满足有关金融机构对中央银行各项服务业务的需求。

其次，中央银行金融服务的效率会大大提高。新的技术手段会被广泛应用到中央银行金融服务的各个领域。从钞票的印制，到残损钞票的回收和销毁；从会计账务的处理，到各种票据的清分处理等，将会彻底告别手工操作，进入电子化时代。"电子国库"、"实时支付"、"信息系统"，将成为中央银行金融服务效率的标志。

最后，中央银行金融服务的地位会更加重要。中央银行的金融服务涉及政府、涉及金融机构和企业、涉及千家万户。从中央银行业务发展的历史和趋势看，金融服务职能随着经济的发展将显得越来越重要。经济越发达，社会越进步，就越需要提高金融服务的效率，提高金融服务的专业化水平。

应该说，中央银行金融服务职能紧密地与技术的变革和时代的变迁联系在一起，具有无限的发展前景。

Chapter 2

第二章
钞票：国家的"名片"

在社会交往活动中，每个人都有自己的名片。那张小小的卡片记载了一个人在社会工作中最精练的信息：机构、职位、地址、联系方式等。不仅如此，这些信息还间接反映了一个人的身份、社会地位，甚至兴趣爱好。

一个国家也有自己的"名片"，那就是钞票。再精致的印刷品也没有像钞票那样，有那么广的使用范围，承载了那么多的社会关系和文明成果。在巴掌大的纸片上，各国无一例外，想体现出最伟大的人物、最优美的风景、最经典的文化……而支撑这纸片成为"钱"的，则是这个国家的综合经济实力。

太美了！中国漂亮的地方真多！

这张二十元钞票背后的风景就是中国桂林的漓江山水。

1. 历史的见证

中国是世界上使用货币最早的国家之一，根据古代文献记载和大量出土文物考证，约有4000多年历史。

货币萌动时期，人们生活中常用的物品，例如牛羊、粟帛、珠玉、龟贝等，都曾经在反复的交换过程中充当过媒介，起过一般等价物的作用，即所谓"抱布贸丝"、"握粟出卜"，《诗经》里脍炙人口的诗篇描述了2700多年前物物交换的场景。后来，海贝因其光洁美丽，坚固耐用，携带方便，又有天生的自然单位，容易加减计数，到商周时代便成为我国最主要的通货之一。货币的出现，使人们觉得世界变小了，季节的交替也不那么重要了，更关键的是，交易成本被降低至最低限度。

随着生产力的发展，逐渐出现了冶炼金属。商周时期的青铜器制造技术已达到很高的水平。由于交换范围的扩大和经常化，金属制品越来越多地进入了交换领域。铜贝的出现，标志着我国货币开始迈向金属铸币的阶段。

春秋战国时期，当贝币还在流行的时候，在我国不同的地区，基于不同的自然环境和生活条件，依据不同的实物演变体系，分别出现了布币、刀币、环钱和蚁鼻钱等不同形态的金属货币。

秦始皇统一中国后，废除六国复杂的币制，统一铸用

外圆内方的半两钱。汉武帝时期（公元前118年）改铸五铢钱，大小轻重适宜，制作精美，深受人们欢迎，通行长达700余年。唐高祖时期（公元621年），改铸

秦半两钱

开元通宝钱，从此中国货币不再以重量单位作名称，而改称通宝、重宝或元宝。宋、元、明、清代代相袭，未有大变。自秦、汉至清末，两千余年，方孔钱一直是我国历代最主要的货币形态，它为中国人民之间的经济联系作出了很大贡献。到清光绪以后，机制铜圆才逐步取代了方孔圆钱。

金银在我国很早就使用了。春秋战国时期，已有了一定形状的金银货币。秦汉是我国古代用金最多的时期，但金银一般只作为大额支付手段和具有储藏价值的工具。自金、元开始，白银逐渐发挥价值尺度和流通手段的职能，明以后取得了十足货币的地位。在清末民初一段时间里，银元曾作为本位币广泛使用。

随着商品经济的发展和印刷技术的提高，代替金属货币流通的纸币应运而生。我国是世界上最早使用纸币的国家。唐代的"飞钱"是一种异地兑换的票券。而纸币作为正式的流通手段，则是从北宋的"交子"、"钱引"开始的。后来南宋印发"会子"、"关子"，金代印发交钞宝券，元、明印发宝钞等，其间虽经盛衰更替，但纸币确实逐步成为我国的主要通货之一。到清代末期，人们开始普遍称纸币为"钞票"。据一些专家学者考证，纸币称"钞票"是出自清代大清宝钞和户部官票的合称。鸦片战争以后，近代银行业逐渐兴起，银行兑换券开始盛行，并成为主要的货币形式。从1935年开始，国民党政府进行币制改革，推行法币，以纸币代替银元流通，先后发行了法币、关金、金圆券等纸币。

"历朝多少兴亡事，都付不言阿堵中。"小小钱币虽然无声无息，却是历朝历代兴衰成败最直接的见证，其间蕴涵的深厚文化底蕴也是其他东西难以比拟的。留存至今的各色各样、各朝各代的钱币无疑是一部内容丰富的历史教科书，凝聚着中华民族的智慧和才能，构成了光彩夺目、独具特色的东方货币文化。

2.人民币的由来

1947年7月，刘邓大军强渡黄河，挺进大别山，解放战争转入战略进攻阶段，各解放区之间的贸易往来和物资交流日益频繁。由于各大解放区银行发行的货币不统一，造成多种货币混合流通的局面，交易时要按照比价进行折算，非常麻烦，影响了生产流通和经济交往的顺利进行，统一各解放区的货币已势在必行。

1948年12月1日，华北人民政府决定成立中国人民银行，同日，人民币开始发行。因为当时我们的军队称人民解放军，解放区政府称人民政府，并且这种货币是由中国人民银行发行的，是新中国人民自己的货币，所以命名为"人民币"。

3.五套人民币:不断创新的"名片"

中国人民银行发行的第一套人民币是1947年5月委托晋察冀边区印刷局（对外称为新大公司）设计、制版和印刷生产的。因为当时就地印制、就近发行，人民币从石版、凸版、凹版到胶版均有，印制质量参差不齐。1950年，中国人民银行成立了印制管理局，在北京、沈阳、上海等地设立了专门的印钞厂，从此，中国印钞造

币工业走上了集中统一的道路，为提高印钞水平奠定了物质基础和技术基础。

中国人民银行自1955年3月1日起发行第二套人民币，共发行11种券别，即纸币1分、2分、5分、1角、2角、5角、1元、2元、3元、5元、10元。由于后来对1元券和5元券的图案花纹进

行了调整以及对颜色进行了更换，第二套人民币的版别增加到16种。为了便于流通，中国人民银行自1957年12月1日起发行了1分、2分和5分三种硬币，与纸分币等值流通，自此，我国进入了纸币、硬币混合流通阶段。第二套人民币中的1角到10元共计8种面额、10种版别，于1999年10月1日停止使用。从2007年4月1日起，第二套人民币的纸分币停止流通。第二套人民币也只在5元券和10元券上使用了"各族人民大团结"和"工农像"的图案。

中国人民银行于1962年4月20日开始发行第三套人民币，陆续发行了7种券别、13种版别，具体是：10元纸币1种、5元纸币1种、2元纸币1种、1元纸币1种、5角纸币1种、2角纸币1种、1角纸币3种，再加上1980年4月15日发行的1角、2角、5角、1元硬币。第三套人民币于2000年7月1日停止流通。

第四套人民币于1987年4月27日开始陆续发行。到目前为止，这套人民币共有9种，在第二套人民币、第三套人民币的基础上，增加了50元、

100元两种大面额券别。在设计思想、风格和印制工艺上都有一定的创新。

自1999年10月1日起，中国人民银行陆续发行第五套人民币。第五套人民币按照印制工艺可分为1999年版和2005年版。其中，1999年版第五套人民币包括纸币100元、50元、20元、10元、5元、1元和硬币1元、5角、1角。为了提高第五套人民币的印制工艺和防伪技术，经国务院批准，中国人民银行对1999年版第五套人民币的生产工艺、技术进行了改进和提高。2005年8月31日，改版后的第五套人民币纸币100元、50元、20元、10元、5元和1角硬币开始流通。与1999年版相比，2005年版第五套人

民币的纸币规格、主景图案、主色调保持不变，主要有四个方面的调整和提高：一是通过改进印制生产工艺、技术，提高了人民币整体印制质量；二是通过防伪

措施整合，实现防伪技术应用系统化；三是增加汉语拼音"YUAN"，适应人民币国际化需要；四是1角硬币材质由铝合金改为不锈钢，适应防伪、机读需要。

4.让钞票使用更整洁方便

人民币是中国的法定货币，对外还不是可兑换货币。人民币在流通中，境内外的敌对势力和不法分子采用各种方法伪造或变造货币，企图破坏人民币正常流通，牟取非法利益。为了巩固国家货币制度，稳定金融和稳定币值，保障人民财产安全，政府发布了一系列法令和法规，对一切扰乱人民币流通的行为进行法律制裁。

人民币的票面设计和计价单位是货币制度的法定组成要素，不允许任何部门、任何单位、任何人以任何方式伪造有价证券并进行流通。针对一些单位违反规定擅自印制、发售和使用代币购物券等现象，国务院多次发出通知，禁止任何单位印制、发售和使用代币购物券。各种形式的代币购物券实际上是一种变相货币，它在市场上流通，扰乱了金融秩序，直接影响了人民币的信誉，应坚决制止。这些法制手段的实施，使人民币的法律地位和社会信誉得到了有效的维护。人民币经过一段时间的流通，会因自然磨损或保管不善及其他原因而损坏其票面的完整性，变为不合适再流通的残损券。残损人民币的流通有损国家法定货币的

任何伪造变造货币的行为都是违法的。

人民币是我国的法定货币。

形象和人民群众的健康。中国人民银行对市场多次流通后的钞券，按照一定的标准进行挑选更新，以保持票面的完整与洁净。对挑选出来的残损人民币，按照严格的程序进行清点，并采用非常安全的措施进行销毁。对于残缺人民币，1995年5月8日，中国人民银行公布了《残缺人民币兑换办法》，规定了残缺人民币的兑换标准。2003年12月24日，中国人民银行公布了《中国人民银行残缺、污损人民币兑换办法》，对残缺、污损人民币的兑换标准再次作了明确具体的规定。这些制度在维护国家和人民的利益，维护社会货币文明，保证流通中的人民币的整洁等方面发挥了重要作用。

专栏2.1 如何兑换残缺、污损人民币

　　《中华人民共和国人民币管理条例》第二十二条规定："办理人民币存取款业务的金融机构应当按照中国人民银行的规定，无偿为公众兑换残缺、污损的人民币，挑剔残缺、污损的人民币。并将其缴存当地中国人民银行。中国人民银行不得将残缺、污损的人

民币支付给金融机构，金融机构不得将残缺、污损的人民币对外支付。"

能辨别面额，票面剩余四分之三（含四分之三）以上，其图案、文字能按原样连接的残缺、污损人民币，金融机构应向持有人按原面额全额兑换（见下图）。

能辨别面额，票面剩余二分之一（含二分之一）至四分之三以下，其图案、文字能按原样连接的残缺、污损人民币，金融机构应向持有人按原面额的一半兑换（见下图）。

纸币呈正十字形缺少四分之一的，按原面额的一半兑换。

兑付额不足一分的，不予兑换；五分按半额兑换的，兑付二分。

对于票面污损、熏焦、水湿、油浸、变色严重，不能辨别真假的，票面残缺二分之一以上的，故意挖补、涂改、剪贴、拼凑，揭去一面的，银行不予兑换（见下图）。

Chapter 3

第三章
反假与防伪：高科技的较量

　　胡同口小杂货店的张大叔早上清点收钱柜的时候发现了一张可疑的百元钞票。这张钞票摸起来似乎比较薄，用手抖一抖，纸质软塌塌的，一点声响都没有，再一看，图案也不清楚，张大叔赶紧对着光再检查检查，发现人像水印模糊不清，用验钞机一过——假币！

　　张大叔大吃一惊，哪儿来的假币呢？他呆坐在那儿好一会儿，才慢慢回想起来了：昨晚快打烊的时候，杂货店来了几个社会青年买烟。起初他们掏出一张100元的钞票，张大叔专门查验了一下，是真钞，正要找零钱的时候，有个长头发的说："有零钱，我来买！"于是自己就把百元钞票还给他们了。长头发的摸出零钱后又说不够，重新又把一张100元的钞票递了过来，张大叔记得验过钞了，看都没看就收下了这张钞票，把烟和零钱递给了他们，没想到钞票竟然被调了包！

假币真害人！

　　想到这里，张大叔心里那个难受啊！这几天的杂货算是白卖了！都怪自己不小心，也怪这些人太坏了。

有真钞，就有可能有假币。真真假假，如影随形。您可能会问，我们怎样才能明辨真假，保护自己的利益呢？当我们遭遇假币的时候，我们该怎么做呢？作为人民币发行机构的人民银行能够为我们提供什么样的保护和帮助呢？下面我们为您一一道来。

1. 魔高一尺　道高一丈

世界上自从有了货币，就有了产生假币的可能性，假币总是与真币相伴而生，这是古今中外货币流通的正常现象，人民币也不例外。

随着彩色复印、激光照排、胶版印刷、电子分色制版等高新技术的广泛应用，机制假币的速度越来越快，数量越来越多，其仿真度也越来越高。尤其是一些百元面额的钞票，由于仿制成本更低，利润更高，往往刚刚开始流通使用，假币便接踵而至。

1999年第五套人民币百元券刚流通没多久，新版假币便出没于市井之间，不仅有凹凸感，连水印、安全线、荧

光油墨等特征都与真币相似，单凭肉眼已很难辨别，具有很大欺骗性，给百姓造成极大的心理恐慌，拒收新版100元券人民币现象时有发生，收到大额钞票登记号码甚至记上交款人名的情况也时有所闻，一时间大额钞票成了"烫手山芋"。

假币侵扰着人们正常的生活，掠夺着人们辛辛苦苦积攒起来的财富，同时也严重干扰了国家的金融秩序，破坏了社会信用原则，成为社会经济生活中最令人痛恨的"毒瘤"。

为了有效地打击、防范假币犯罪活动，1994年国务院反假货币工作联席会议成立，这是我国反假货币工作的最高组织形式，包括28家成员单位，牵头单位为人民银行。国务院反假货币工作联席会议自成立以来，组织过多次打击假币的专项斗争，开展了一系列反假货币宣传工作，有效地遏制了假币犯罪的上升势头。

2.假的真不了

什么是假币呢？一般来讲伪造币和变造币都属于假币。伪造币即伪造的人民币，是指仿照人民币图案、形状、色彩等，采用各种手段制作的假人民币。从目前的发案情况来看，数量较多、伪造水平较高、危害性大的主要是机制假币和复印假币。

案例3.1 高仿真也是假的

上海假币贩子李某为了提高假币的"仿真度"，请来"造币高手"傅某对假币进行"二次加工"。短短一个多月时间，傅某先后为李某在188张百元假币上加盖了水印章。案发后，公安机关从李某的住处缴获了购买的伪

造人民币79500元，从傅某的住处查获待加工的伪造人民币39700元。2003年12月，上海市某区法院审理认定，被告人李某、傅某对假币加盖水印章进行加工，其行为是整个伪造货币行为的第一部分，构成伪造货币罪。

变造币即变造的人民币，是指在真币的基础上，利用挖补、揭层、涂改、拼凑、移位、重印等多种方法制作，改变真币原形态的假币。

案例3.2 "加工"后的也是假的

在某市打工的黄某等3人将购买的假币进行"加工"，拼接成一半是真币一半是假币的钞票。2002年10月至2003年8月，黄某等人在长沙、宁波等地利用伪造币、变造币骗取银行现金26万元，贩卖假人民币17万元。

2004年4月23日，某市法院作出一审判决，黄某等三名被告人分别被判处有期徒刑和罚金。

大部分老百姓都知道制贩假币是违法的，实际上持有假币即使不使用也是违法的。

案例3.3 收藏假币也违法

山东某县一女青年喜爱收藏各种钱币，不时会遇到一些假币。一日，她突发奇想：何不干脆收别人不收，藏别人不藏，说不定收集假币也大有意义，其价值也许能超过真币。只要自己不伪造、变造、使用，谁能奈我何？于是，她在收藏各种真币的同时，也收集各种假币。至东窗事发，警方从她家搜缴各种票面的假币10余张，总面额近千元。她的行为已经构成非法持有假币罪，违反了

《中华人民共和国中国人民银行法》，等待她的将是公安机关的行政处罚。

如何处理我们"遭遇"到的假币，不仅反映了一个人的道德修养和法制意识，而且代表着我们整个社会的文明程度。中国有句古话说得好，"害人之心不可有，防人之心不可无"，这句话用在对待假币问题上很贴切。要想不让假币给我们造成无端的损失，首先就要增强防范意识，一旦收到了假币，应上缴有关部门，而不能把它花掉来转嫁损失，那等于给造假者扩大了市场。如果全社会每一名公民都能做到自觉抵制假币，那么，假币就会成为"过街老鼠，人人喊打"，人民币的流通才会更加顺畅。

案例3.4 故意花出假币也违法

王某误收了两张假币，他想花出去减少损失。王某来到镇上的一家雏鸡店，开口要买两只雏鸡，随手递过去一张100元的真币，店主接过钱说"5元"，正准备给他找钱，王某又说"我这里有零钱"，然后收回真币，但只掏出3元硬币，店主自然不肯，王某装着无奈的样子，乘机掏出早准备好的一张100元假币说"那你找我吧。"哪儿想到店主对使用假币者玩的这类鬼把戏警惕性

你这张是假币，我要报警。

很高，当即识破王某的企图，向派出所报了警。

案例3.5　运输假币也违法

2007年，某地警方对某省际长途客车进行违禁品检查时，发现年轻女子孙某携带了面值200多万元的可疑货币，经鉴定，查获的近

4万张人民币均为假币。法院一审判决，孙某在知情情况下运输伪造货币已构成运输假币罪。

3.借您一双慧眼：真币防伪特征

　　人民币在印制上采用了当代最新、最完善、最可靠的先进防伪技术。掌握人民币的防伪特征是公众日常鉴别假币的出发点和根本。下面我们就详细地为您讲解2005年版的第五套人民币的防伪特征。

100元、50元券防伪特征

1 双色异形横号码	2 固定人像水印
3 胶印缩微文字	4 胶印对印图案
5 凹印手感线	6 隐形面额数字
7 盲文面额标记	8 手工雕刻头像

9 雕刻凹版印刷　　　　10 白水印

11 光变油墨面额数字　　12 全息磁性开窗安全线

13 胶印对印图案　　　　14 年号"2005年"

15 汉语拼音"YUAN"

● 调整防伪特征布局：

正面左下角胶印对印图案调整到正面主景图案左侧中间处，光变油墨面额数字左移至原胶印对印图案处。背面右下角胶印对印图案调整到背面主景图案右侧中间处。

● 调整以下防伪特征：

① 隐形面额数字：调整隐形面额数字观察角度。正面右上方有一装饰性图案，将票面置于与眼睛接近平行的位置，面对光源做上下倾斜晃动，可以看到面额数字"100"、"50"字样。

② 全息磁性开窗安全线：将原磁性缩微文字安全线改为全息磁性开窗安全线。背面中间偏右，有一条开窗安全线，开窗部分可以看到由缩微字符"￥100"、"￥50"组成的全息图案，仪器检测有磁性。

③ 双色异形横号码：取消原横竖双号码中的竖号码，将原横竖双号码改为双色异形横号码。正面左下角印有双

色异形横号码，左侧部分为暗红色，右侧部分为黑色。字符中间向左右两边逐渐变小。

●增加以下防伪特征：

①白水印：位于正面双色异形横号码下方，迎光透视，可以看到透光性很强的水印"100"、"50"字样。

②凹印手感线：正面主景图案右侧，有一组自上而下规则排列的线纹，采用雕刻凹版印刷工艺印制，用手指触摸，有极强的凹凸感。

●取消纸张中的红蓝彩色纤维。

●背面主景图案下方的面额数字后面，增加人民币单位元的汉语拼音"YUAN"；年号改为"2005年"。

20元券防伪特征

1 双色横号码　　　　2 固定花卉水印

3 全息磁性开窗安全线　4 凹印手感线

5 隐形面额数字　　　　　　6 盲文面额标记

7 手工雕刻头像　　　　　　8 胶印缩微文字

9 白水印　　　　　　　　　10 胶印对印图案

11 雕刻凹版印刷　　　　　　12 胶印对印图案

13 年号"2005年"　　　　　14 汉语拼音"YUAN"

● 调整以下防伪特征：

①雕刻凹版印刷：背面主景图案桂林山水、面额数字、汉语拼音行名、民族文字、年号、行长章等均采用雕刻凹版印刷，用手指触摸，有明显凹凸感。

②隐形面额数字：调整隐形面额数字观察角度。正面右上方有一装饰性图案，将票面置于与眼睛接近平行的位置，面对光源做上下倾斜晃动，可以看到面额数字"20"字样。

③全息磁性开窗安全线：将原磁性缩微文字安全线改为全息磁性开窗安全线。背面中间偏右，有一条开窗安全线，开窗部分可以看到由缩微字符"￥20"组成的全息图案，仪器检测有磁性。

● 增加以下防伪特征：

①白水印：位于正面双色异形横号码下方，迎光透视，可以看到透光性很强的水印"20"字样。

②凹印手感线：正面主景图案右侧，有一组自上而下规则排列的线纹，采用雕刻凹版印刷工艺印制，用手指触摸，有极强的凹凸感。

③胶印对印图案：正面左下角和背面右下角均有一圆形局部图案，迎光透视，可以看到正背面的局部图案合并为一个完整的古钱币图案。

● 取消纸张中的红蓝彩色纤维。

● 取消正面原双色横号码下方的装饰性图案；背面主景图案下方的面额数字后面，增加人民币单位元的汉语拼音"YUAN"；年号改为"2005年"。

10元券防伪特征

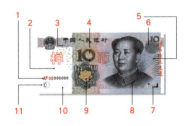

1 双色横号码　　　　2 固定花卉水印

3 胶印缩微文字　　　4 全息磁性开窗安全线

5 凹印手感线　　　　6 隐形面额数字

7 盲文面额标记   8 手工雕刻头像

9 雕刻凹版印刷   10 白水印

11 胶印对印图案   12 胶印对印图案

13 年号"2005年"   14 汉语拼音"YUAN"

●调整隐形面额数字观察角度。正面右上方有一装饰性图案，将票面置于与眼睛接近平行的位置，面对光源做上下倾斜晃动，可以看到面额数字"10"字样。

●增加凹印手感线。正面主景图案右侧，有一组自上而下规则排列的线纹，采用雕刻凹版印刷工艺印制，用手指触摸，有极强的凹凸感。

●取消纸张中的红蓝彩色纤维。

●背面主景图案下方的面额数字后面，增加人民币单位元的汉语拼音"YUAN"；年号改为"2005年"。

5元券防伪特征

1 双色横号码	2 固定花卉水印
3 胶印缩微文字	4 全息磁性开窗安全线
5 凹印手感线	6 隐形面额数字
7 盲文面额标记	8 手工雕刻头像
9 雕刻凹版印刷	10 白水印
11 年号"2005年"	12 汉语拼音"YUAN"

●调整隐形面额数字观察角度。正面右上方有一装饰性图案，将票面置于与眼睛接近平行的位置，面对光源做上下倾斜晃动，可以看到面额数字"5"字样。

●增加凹印手感线。正面主景图案右侧，有一组自上而下规则排列的线纹，采用雕刻凹版印刷工艺印制，用手指触摸，有极强的凹凸感。

●取消纸张中的红蓝彩色纤维。

●背面主景图案下方的面额数字后面，增加人民币单位元的汉语拼音"YUAN"；年号改为"2005年"。

Chapter 4

第四章
钱币收藏：方泉世界任逍遥

老张是某国有企业的退休职工。刚退休的那会儿，老张总觉得不适应，心里闷得慌，脾气也大了不少。一天，老伴拉着老张去公园散步，老张发现公园的一角

有一些喜欢钱币收藏的人聚在一起，讨论钱币收藏行情和典故，尤其是听到旧版人民币行情看涨，老张可激动了，因为家里大衣柜的一个信封里好像放了十几张旧版人民币，没想到多年前压箱底的钞票也成了"抢手货"。从此以后，老张迷上了钱币收藏，学到不少知识，交了不少朋友，觉得退休后的生活有趣多了。

虽然我们天天使用人民币，可是我们对它的了解又有多少呢？从人民币诞生到现在，这些钱币承载了多少使用价值和历史价值？正是这些钱币背后的故事使得钱币收藏有了同它们票面价值不一样的意义。

1.三大因素决定纸币收藏价值

纸币，作为国家政治经济生活的记录者，具有较高的文物价值。通过对这些币券的研究，我们可以看到新旧政权的交替，可以看到历史风云的变幻，可以看到我国经济发展所走过的历程，可以看到人民币自身体系的逐步完善过程。如第一套人民币既具有战时货币的某些特征，又具有明显的过渡性特征。再如从诞生于20世纪60年代至70年代的第三套人民币票面上的交通、农业、机械、钢铁工业等主景，可以反映当时在党的社会主义建设总路线的指引下，社会主义建设的新形势和科学技术新成就。从票面看，戴草帽、扛锄头、挑筐篓是当时农民的标准形象；拖拉机、装卸机、机床是当时物质文明的象征；井架、大桥是当时现代化建设的带头产品。通过这些人民币实物，可以了解当时的社会经济情况，风土人情，是研究社会历史发展不可多得的实物资料。

如果你留意我们手中的纸币，你会发展它像一幅精美的画页，具有较高的艺术欣赏价值。在已经发行的人民币纸币中，图案不仅有具代表性的民族人物图像，也有名山大川、风景名胜、国开名花，还有传统的中华民族图案，

这些艺术图案都是经过著名的艺术家群体反复揣摩、精心设计的，它们都是一幅幅精美绝伦的艺术品，具有极高的艺术价值和欣赏价值。

那么，什么因素能够决定收藏价值呢？简单地说，有三个：数量的多少、品相的好坏、独特程度高低。

数量的多少并不是指发行数量的多少，而是指目前市场上的存量，即人们通常所说的存世量。物以稀为贵，这是一个最朴素的道理。存世量是决定收藏品经济价值的最基本要素，人民币也不例外。由于钱币的存世量直接决定其收藏价值，所以，始终备受收藏者的重视。

所谓品相在收藏界指的是收藏品的外观质量，品相与收藏品的制作工艺、制作质量、材料无关。人民币纸币品相的划分标准并没有十分明确和统一，这里只能将国际上收藏组织主要的划分标准作一介绍。国际纸币协会制定的标准有9等，包括未流通、大致未流通、极美、优美、美、佳上、佳、佳下、差。国内有的专家依据集币者的习惯将人民币纸币的品相按品划分为9等，包括挺版、十品、九品、八品、七品、六品、五品、四品、三品。

独特程度可以由多个因素构成，如发行年代、图案、券别结构、冠字等。

　　数量多少、品相好坏和独特程度这三个因素并不是相互割裂的，而是紧密统一的。目前钱币市场上的珍品都是这三个因素共同作用的结果。例如，第一套人民币收藏价值比后发行的人民币高，原因就是一方面市场上现在存量少，另一方面由于历史性的原因，第一套人民币在很多方面不统一，独特程度比较高，而在后几套人民币中都不存在这种情况。

　　虽然人民币纸币具有较高的收藏价值，但由于要有较高的专业知识，对于一般收藏者来说，总有曲高和寡的味道，所以人们更多地将目光集中在纪念币上。

2. 备受市场青睐的纪念币

　　人民银行除了发行流通人民币外，还发行具有特定主题和限量发行的人民币——纪念币。纪念币分为普通纪念币和贵金属纪念币，普通纪念币包括普通金属纪念币和纪念钞，它与市场上流通的同面额的纸币、硬币价值相等，可同时在市场上流通，任何单位和个人不得拒收；贵金属纪念币是指用金、银等贵金属或其他合金铸造的纪念币，

其面额只是象征性的，不能参与实际流通。

人民银行分别从1979年和1984年发行贵金属纪念币和普通纪念币，其中贵金属纪念币已发行10大系列，280多个项目，近1500个品种；普通纪念币共发行64套76枚（张）。这些纪念币选题丰富，设计独特，规格材质多种多样，图案新颖美观，题材涉及重大事件、人物、文化体育、珍稀动物、文化遗产等多方面，备受国内外钱币爱好者和收藏家的青睐。

需要提醒收藏者注意的是，国家对于人民币有严格的管理规定。国家禁止任何单位和个人非法买卖流通人民币（含纪念币）。流通人民币是指未经中国人民银行公告退出流通的人民币。普通纪念币自发行之日起一年内只准等值交换，贵金属纪念币自发行之日起即可上市经营。因钱币文化交流及其他特殊需要，经中国人民银行总行批准，可装帧少量流通人民币，装帧的流通人民币即可上市经营。贵金属纪念币由中国金币总公司总经销。对于违反有关规定的单位和个人，按倒卖专营物品处理，由工商行政管理部门没收实物及非法所得，按有关规定给予处罚。所收缴的实物由当地人民银行收兑。

专栏4.1 几种有代表性的流通纪念币

1/20盎司金币

熊猫纪念金币

面额(元)	材质	成色(%)	质量	重量(OZ)	形状	直径(mm)	总发行量(枚)	铸造单位
20	金	99.9	普	1/20	圆	14	100000	深圳国宝造币有限公司、沈阳造币厂、上海造币厂

1公斤银币

熊猫纪念银币

面额(元)	材质	成色(%)	质量	重量(kg)	形状	直径(mm)	总发行量(枚)	铸造单位
300	银	99.9	精	1	圆	100	4000	深圳国宝造币有限公司、沈阳造币厂、上海造币厂

奥运纪念金币

面额 (元)	材质	成色 (%)	质量	重量 (kg)	形状	直径 (mm)	最大发行量(枚)
100000	金	99.99	精制	10	圆形	180	29
正面 图案	第29届奥林匹克运动会会徽（彩色）及中国青铜器造型纹饰图案，并刊国名、"2008"年号						
背面 图案	以竞技运动员为主景，衬以北京天坛祈年殿、云龙图案及历届奥林匹克运动会举办年份字样，并刊"第29届奥林匹克运动会"中文字样及面额						

奥运纪念银币

面额 (元)	材质	成色 (%)	质量	重量 (kg)	形状	直径 (mm)	最大发行量(枚)
10	银	99.9	精制	1	圆形	40	160000
正面 图案	第29届奥林匹克运动会会徽及中国传统对龙造型，并刊国名、"2008"年号						
背面 图案	中国民间茶馆、传统工艺窗格及中国传统民间年画造型，并刊"第29届奥林匹克运动会"中文字样及面额						

普通金属纪念币

　　普通金属纪念币一般使用的金属材料有铜镍合金、铜合金、钢芯镀镍、紫铜合金、黄白铜合金五种。各种金属材料抗氧化性能由高到低排列为钢芯镀镍>铜镍合金>黄白铜合金>紫铜合金>铜合金。

3.钱币收藏有学问

　　同字画、邮票等收藏品一样，钱币收藏也大有学问。

　　首先，在市场操作中，要掌握一些基本知识，包括真币和假币的区别、价格的基本行情，发行量的多少，以及一些术语和行话等。目前，普通纪念币是以"一盒"或"一筒"为单位进行批量交易。纪念币没有流通过的叫"原筒"（全部崭新，没有进入流通的），在流通领域使

用过的叫"拼筒"。在市场上，"原筒"价格要高于"拼筒"价格。要认真比较各地行情，不要花冤枉钱。同时，收藏者在批量购入纪念币的过程中，要查一查这些纪念币的质量，不要见货就拿，不查不看。要注意纪念币的品相，对购入的纪念币，一定要坚持质量第一的观点。低档币，一般要全新的；中档币，一般非全新的不进；高档币，即使不是全新的，也要做到无硬伤，无磨损，无变异。绝不要贪图一时的便宜，影响投资的实际效益。

其次，要注意防止手污。未流通过的纪念币，有光泽，但也容易受到污染。一些用手摸过的流通纪念金属币，时间一长就发暗，特别是被手上汗渍污染过的地方就更加明显。

专栏4.2　拿币有讲究

要观察和欣赏纪念币，用什么方法拿币才是正确的呢？正确的方法是，用拇指和食指，捏住钱币的边缘，

这样即使有汗渍，也不会污染到纪念币的正面和背面图案。

最后，纪念币要在干燥的地方存放。不要同化学物品放在一起。不要将纪念币放在口袋里，以防止磨损和污染。对于持散币的投资者，最好用卫生纸将这些币妥善包好，然后放入收藏处。对于持有整盒整筒币的投资者，千万不要将原包装拆散。在一些投资者中，对已购入的品相不佳的纪念币，总想搞得漂亮一点，其实对于这些纪念币，一般不要采取什么措施，让其保持原样就行了。对于有污物的纪念币，可以用绘图橡皮擦净币面，直到光洁为止。

Chapter 5

第五章
支付清算系统：资金转移的"高速路"

成都的老王要给远在北京上大学的儿子寄生活费，他们俩在银行有各自的账户——老王的账户在工商银行，他儿子的账户在

招商银行。老王从自己账上划出几千元转到儿子的账上，不多久他儿子就打电话来告诉他说钱已经到账了。您看现在寄钱多方便！您只需坐在银行的柜台前，动动手，签个字，轻轻松松就能搞定，剩下的事由银行处理。银行是通过什么途径把资金转移出去的呢？下面我们就为您详细地讲解银行资金转移的"快速通道"。

1.银行柜台后的支与付

还是接着说老王的事。成都的工商银行不会专门将这笔钱送到北京的招商银行，这两家银行之间一天可能有成千上万笔业务往来，如果都一次次地将每笔资金送来送去，那多麻烦啊！不同商业银行之间是通过中央银行的支付额进行资金转账的。办法是这两家商业银行都在中央银行开立结算账户，并且存有一部分结算资金，当工商银行需要把钱转到招商银行时，只要通知中央银行，中央银行就直接把工商银行结算账户中的资金划转到招商银行的结算账户上。这一过程瞬间就可完成。现在资金流转效率如此之高，一个原因是商业银行业务的电子化处理，还有一个重要的原因，就是因为中央银行运行着一个安全、高效的现代化支付系统。

现代化支付系统是大额实时支付系统和小额批量支付系统的统称，它就像连接各家商业银行的桥梁和纽带，将各家相互独立的银行连接在一起，织成了我国社会资金运动的"高速公路"网。成都老王划给远在北京的儿子的钱，就是工商银行通过现代化支付系统划到北京的招商银行的。

大额实时支付系统就像大宗货物的快递系统。小额批量支付系统嘛，就像把小包货物打包成一个大包再发送。

我懂了。大的来了就处理，小的凑成大的一起处理！

2. 银行汇款快与慢

在商业银行的营业网点或街道广告招牌上，经常会看到这样的宣传标语——"某某银行汇款对客户承诺24小时到账"，"某某银行对客户汇款承诺即时到账"。如此"快"的承诺，使我们看到银行支付结算手段的改进、服务水平的提高和竞争意识的加强。但人们时常会有这类的抱怨，一位老大妈通过银行给远在边疆的儿子汇款，近半个月儿子才能收到钱；同一城市内相距不到5公里的两个企业，委托银行支付购货款项却花了7天时间。银行汇款如此之"慢"，让人既难以理解，又无可奈何。

银行汇款这一"快"一"慢"，问题到底出在哪里？在当前银行支付清算的实际情况下，是既有快的因素在发挥作用，又有慢的因素在阻碍。

企业或个人通过银行汇款，有几种类型。按汇款人和收款人是否在同一城市，分为同城汇款或异地汇款，同城汇款一般要快于异地汇款。

按汇款人和收款人所在的银行划分，有三种具体情况。情况不同，银行汇款的快慢也有所不同。

第一种情况是汇款人和收款人在同一家银行开户的汇款。比如在工商银行北京市分行开户的张三，向在工商银行广州市分行开户的李四汇款。在这种情况下，由于资金始终在工商银行系统内部流动，因此，不论是

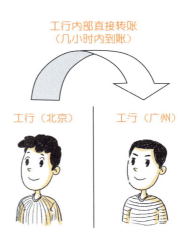

办理同城结算还是异地结算，通过工商银行行内电子汇兑系统，资金都可以很快地在该行不同分支机构之间转移，这确实可以做到汇款在几个小时内到达。

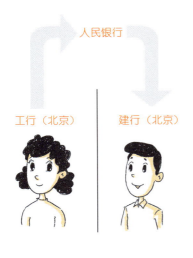

第二种情况是汇款人和收款人都在同一个城市里，但不在同一家银行开户的汇款。比如在工商银行北京市分行开户的张三，向在建设银行北京市分行开户的李四汇款。在这种情况下，资金需要跨行转移，这就涉及跨

行支付清算。跨行支付清算都是通过中央银行的支付清算系统来进行的。因此，中央银行支付清算系统本身状况，以及该系统与商业银行行内汇兑系统的连接状况，直接决定了跨行支付清算的速度与效率。由于是跨行支付，转汇的环节较多，汇划速度相对较慢，汇款到达时间就必然长一些。

第三种情况，不通过大银行而是通过中小银行办理汇款。比如在湖北省武汉市商业银行开户的张三，向在中国银行北京市分行开户的李四汇款，或是在广东省东莞市城市商业银行开户的张三，向在重庆市万州农村信用社开户的李四汇款。由于城市商业银行、农村信用社这些中小金融机构经营范围在当地，在外地没有营业网点，它们也

选择1：人民银行

商业银行（广东东莞）　　　　　　农村信用社（重庆万州）

选择2：某全国性商业银行

就没有覆盖全国的行内汇兑系统。要这些银行办理异地汇款，就需要借助于其他办法。一是通过一家全国性商业银行有偿代理，利用该行行内电子汇兑系统，为中小银行办理异地资金转账。二是中小银行直接通过中央银行支付清算系统来办理。不论采取哪种办法，相对于大银行，中小银行的汇款速度都要慢一些。

3.安全好用两不误

其实，除了能帮您将钱从一家银行实时划到另外一家银行，现代化支付系统能给您带来的便利还多着呢！比如，过去我们缴

我要交水费、电费、电话费、燃气费、有线费、交通违章费……

没问题。

纳水费、电费、煤气费、电话费的时候，要分别到它们的各个网点排队交费，如果赶上月底缴费高峰，那可得耽误一整天工夫。再比如，过去发工资的时候，各个单位的财

务要到银行提现，然后回到单位由出纳一分一分地数给大家，既费时又费力，也不安全。

有了现代化支付系统，只要在一家银行开立缴费账户，就可以通过小额批量支付系统，把钱转到自来水公司、电力公司、燃气公司或电话公司在任何一家银行的账户上。小额支付批量系统还可以办理跨行发工资、跨行通存通兑等业务呢！以老王为例。虽然老王的单位由农业银行代发工资，但自从有了小额支付系统，每个月老王都能从工商银行的账户上领取工资啦！

除此之外，现代化支付系统还支持债券的买卖和利息兑付，以及股票、基金和保险的买卖等。

说到这里您应该明白了，现代人之所以能享受到比过去更加快捷高效的金融服务，技术进步姑且不论，中央银行的现代化支付系统功不可没。

4.层出不穷的电子支付

科技的发展促成了支付渠道的创新，给人们创造了更加舒适和方便的生活。您不必亲自跑到银行网点，可以通过网络、电话、手机、ATM、POS机等终端设备，就可以办理存贷款、转账、汇款等传统柜台业务。不但如此，您还能通过网络轻松购物、自动转账、每天24小时汇款。

网络、电话、手机甚至有线电视等新支付渠道被统称为电子支付。电子支付让我们的支付活动极大地突破了时间、空间和地域的限制，为我们创造了更加舒适和方便的生活。

● 方便查询。单位发了工资、家里寄来一笔钱，您不知道钱到账了没有。碰到这样的情形，您不必亲自跑到银行去查询，您只需登录银行的网站，就能获知账户信息，有些银行还能为您提供历史交易明细，甚至是工资单。如果上网不便，您可以打个银行专用热线电话或者发送短信，也可以随时获得账户信息。

● 不间断服务。传统的银行网点每天只提供8小时服务，而电话银行或者网络银行则24小时随时满足您的需求。

● 自动支付。以前每个月还住房贷款、交电话费和水电费或者给远方就学的子女寄送生活费时，您可能都得去银行柜台办理。现在您只需访问银行网站或者打个电话，

为自己设置代理交费功能，电子银行就会自动为您交纳选定的费用。电子银行还开设预约周期转账业务，通过您设定的转账周期和金额，自动将指定金额划转到您指定的账户里。有的电子银行具有协定金额转账功能，比如，您可以设定当您子女的账户不到1000元时，由您的账户自动转去一笔钱，让子女的生活费得到保证。

专栏5.1 网上跨行支付

为适应电子商务蓬勃发展的趋势，提升社会整体支付服务水平，人民银行于2010年9月建成并运行了7×24小时全天候运行的网上支付跨行清算系统，也就是民间俗称的"超级网银"。

用户通过银行金融机构网上银行办理跨行转

账汇款及网上购物支付业务，可以在线实时了解资金支付处理情况；非金融支付服务机构接入该系统后，只需在一家银行开立结算账户，即可支持加入该系统各家银行金融机构的网上银行用户办理业务。此外，该系统还支持用户进行跨行账户信息查询，方便用户进行不同银行账户的财富管理。

Chapter 6

　　小王是某公司总部的市场部经理，常年在全国各地分公司巡查，一周跑上三四个城市是常见的事情，是名副其实的"空中飞人"。小王总是随身携带两样东西：身份证和银行卡。身份证的重要性自然不必说，银行卡能够满足他在出差过程中购买机票、预订宾馆、请客户吃饭、异地取现等一系列需求，甚至还能向他提供诸如机场贵宾服务、天气预报等附加服务。对于小王来说，真是"手中有卡，心中不慌"呢！

　　在中国，老百姓用现金的时间比较长，银行卡被接受和广泛使用也就十来年的时间，看到上面小王的故事，可能有的人会问，银行卡到底是什么呢？它有这么多好处吗？安全吗？下面我们就详细地为您讲述银行卡的故事。

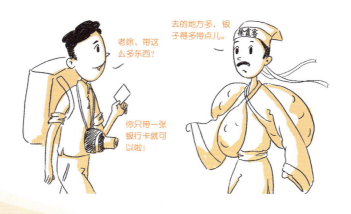

1. 应运而生的银行卡

通俗地说，银行卡就是由商业银行发行的，能使客户获得资金或用于消费支付的特制卡片。

银行卡起源于美国。20世纪初，美国的一些商店、饮食店等为扩大营业额，向顾客发放特制的卡片，作为赊购商品和享受服务的记账凭证，用于定期付款。在这一创造性的经营理念和促销手段推动下，一种新兴金融产品——信用卡应运而生。第二次世界大战结束后，美国经济快速增长，发展信用消费，成为刺激消费的必然要求。借鉴商业服务业赊销和分期付款的做法，银行业改进支付工具和结算体系，很快实现了由商业"信用凭证"向银行"信用卡"的质变。1946年，美国费拉特布什国民银行成为首家发行银行卡的银行。1950年，在美国纽约成立的大莱俱乐部，向其会员发放了可用于证明身份及在纽约地区指定的饭店、餐馆记账消费的特制卡片。继1952年美国富兰克林国民银行发行具有现代信用卡特征的银行卡后，美国银行业大规模进入信用卡的业务。1966年，美国银行成立专门的信用卡公司——美国银行卡公司，标志着信用卡开始步

入产业化发展道路。该公司1977年更名为维萨集团，目前已发展成世界著名的VISA信用卡国际组织。

银行卡进入我国，只有短短十多年的时间。1985年，中国银行率先发行我国第一张银行卡——"人民币中银卡"，次年正式发行第一张"长城信用卡"。随后，其他银行也相继推出各自的银行卡。

银行卡正面标有发卡机构名称、卡片品牌标识图案、银行卡号码、使用期限、持卡人姓名，背面有持卡人预留签名及该卡的使用简章等。为确保安全使用，银行卡背面一般带有磁条，用于记录持卡人的账号、个人密码等信息资料，供电脑识读辨认。为进一步提高银行卡安全性，目前正在推行用IC卡代替磁条卡。

您可能会问，既然不同的银行发行不同的银行卡，那么能否在甲银行的设备或者特约商户那里使用乙银行的卡呢？当然可以了。人民银行近几年大力推进银行卡业务规范化和标准化，完成了跨行信息交换网络的建设，创立了我国统一的银行卡受理标识——"银联"。不管发卡银行是哪个，只要有"银联"标识，就可以在有该标识的ATM、POS机、特约商户处使用银行卡。正是这些进步和完善让广大持卡人真正感受到"一卡在手，走遍神州"的方便和乐趣。

2.金融服务的多面手

目前国内银行卡主要有五方面的功能：

一是支付结算功能。持卡人可持卡在宾馆、酒店、商场和超市等特约商户直接购物消费，由发卡银行直接扣减持卡人的银行卡账户资金，然后划拨给特约商户。

二是储蓄理财功能。持卡人可在发卡银行的受理网点和ATM等终端，办理存款和取款。银行一般按活期储蓄存款利率向客户计付利息。

三是转账结算功能。持卡人凭银行卡可在特约商户处办理大额购物转账结算，或在发卡银行指定的营业网点办理转账业务或卡与卡之间的转账。

对于我们这种经常出差的人来说，一卡在手，真是方便多了。

四是其他服务功能。通过银行卡办理一些新的中间业务，包括代发工资、代收水电费和保险费、证券交易资金转账、个人消费信贷自动还款扣划等，并逐渐与网上银行、电话银行等服务结合起来。

五是消费信贷功能。一些银行发行的贷记卡和准贷记卡，还具有消费信贷功能。持卡人以自己的良好信誉，取得发卡银行的信用额度，可享受"借钱消费"和"透支现金"的便利。

3.安全用卡小常识

与现金支付相比，银行卡支付更加方便、安全。首先，银行卡使用方便，无论是POS消费还是网上购物，都能使用银行卡；其次，银行卡安全，遗失后您可以及时向发卡机构挂失，保障资金安全；而且银行卡还能为您提供增值服务、理财服务。银行卡已成为大众生活中不可缺少的支付工具。但如果银行卡使用不当，可能会带来不必要的麻烦。下面介绍一些必要的安全用卡常识与技巧，掌握这些常识与技巧，能让您更好地享受先进支付清算系统带来的便捷和精彩生活！

>> **密码安全篇**

泄露了密码的银行卡犹如没上锁的百宝箱，因此，密码的安全关系到银行卡资金的安全。设置及使用密码时应注意以下事项：

● 设置密码。设置易于记忆但难以破译的密码。不可设置简单数字排列的密码或用生日日期、电话号码、身份证件号码、家庭住址门牌号、邮编号等有关个人信息的数字作为密码，以防被不法分子破译。收到银行卡密码信后，请立即将其销毁并记住密码，或将密码更换为容易记忆但难以破译的密码。

● 保管密码。不要将密码写在或保存在任何可能让他人看到或得到的地方。不要将密码存放在手机里，更不要写在银行卡背面。千万不要将密码与银行卡放在一起。确保只有您本人知道密码。谨防不法分子冒充银行和公安机关工作人员骗取密码。

《金融知识进社区》系列丛书

●使用密码。刷卡进入自助银行的门禁无须输入密码。留意自助银行门禁以及ATM上是否有多余的装置或摄像头，ATM密码键盘是否有改装痕迹。输入密码时，应用另一只手或身体挡住操作手势，防止其他人或针孔摄像机偷窥。如果您发觉密码被偷窥，请立即修改密码或联系银行办理密码挂失。

》 ATM操作安全篇

ATM是提供给广大持卡人的具有存款、取款、转账、查询余额及修改密码等功能的自助服务设备。它为您免去了柜台前排队等候办理业务的烦恼，还能24小时为您服务。使用ATM时应注意以下事项：

●ATM操作前。刷卡进入自助银行的门禁无须输入密码。留意取款环境是否安全，如果有人离您太近，并且举止可疑，请立即离开，改用其他场所的ATM，或直接到银行柜台办理业务。检查ATM，如果发现ATM上有多余的装置或摄像头，或者插卡口、出钞口有异常情况或有被改造的痕迹，请不要使用该ATM，立即与银行联系。认真识别银行公告，千万不要相信要求客户将钱转到指定账户的公告，发现此类公告应尽快向银行举报。警惕银行卡短信诈骗。应谨慎确认可疑手机短信，如有疑问应直接拨打发卡银行客户服务热线进行查询，不要拨打短信中的联系电话。

● ATM操作时。专心操作，不要接受"好心人"的帮助或其他人的询问，被他人引开注意力时，应用手捂住插卡口，防范骗子将卡调包。输入密码时，应尽量快速并用身体遮挡操作手势，以防不法分子窥视。如果ATM出现吞卡或不吐钞故障，不要轻易离开，可在原地拨打银行的客户服务热线进行求助。

● ATM操作后。离开ATM前，记住取走银行卡与钞票，并确认取出的银行卡确为本人的银行卡。选择打印ATM交易单据后，不要将它们随手丢弃，应妥善保管或及时处理、销毁单据。

专栏6.1　ATM五大陷阱

陷阱一：调包加窥视密码。趁储户取款或消费时，窥视密码，然后以询问、故意将钱丢在地上等手法，引开储户的注意力，趁机将预先准备好的卡片插入ATM插卡口，造成退卡假象，再催促储户取卡离开，继而将储户银行卡退出盗走。

陷阱二：假门禁盗取磁条信息及密码。不法分子在自助银行门禁系统安装盗录设备，盗取磁条信息及密码，制作伪卡。

陷阱三：吞卡加盗密码。在ATM上安装吞卡装置，通过背后或望远镜窥视密码，还有就是安装假密码键盘，或在真键盘上贴薄膜等手法盗取密码。

陷阱四：假提示。在ATM旁张贴假银行公告，以"程序调试"等为由，要求持卡人将银行卡存款转账到指定账户，盗取存款。

陷阱五：窃卡号加窃密码。用微型摄像机偷窥卡号和密码，或从持卡人随手丢弃的ATM取款凭条上获取相关信息，制作伪卡冒领存款。这也是目前最突出的犯罪手段。

≫ POS机刷卡安全篇

进行POS机刷卡交易时应注意以下事项：

● 刷卡前。为保障您的权益，应在申请到信用卡后，立即在卡背面签名条上签名。

● 刷卡时。在商场刷卡消费时，不要让银行卡离开视线范围，留意收银员的刷卡次数。输入密码时，应尽可能用身体或另一只手遮挡操作手势，以防不法分子窥视。

● 刷卡后。收银员交回签购单及卡片后，您应认真核对签购单上的卡号、交易日期以及交易金额等信息是否正确，以及卡片是否为本人的卡片；不要在非本人交易的签购单上签名。刷卡消费时若发生异常情况，要妥善保管交易单据，如发生重复扣款等现象，可凭交易单据和对账单及时与发卡银行联系。在收到银行卡对账单后应及时核对用卡情况，如有疑问，应及时拨打发卡银行客户服务热线查询。

Chapter 7

第七章
经理国库　服务民生

　　杨大爷一家五口住在偏僻的西部农村。他家上有78岁老母，下有尚在学校念书的一女一儿，妻子身体不太好，家里全靠那几亩地过活，日子过得紧巴巴的。在最近一次地震和暴雨中，杨大爷家房子塌了，地里的收成没了，虽然家里没有人员伤亡，但天灾让这个并不富裕的家庭一贫如洗。正当杨大爷夫妇愁眉苦脸的时候，村里广播宣布国家对灾区居民进行补助，钱已经到了各家账户。之后村里干部还通知他们，国家的支农资金也即将陆续发放，这些消息对于杨大爷像一个个"定心丸"，让他心里觉得踏实多了。

救助金来了，起码生活还可以维持，我们慢慢再想办法种点庄稼。一切总会好起来！

　　您可能会问，国家通过什么途径向老百姓发放这些救助资金呢？这可是人民银行管理的国库收支系统在发挥作用了。

1.国库里都是真金白银吗

　　国库也叫国家金库，是国家财富聚集之地，也是国家的出纳机关。国库是国家政权的物质基础，是政府机关运转的润滑剂。可以说，自从有了国家，就有了国库。

早在我国夏、商、周时期，就设有专门的官员负责管理国库，比如西周时，当时把国库叫做府库，掌管府库的官员称为大府、玉府、外府，专司国家财物的保管和出纳。到了秦朝，秦始皇统一六国，也统一了国家财政，把国家收支与皇室收支区别开来，有了朝廷"库藏"与皇室"库藏"之分，国库从此成为名副其实的"国家储藏财富的仓库"。可以想象，这个时候的国库堆积着各类朝廷通过赋税征集来的银钱粮盐等国用之物，因而它是有形的实物仓库。

清初库藏有中央和地方之分。中央库藏又分为内府库藏与户部库藏，内府库藏为皇室库，户部库藏为国库。清末曾整理财政，筹办预算，建立公库制度。1908年，大清户部银行改为大清银行并被确定为国家银行之后，国库事务统一由大清银行经理，货币符号代表的财富取代了实物形式的财富，从此结束了数千年的实物仓库的国库时代，实物仓库转变为无形的仓库，并形成了中央银行经理国库的制度。

北洋政府统治时期，由中国银行、交通银行代理国库。南京国民党政府成立后，1928年成立中央银行，于是改由

中央银行代理国库，负责国库出纳事宜。

新中国成立后，法律规定，中国人民银行经理国库。国库机构按照国家财政管理体制来设立，原则上一级财政设立一级国库，我国的国库分别有总库、省级分库、地市级中心支库、县级支库和乡镇国库五级，共6000多个。

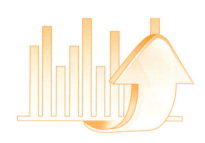

人民银行的国库可以看成是一个簿记系统，通过纸质的簿记或者电子的簿记记录所有的财政收入和财政支出。国库每收入一笔钱（比如通过税收），人民银行就在这个国库账册中增加一个数额；每支出一笔钱就会在这个账册中减计一笔钱。国库系统反映了国家所有财政的收入和支出。

2. 取之于民　用之于民

当你从单位领取工资时，你会发现实际领到的工资数是扣除了个人所得税以后的数额。那么，从工资中扣除的这部分钱到哪里去了呢？回答很简单：这部分钱全部被划入到

"国库"中去了。

其实，你向国库缴税的行为不仅仅在缴纳个人所得税的时候发生，在生活中自觉不自觉的时候都会发生，有些是直接的，有些是间接的。比如，当你每月交电费的时候，在你所缴的每一元钱中，就有一部分缴入国库作为电力建设基金收入，用于国家的电力建设；当你买卖股票的同时，你向国家缴纳了证券交易印花税；当你想收看某一专门的电视频道时，你要向国库缴纳广播电影电视行政性收费收入；当你违反道路交通规则时，你要向国库缴纳公安行政性收费收入；当你买汽车时，你要向国库缴纳养路费；当你驾车行驶在高速公路上时，你要向国库缴纳公路建设基金……

企业纳税也是国库收入的一个重要来源。除此之外，还有一些非税收收入（比如捐赠）也构成了国库收入。

当各种类型的税收和行政性收费被缴入国库后，有些人会问，我向国库缴的这些钱，最终都用到哪里去了呢？

其实，我们生活的周围处处都可以感受到国库里的钱所发挥的作用。比如，人们散步的公共花园，假日游玩的公园，越来越宽阔的马路，四通八达的快速地铁，沙漠的治理，日益净化的空气，保证国家安宁的粮食储备，企业下岗

职工的生活补贴，退休职工的养老金或养老保险，维持国家存在所必需的政府部门的正常运转，维护国家安定团结的军队、警察，小孩接受教育的学校，提高人民生活水平所必需的科研成果的开发研制，扶助贫困地区和救济灾民款，国家发给个人的各种困难补助……可以说，你看到的、用到的、听到的，都或多或少地享用着"国库"的钱所发挥的作用。因此，无论是个人，还是企业单位，都是国库资金来源的提供者，同时也是国库资金效用的利益获得者。

国库就像一个"聚宝盆"或者"蓄水池"，把来自社会的居民个人和公司企业的税款积蓄起来，通过现代化支付系统让这些钱流到了需要资金的地方，服务社会。国库既是国家财富的象征，又与百姓生活、国家经济的发展和社会的稳定息息相关。

3. 国库管理也在与时俱进

经济发展是决定国库丰盈与否的关键。改革开放快速列车的前进，带动财政收入迅速增长，国库资金随之剧增。与此同时，中央国库经理改革措施不断推出，使得国库"蓄水池"中的资金日渐增加。

国库集中收付制度改革使得所有的财政收入和支出都通过人民银行国库单一账户办理。过去税收收入层层上缴，财政支出层层下拨，既浪费了大量的人力物力和时间，也容易

这也是从制度上断绝腐败现象！

国库集中收付制度建立之后，有些资金的"二传手"就该失业了。

滋生截留挪用、私设"小金库"等现象。实施国库单一账户改革后，税收收入一进入这个账户，立即成为国库资金；在支付时，国库资金不再是在一定时间、一次性、大量流到预算单位在商业银行的账户，而是在预算单位实现商品采购或劳务服务支出时，才从国库账户流到商品或劳务供应商的银行账户，减少了中间环节。在前面杨大爷的例子中，救灾补助和支农资金就是从国库单一账户直接划到个人。国库单一账户使资金来源透明、资金使用透明、资金使用效果透明，从而实现财政资金的收、支、用受到有效的监督。

国库横向联网建设方便了老百姓纳税，使得税收资金

啊？几分钟！以前不是一周多吗？我还指着退税款付材料费呢！

赵哥，国家加快出口退税审批了，钱几分钟就到账！

快速、准确地进入国库。过去，老百姓纳税要到税务局去申报，经过税务局核定之后，再到商业银行缴税，缴完税以后拿着商业银行的小票到税务局开具发票，程序繁多，耗时费力。人民银行、财政部、国家税务总局共同开发了国库横向联网系统，将商业银行、财政部门、税务部门连接在一起。现在纳税人纳税时，到纳税大厅或通过网络进行纳税申报，几秒钟之内纳税信息就可以在人民银行国库、纳税人的开户银行、税务部门之间传递，方便了纳税，加快了资金周转。

看来国家也要"理财"！

就像我们要管理手中的钱一样。国库也要管理好国家手中的钱。

随着国库钱的增多，国库现金管理改革乘势推出。如果财政收入大于支出，也就是财政出现结余，或者在某一段时间内国库的钱还没有花出去，人民银行通过国库现金管理，把这种短期不用的钱借给商业银行，从而增加国库库款的收益。此外，中央银行对商业银行放贷本身就是释放流动性。因此，国库现金管理使得国库资金在货币市场上可获取更多收益，促过货币市场的健康发展。

总而言之，中央银行不再仅仅是财政的出纳，简单地办理国家财政资金的收纳、存放和支付。在实践中，国库经理的内涵越来越多地得到拓展。中央银行作为国库经理人，正在发挥着越来越重要的作用。

Chapter 8

第八章
服务"三农"：为了希望的田野

　　小陈的家在中国中部地区的一个农村。大学毕业后小陈即到了南方经济发达地区打工，五年内她辗转了好几个城市，换了好几个工作，但这些都没有让她觉得真正满意。后来她回到自己的家乡，决心在家乡创业。经过调查小陈发现，越来越多的城市居民喜欢农村纯天然的东西——吃的要吃有机蔬菜，周末玩的要去有机农场。于是小陈在农村信用社小额贷款和支农专项资金的支持下，先是搞起了有机菜园，然后越做越大，搞起了有机农场，并逐渐带领村里的居民扩大生产规模，利用家乡四通八达的交通优势，吸引周边城市居民前来采摘和度假。小陈很高兴能够在家乡开创事业！

　　我国是世界上最大的发展中国家，有13亿人口，其中8亿人左右生活在农村地区，在这些地区，有很多像小陈这样的有志青年。过去，农村青年改变生活的常见途径就是外出打工，然后寄钱回家盖楼房、养家。从表面上来看，农村楼房更多了，生活更好了，但这并不是通过农村经济的根本改善实现的。如果能够为小陈那样的农村青年提供更多的金融支持和服务，相信有更多的农村居民愿意扎根农村、建设自己的家乡！

为支持农村金融服务体系的建立和完善，人民银行及相关部门大力推进农村金融基础设施建设，着力改善农村金融生态环境，致力于为数亿农村居民提供更加贴心、便捷的金融服务。

1.农村信用合作社：农民自己的"银行"

农村信用合作社是一种合作金融机构，它与一般的银行大不相同。一般商业银行以追求利润最大化为目标，其中股份制商业银行的经营决策权按照股份比例分配，一股一票。农村信用合作社则不同，所有股金均是农民社员自愿入股，实行一人一票；经营上不以利润最大化为目标，而是追求为社员提供金融服务。在组织和活动中，合作金融遵循自愿参加、门户开放、民主管理、自我服务、自负盈亏等基本原则。

我国农村信用合作社自新中国成立以来发展很快，但由于历史原因，积累了很多包袱。2003年，我国开始了农村信用合作社的新一轮改革。改革以后，一部

分农村信用合作社变成农村商业银行或农村合作银行，还有一部分实现了县乡统一法人。改革后的农村信用合作社获得了生机，盈利能力增强，资产质量和资本充足率都得到提高，进一步巩固了服务"三农"主力军的地位。

农村信用合作社是与农民兄弟关系最紧密的金融机构，它的服务对象主要是农民。农村信用合作社的主要业务有传统的存款、放款、汇兑等。近年来，随着我国农村经济的迅速发展，农村信用合作社在立足、服务"三农"的基础上，积极拓展服务领域，创新服务品种，增加服务手段，服务功能进一步增强。部分地区的农村信用合作社先后开办了代理、担保、信用卡等中间业务，尝试开办了票据贴现、外汇交易、电话银行、网上银行等新业务。

让把孩子学费、生活费啥的都存在卡上，咱们村头不就有农信社吗？狗儿还可以申请农信社助学贷款。

狗儿他爹，为啥省城的大学送你一张农信社的卡啊？

2. 支农再贷款：为农信贷款提供"血液"

支农再贷款是人民银行促进改善农村金融服务、支持农村信用社扩大涉农信贷投放的一项重要政策措施。自1996年全国农村信用社与中国农业银行脱离行政隶属关系以后，农业银行不再向农村信用社提供支持资金。同时，受20世纪90年代后期地方金融风险影响，农村信用社资金实力有所削弱，存款持续徘徊，加上当时国有商业银行集中撤并县以下分支机构，县域金融服务和涉农信贷需求与农村信用社资金不足的矛盾突出。为支持扩大涉农信贷投放，引导增加农户贷款，促进改善农村金融服务，经国务院批准，人民银行于1999年开始办理支农再贷款业务。

1999—2007年，人民银行共安排支农再贷款额度1288亿元，累计发放1.2万亿元。在支农再贷款的支持和引导下，农村信用社的农业贷款特别是农户贷款大幅度增加，占其各项贷款的比重也大幅度提高。同期，全国农村信用社的农业贷款和农户贷款年均分别增长22％和25％，

比同期金融机构年均贷款增长分别高8个和12个百分点。期末，全国农村信用社农业贷款余额

达1.43万亿元，农户贷款余额达1.16万亿元，占农村信用社各项贷款的比例分别为46％和37％，比开办支农再贷款业务之初分别提高15个和17个百分点。

农村信用社改革试点以来，随着各项扶持政策落实到位，农村信用社资金实力增强，经营财务状况明显改善。针对全国农村信用社资金供求总体宽松但地区间不平衡的状况，人民银行加强了对支农再贷款额度的地区间调剂，现有支农再贷款额度的93％集中安排用于西部地区和粮食主产区。

支农再贷款对支持农村信用社提高资金实力、引导信贷资金投向、扩大农户贷款和缓解农民贷款难等方面发挥了重要的作用，取得了较好的政策效果。

3.小额信贷：农民致富"好帮手"

小额信贷主要是针对农民尤其是贫困农民发放的小额信用贷款。小额信贷的兴起帮了农民朋友的大忙。农民经济实力弱，养殖、种菜、做点小买卖，需要的资金量很小，而且申请贷款时也很难拿出什么东西来作抵押，这是困扰农民贷款的一大难题。自从有了小额贷款，农民不需要抵押也能获得小额贷款。

中国农户小额贷款方式多种多样，主要有四种类型：一是由农村信用社发放的农户小额信用贷款和农户联保贷款。前者是直接依据农户信用情况发放的贷款；后者是指3—5户农户自愿组成相互担保的联保小组，农村信用社向小组成员发放的贷款。农户小额信用贷款和联保贷款是中国农户小额贷款最重要的组成部分。二是其他新型农村金融机构如村镇银行、小额信贷组织等发放的农户小额贷款。三是小额到户扶贫贷款，是主要向贫困农户发放的特殊政策性贷款，由农村金融机构自愿参与，财政给予一定的贴息。四是由邮政储蓄银行开展的存单小额质押贷款。

小额信贷的贷款金额较小，一般只有几千元。贷款期限一般在一年之内，最长不超过三年。贷款的偿还方式通常为整贷零还，也就是说按固定的时间间隔（比如说一个月甚至一周）分许多次来还清贷款，这样，借款人的压力就小多了。

从2005年开始，在中国人民银行的推动下，我国在山西、陕西、四川、贵州、内蒙古五省（区）先后成立了专门从事小额信贷业务的贷款公司进行试点。截至2010年末，各地已设小额贷款公司2451家，贷款余额1975.05亿元。这些新成立的小额贷款公司"只贷不存"，利用自有资金放款，经营灵活，在大资金和小客户之间发挥了桥梁作用。

专栏8.1 小额信贷的起源

小额信贷源于孟加拉国。20世纪70年代，一位叫穆罕默德·尤努斯的教授在孟加拉国成立了孟加拉乡村银行，专门向贫困妇女发放不需要担保和抵押的小额贷款，帮助她们通过创业脱贫。三十多年来，孟加拉乡村银行已经向600多万名贫困妇女发放了贷款，有一半多的妇女及她们的家庭成功地摆脱了贫困。2006年，尤努斯获得了诺贝尔和平奖。

4.农民工银行卡：陪伴农民朋友走天下

在我国，约有超过一亿的农民朋友远离家乡，到城市打工。农民工向家乡的年汇款额达数千亿元，并以每年数百亿元的速度快速增长。而长期困扰农民工朋友的大难题就是，怎样才能把这些钱安全、快捷地送回家。由于农村地区金融电子化建设的步伐较慢，汇款时间很长，方式单一，很不方便。很多偏远地区的农民工不得不把厚厚的现金揣在身上

大叔，您的钱都打进这张卡里了，您在村里的农信社输入密码就可以取钱了。

那感情好，上次我把卖地瓜的钱弄丢了，你婶唠叨了好几个月！

带回家，既不方便，也不安全，路上丢失血汗钱的事情时有发生。

2005年12月29日，从人民银行传来了农民工朋友的福音。这一天，全国首个农民工银行卡特色服务试点在贵州省正式开通。持卡人通过工商银行在全国发行的银联借记卡和农业银行贵州省分行发行的银联借记卡存款后，通过中国银联交换网络，可以在贵州省内的农村信用合作社柜台取款和查询。这大大便利了全国各地的农民工朋友。2006年，在中国人民银行的领导下，这项银行卡特色服务正在全国范围内推广。

农民工银行卡特色服务以满足农民工快速、安全的取款需要为基本功能。农民工资金来之不易，中国人民银行要求各方在业务开办过程中，格外注意安全控制问题，要通过业务管理、技术防范等手段提高风险防范能力，为农民工通过农村信用社柜台办理取款业务提供安全的交易环境，确保农民工资金安全，维护农民工权益。持卡人的每笔取款手续费为取款金额的0.8％，每笔最高收费限额为20元，都低于其他银行卡的收费标准，体现了对农民工的优惠。

持卡人持银联借记卡在农村信用合作社柜台取款，与在一般的银行柜台持卡取款的操作方法完全一致。持卡取款时，持卡人需输入银行卡密码，再按"确认"键。农民工朋友要加强风险防范意识，保管好银行卡和密码，遗失银行卡要及时与发卡行联系进行银行卡的挂失。持卡人可通过以下三条途径得到详细的用卡信息：发卡行柜台或客户服务热线，中国银联95516服务热线，农村信用合作社柜台或公布的服务电话。

5. 农村信用体系：农村金融的"乡村公路"

前面我们提到，农民经济实力弱，申请贷款时很难拿出什么东西来作抵押，因此很难申请到一般商业贷款。就像没有信用记录，一个人很难在购房时申请到银行贷款一样。

铁蛋他爹，今年你咋养了那么多羊？比去年多了十几只吧？

他叔，前年用小额贷款养了羊，去年羊下了不少惠儿，还了贷款，今年我要多养羊，人家还多给我贷款呢！反正就是有借有还，再借不难。

在现代社会，信用就是价值。如果农民有了信用，情况就大不一样了。不仅农业信用合作社、村镇银行等支持农业发展的银行，普通商业银行也可以根据某位农民的信用状况，向他提供购买农具、农业基建、养殖方面的种种商业贷款，用外来资金帮助他获得更多的农业收益。同时，信用也可以约束农民的行为，因为好的信用意味着更多的资金和更优惠的贷款条件，而差的信用就意味着更少的资金和更高的成本。

近年来，人民银行从信用信息服务入手，推动农村信用体系建设，改善农村信用环境。为了配合小额信贷业务的开展，在农村地区持续推进信用户、信用村、信用乡镇建设。截至2010年末，全国大部分县（市、区）开展了农户信用档案建设，建立了农户信用评价体系，共为1.34亿个农户建立了信用档案，评定了8300多万个信用农户，7400多万个农户获得了信贷支持。

农村信用体系就像农村金融建设中的"乡村公路"，把千乡万户的农村居民和外面的资金联系在一起。

Chapter 9

第九章
金融统计：为宏观经济"把脉"

看来社会上的钱还是太多了！难怪钱不够花！

中央银行又加息。这是一年以来第四次了。

杜大妈发现最近菜价上涨得厉害，以前两元一斤的青椒变成五元一斤。不过在超市吧，杜大妈又经常看见这个大减价，那个大优惠。有的商品涨得厉害，有的价格跌得多，杜大妈有点糊涂了，到底是钱不值钱了呢，还是钱更值钱了。

杜大妈的这种情况很正常。作为经济个体的人通过自己的日常生活感受经济的波动，但这种感受往往受到我们活动范围的限制。如果要对整体经济形势形成客观的判断，金融统计在这个时候就派上了用场。

金融统计把成千上万个微观主体的经济活动分门别类地加以整理、记录、统计和汇总，并通过对数据的变化，以及它们之间的关联性的分析，能够对整体经济运行状况和未来短期走势有一个相对明确的判断。打个比方，经济体就像一个人一样，总有"生病"的时候——有时过热亢奋，有时过冷萧条。治病的关键是辨证论治、对症下药。

金融统计就好像是对经济体的常规体检，以便发现异常，找准"病根"，采取措施。

1.金融数据是怎样得来的

一年到头，全国各地不知有多少人去银行开户、存款、贷款，不知有多少企业在与银行发生着资金往来。但用不了几天，全国存款规模、贷款规模、货币供应量等指标的年度数

就像体检一样，有了各种指标才知道身体状况怎样。

有了金融统计数据，中央银行才能知道经济运行得好与坏。

据就摆在决策者的案头。别小看那些小小的数字，它凝聚了成千上万名统计人员的心血。

张三上个月在甲银行存了5000元，李四昨天向乙银行贷款50万元买房，像这样一例一例具体的经济活动构成金融统计数据的初始来源。中国人民银行要得出最后数字，首先需依靠各类金融机构为它报送以各种实际业务为基础

的数据。数据只有标准一致才方便汇集加总，中国人民银行为此专门建立了通行的统计制度，统一科目，统一数据指标，规范数据源，制定编码规则。在计算机的帮助下，各类数据被分门别类、井井有条地加工处理，最后的统计结果很快就能显示出来。

2.水分有多大

有一些人对我国的金融统计数据表示怀疑，认为其中掺杂水分。其实他们并不知道，我国已经建立起一套完善的金融统计质量保障机制，统计数据经得起任何检验。

首先，有一系列的法律法规对金融统计工作予以规范，如国家颁布的《统计法》，中国人民银行制定的《金

融统计管理规定》。

其次，有一套可靠的统计体系，金融统计主要是全面统计，全面统计能够有效保证数据的全面性与准确性。我国金融统计的全面统计以各银行的会计科目与会计数据为基础，会计数据本身是可以核对的。会计科目和统计项目之间的对照关系也是可以核对的。

最后，中国人民银行每年还专门组织统计检查，督察规范各金融机构的统计工作。

要说金融统计数据没有一点误差是不现实的，但在上述机制的保障下，可以说，我国的金融统计数据是可靠的、放心的，它能够为经济"诊断"提供准确的依据。

3.读懂金融数据并不难

中国人民银行会定期发布一些金融统计数据，只需要看几个简单的金融统计数据，您就能清楚地了解金融体系的总体运行情况了。五类金融统计数据能帮助您大致认清全国的金融形势。

第一类是货币供应量余额及增长。将货币供应量增长

与经济增长及物价上涨三类指标相联系，您就能大致判断货币供应是否满足实际需要。如果货币供应量增长快于经济增长，且伴随着物价水平的大幅上涨，这说明货币发行太多了，您就会觉得手中的"钱"不值钱了，以货币表示的个人财富"被减少"了。反之，您会觉得"钱"似乎更值钱了，以货币表示的个人财富"被增加"了。

第二类是金融机构存款与贷款的余额及变化。如果金融机构存款余额增加，贷款余额减少，说明企业投资意愿和个人消费意愿不足，大家都把钱存银行了，这进一步意味着经济形势不容乐观。如果金融机构存款余额和贷款余额都稳定增长，则说明经济形势比较乐观。

第三类是各种利率及汇率的水平及变化情况。利率上升，居民储蓄意愿增加，金融体系流动性降低，融资成本就会上升；利率下降，则金融体系流动性增加，融资成本降低。例如，2011年2月9日起，中国人民银行决定，金融机构1年期存贷款基准利率分别上调0.25个百分点。如果您有20年期限的房贷100万元，加息后您每月还款额增加117元，贷款总利息增加了28258元。如果人民币升值，说明人民币的相对购买力增强了，您就会觉得进口商品多了，出国旅游时手中的钱更值钱了。如果人民币贬值，则意味着人民币的相对购买力下降，您就会觉得进口商品更贵了，出国旅游换到的外币更少了。

第四类是国家的储备，如外汇储备、黄金储备。通过这类数据，您能直观感受一国政府掌握的财富。

第五类是企业商品价格指数。中国人民银行选取了上千种在国内生产并销售的物质商品，按照一定分类，采用一定方法计算出价格指数，用以反映批发物价总体水平的变动情况。

将同一种数据不同时间段的数值加以比较分析，或者是将不同类型的数据结合起来观察，您就能深刻了解金融运行的总体态势，发现其中的一些特征。如果您还有更多的兴趣，不妨再探究一下统计数据变化背后的原因，思考相关问题的解决办法。

专栏9.1 "钱"值不值"钱"

"钱"就是货币的俗称，"钱"值不值"钱"就是说货币币值是否稳定。用什么来衡量币值是否

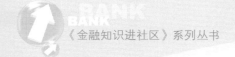

稳定呢？在经济生活中，我们用货币来衡量商品的价值，反过来我们用商品价格变动幅度来衡量货币价值的稳定程度。

物价变化与币值稳定是一个问题的两个方面。物价上升，币值相应下降，意味着同样多的货

币只能购买较少的商品，或者说购买同样多的商品需要更多的货币了，在这种情况下，人们会觉得"钱越来越不值钱"了；反之，物价下降，币值相应上升，也就是说，"钱更值钱"了，因为同样多的货币可以买到更多的商品了。

那么，这"钱"到底在多大程度上不值钱了呢？或者在多大程度上更值钱了呢？物价变动程度要用价格指数来计量。中国人民银行编制的企业商品价格指数（CGPI）是一个比较全面反映物价总体

变动水平和币值稳定程度的宏观经济指标。同人们常见的消费品价格指数相比，企业商品价格指数与经济运行的关系更为紧密，且变化超前于居民消费价格指数，是反映币值稳定程度的更为合适的经济指标。

专栏9.2 经济前景是好还是坏

　　宏观经济前景恐怕是与大家关系最为密切的经济要素了。如果经济前景好，收入有望提高、需求有望增长、生产有望扩张。对中央银行，这可能意味着更多的货币需求；对个人，这可能意味着更多的旅游度假和消费支出。如果经济前景不好，收入就会减少、需求就会疲软、生产就会削减。对中央银行，这意味着货币需求的减少和信贷的缩减；对个人，这可能意味着节衣缩食。

　　那么，怎样衡量经济前景是好是坏呢？通常我们用景气调查来对经济进行检测、分析和预测。中国人民银行在全国29个省（自治区、直辖市）

选定27个行业的5000余户企业开展景气调查。调查内容包括企业总体状况、生产要素供给状况、

哟，张哥，买这么好的车！看来形势很好嘛！难怪统计数据表明要防通货膨胀了。

我那个公司生意不错，货都订到后年了！

市场需求状况、资金状况、成本效益状况、投资状况六个方面，并根据调查结果计算出景气指数。

通过调查企业生产、经营及资金供求状况，了解企业经营管理者对经济形势的判断、预测，能够为中央银行分析、判断和预测经济运行趋势提供依据。例如，2010年第四季度中国人民银行企业家问卷调查显示，企业景气指数连续七个季度攀升，这说明企业经营状况良好，对未来预期谨慎乐观。

Chapter 10

第十章
征信系统：无信不立

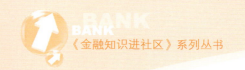

　　小曹到某银行办理购房按揭贷款，银行工作人员在认真审核有关材料后很客气地拒绝了他的贷款申请。小曹又换了另一家银行，仍然不能如愿。事后他才知道，银行工作人员在接到他的贷款申请后，通过人民银行个人征信系统查询了他在数据库中的信用记录，结果信用报告显示，几年前小曹使用信用卡时曾透支过3000多元，过后一直未还。这样他的信用报告中就存在着不良信用记录，银行认定他不再具备申请新的信贷业务的资格，无法得到他想办的按揭贷款。

　　诚信为本，这是中国的古训。所谓"信用"，就是遵守诺言，实践成约，取信于他人。信用是维护市场经济秩序的基础，市场经济就是信用经济。没有信用，就没有秩序，市场经济就不能健康发展。良好的信用让您深受裨益，反之则让你寸步难行。如果一个社会没有"守信获益，失信失利"的信用制度，就无法形成公平、公正的经济发展环境。

　　人民银行的征信系统就是一个为社会信用制度提供服务的系统。它通过专业化的、独立的第三方机构为您建立信用档案，依法采集、客观记录您的信用信息，并依法对外提供您的信用报告。目前征信系统已经为近6亿自然人和1000多万个企业建立了信用档案。

1.征信"征"什么

征信系统里主要包括三类信息。第一类是基本信息，包括个人的姓名、证件号码、家庭住址、参加社会保险和公积金

等信息。第二类是个人的信用活动信息，包括贷款、信用卡、担保、电信缴费、公共事业缴费等信息。第三类则是个人的公共信息，包括欠税、法院判决等信息。

征信机构采集的信息都是您在经济金融活动中产生的信用信息，对于一些与信用无关的信息，比如个人存款信息、个人宗教信仰等，征信机构是不采集的。

个人信用数据库从2004年1月1日起开始采集个人信贷信息，在此之前发生的但已还清的信贷信息不采集，2004

年1月1日尚未还清或之后新发生的信贷信息，个人信用数据库都会采集。

个人信用信息是由征信机构主动采集的，不需要个人申请。只要在商业银行开立过结算账户或者是与银行发生过信贷交易的个人，都加入了个人信用数据库。

个人信用数据库按各信息来源本身的业务周期，即各部门自身信息的更新频率更新信息。一般来说，贷款等经常发生变动的信息，按月更新。随着技术的进步，更新频率将会逐步提高。

2.隐私能够得到保护吗

我国的征信体系起步不久，对不少人来说，个人信用记录还是个很新鲜的名词。个人信用记录里涉及很多个人信息，许多人担心自己的信息被人随便窥探，隐私权得不到保护。不必担心，征信系统采取了许多措施，将确保您个人信息的安全。

首先，您的信用报告不是谁想看就都能看到的，得先经过您的书面授权。

其次，商业银行只有在办理贷款、信用卡、担保等业务或贷后管理时，才能在您的授权下查询您的信用报告。商业银行如果违反规定查询、使用个人信用用报告，将被处以罚款，涉嫌犯罪的还将被依法移交司法机关处理。

最后，存储您信用报告的数据库非常安全，它采用了国内最先进的计算机防病毒和防黑客攻击的安全设施。另外，它还实时记录"何时、何人、因何原因"查看过您的信用报告，并展示在您的信用报告中，让您随时掌握信用报告的查询情况。

每个人都能查询自己的信用报告。您可以向中国人民银行征信中心或中国人民银行分支机构的征信管理部门提出查询申请。经过身份查验后，征信中心将向您提供您的信用报告。如果发现信用记录有误，您可以向上述机构提出异议，如果对最终处理结果有争议，您还可以向征信中

心申请在您的信用报告中加入个人声明，表明您对争议问题的态度。如果您认为征信中心提供的错误信息损害了您的利益，而且向征信中心反映后仍不能得到满意解决，您还可以向中国人民银行征信管理局反映，或向法院提出起诉，用法律手段维护您的权益。

3.有了负面记录怎么办

为真实、客观地反映个人的信用状况，个人信用报告中不仅要反映个人信用交易的现状，而且要反映其信用交易的历史情况。所以，即使偿还了欠款，曾经逾期的记录也还要在个人信用报告中保留一段时间，一般是两年。

个人信用报告中有了负面记录，只能说明个人出现了未能按合同约定履行义务的事实。信用好与不好是商业银行信贷人员依据借款人的个人信用报告并参考借款人其他方面的信息所作出的综合判断。负面记录与信用不好之间是不能画等号的。

如果目前自己的信用报告中存在负面记录，那么首先是要避免出现新的负面记录，其次是尽快重新建立个人的守信记录。商业银行等金融机构在判断一个人的信用状况时，着重考察的是这个人最近的信贷交易情况。如果一个人偶尔出现了逾期还款，但此后都是按时、

足额还款，这足以证明其信用状况正在向好的方向发展。

也有人担心负面信用记录是否会一直保存着，让人一辈子不得"翻身"。按照国际惯例，负面信用记录一般只保存七年左右，那些已经有负面信用记录的人不必过于担心，只要从今往后按时还款，真正守信，用不了多久就能为自己重建一份良好的信用记录。

4.如何经营信用财富

良好的信用记录能够让您深受裨益，反之则会让您吃尽苦头。信用是每个人的一笔财富，我们没有理由不好好经营它、呵护它，让它不断增值。如何拥有良好的个人信

用记录呢？

● 要尽早建立您的信用记录。这里要说明的是，不从银行借钱不等于就有好的信用，没有信用的历史记录，银行就难以判断个人的信用状况。所以，建立信

看来维护个人信用，也就是增加个人的社会价值啊！

信用就是您的"个人财富"。

用记录的一个简单方法就是与银行发生借贷关系。

● 要努力保持良好的信用记录。这里的关键是要树立诚实守信的观念，及时归还贷款及信用卡透支款项，按时交纳各种费用，否则就会对个人信用造成影响。

● 要多关心自己的信用记录。由于一些无法避免的原因，信用报告中的信息可能会出现错误。一旦发现自己的个人信用记录内容有错误，应尽快联系提供信用报告的机构，及时纠正错误信息，以免使自己受到不利的影响。

诚信为本，只有随时注意自己的信用行为，遵守约定、实践成约，方能取信于人。信用这笔财富，真得靠自己好好经营。

Chapter 11

第十一章
构建金融安全网

张大妈退休在家，有一天接到一个语音电话，称她的座机欠费，准备停机。随后一名自称电信局工作人员的男子详细询问了她的姓名、身份证号后，称她名下的银行账户已经被犯罪分子控制，无法缴纳电话费，并称已将电话转接至公安机关。之后一名自称当地民警的男子打来电话，在自报姓名和警号后，告诉张大妈她的银行账户因为涉案要被冻结，如果希望财产不被冻结，必须在当天下午1点前把钱转到安全的账户内。随后，张大妈在该"民警"的电话遥控下，通过ATM把三十多万元的现金全部转到了所谓的"安全账户"。几个星期后，张大妈去银行查询，才发现自己上当受骗了。

李大爷最近刚刚开始学习炒股，经他人推荐，买入一只股票，据说也是某某名牌证券公司某某分析师重点推荐。不过买入之后，李大爷发现这只股票价格就像坐了过山车一样，急剧上涨又急剧下跌，几个涨跌下来，自己已经亏了好几万元了。李大爷赶紧认赔，卖了股票，心疼不已。

没过多久，张大妈和李大爷都在报纸上看到相关报道。原来，某具有境外背景的网络赌博和诈骗团伙，通过类似给张大妈那样的诈骗电话以及网络赌博，获取大量非法所得，为了清洗赌博和诈骗所得，该犯罪团伙伙同证券公司工作人员，操控股票价格，投机获利。

对于像张大妈和李大爷那样对金融知识并不太熟悉的人来说，不偏信和不盲从各种未经证实的消息是最基本的保护措施。那么作为提供公共金融服务的中央银行能够为他们提供什么样的保护措施呢？

1. 反洗钱：正本清源

在20世纪20年代，美国芝加哥的一名黑手党成员开了一家洗衣店，每晚计算当天的洗衣收入时，将那些通过赌博、走私、勒索等手段获得的非法收入混入其中，并向税务部门申报纳税，税务部门扣去应缴税款之后，剩下的就

变成合法收入。这样，洗衣店将黑钱"洗白"了，从此，洗钱就成为利用某些渠道将非法所得变成合法收入的代名词。

洗钱活动的危害甚大。据估计，全球每年有上万亿美元的黑钱被"洗白"。这些黑钱往往就来自军火交易、毒品交易、敲诈勒索、走私、贪污腐败之类的非法活动。洗钱为这些犯罪所得提供资金转移渠道，反过来进一步助长暴力、贩毒、恐怖等违法活动，对一个国家的稳定构成严重威胁。

这是反洗钱监测分析中心提供的异常资金流动报告。

我国在反洗钱方面已经开始行动。2003年新修改的《中国人民银行法》赋予中国人民银行"指导、部署金融业反洗钱工作，负责反洗钱的资金监测"的职责。2002年我国成立了反洗钱工作部际联席会议，共23个部委参加，人民银行为牵头单位。2004年人民银行成立中国反洗钱监测分析中心，负责收集、分析、监测和提供反洗钱情报。2006年10月，《反洗钱法》出台。2007年中国成为国际反洗钱组织——金融行动特别工作组正式成员，反洗钱国际合作向纵深方面发展。2009年《中国反洗钱战略》发布。

目前，我国反洗钱监测范围已经覆盖到银行业、证券期货业、保险业、信托业、金融资产管理公司、财务公司、租赁公司、汽车金融公司和经纪公司。近年来，人民银行、国家外汇管理局配合公安机关及其他部委成功破获了一大批与恐怖活动、地下钱庄、贪污腐败、非法交易等相关的洗钱案件，严厉打击了犯罪分子的嚣张气焰，有效维护了正常的经济金融秩序。

2.金融机构是反洗钱的前沿阵地

洗钱归根到底是一种货币转移的金融现象，是一种非法金融活动。洗钱的目的是改变非法资金的存在形式，"黑钱"只有通过金融手段和金融工具被清洗为"白"钱后，才能像正常的资金那样用到社会经济生活中去。洗钱者实施洗钱活动，必须借助金融机构的金融活动来完成。

因此，我们说金融机构是反洗钱的前沿阵地。

金融机构本身也具备防范和控制洗钱的条件。因为一切金融交易，只要进入金融系统，就都会留下有关金融交易和资金转移等记载。在电子化

这人今天都来了四五次了，平时都转出4.9万元。有异常！

我要转账4.9万元。

操作的情况下，计算机就会如实记录和储存交易往来的各方面信息，包括交易主体和资金流动方向等，这就为查处和打击洗钱活动提供了重要线索和依据。同时，在必要情况下，根据执法机构的指令，金融机构可以依法冻结洗钱者的资金账户，防止资金转移和流失。

在预防和控制洗钱方面，金融机构发挥着巨大作用。首先，银行在与客户打交道时，要核实和记录客户的真实身份，保存相关的交易记录，这可以杜绝匿名或用假名进行的洗钱活动，方便有关部门调查取证。其次，银行要上报大额交易和可疑交易，如巨额资金突然转移、无账户交

易等，为反洗钱提供线索，不少洗钱大案的蛛丝马迹就是在金融机构发现的。

从趋势上看，洗钱活动正逐步向房地产、典当行、贵金属和珠宝经销商等涉及大额交易或提供专业服务的非金融机构渗透。反洗钱监控范围正在逐步覆盖易被洗钱分子利用的特定非金融机构，包括房地产销售机构、贵金属和珠宝经销商、拍卖行、典当行、律师事务所、会计师事务所等。2009年5月，国务院发布《彩票管理条例》，首次以法规的形式明确了彩票行业的反洗钱义务。2009年9月，中国人民银行出台了《支付清算组织反洗钱和反恐怖融资指引》，支付清算行业成为反洗钱监管的重要环节。

3.账户管理：洗钱者的克星

因此我们说，金融机构是反洗钱的前沿阵地。银行账户是开展各项金融业务的基础，是一切金融交易的门槛。不论什么样的金融交易，只要通过银行，都表现为资金从一个账户到另一个账户的转移，都会在账户记录中留下痕迹。因此，加强银行账户系统建设，加大对账户资金流动

的监控力度，是反洗钱的措施。

我国目前实行银行账户分类管理，将银行账户分为单位存款账户和个人存款账户两大类，对不同账户实行不同的管理办法。单位存款账户分为基本存款账户、一般存款账

户、专用存款账户、临时存款账户四类。为方便客户，允许单位和个人异地开立账户。同时，我国对银行账户实行严格的开户许可制度，对各类账户都规定了详细的开户条件。实施账户集中管理，目的是要把好银行账户关口。同时还颁布了现金管理条例，对提取大额现金作出了严格限制；发布了支付管理办法，对异常的大额奖金划转实行报告制度。

我国通过全国统一的银行账户系统，实现了对全国所有单位和个人账户信息的共享，将账户的管理、使用、监控和服务功能有机地结合起来。通过该系统，能够在网上及时调阅查询跨地区的账户交易信息，及时识别客户身份，审查交易行为，监控资金流向等，对可疑交易活动进行识别、分析、跟踪和判断，揪住洗钱犯罪分子的尾巴，为依法打击洗钱犯罪提供有力证据。从这个意义上说，银行账户管理系统就是洗钱者的克星。

4.金融信息安全建设

一提起金融安全，人们想到的往往是"三铁一器"，即铁门、铁窗、铁柜和报警器。但在信息化环境下，案犯通过计算机和网络，不需要荷枪实弹，不需要砸碎"三铁一器"，甚至不需要接近银行大楼，就可以将金融机构或其客户的资金占为己有。

确实，金融机构作为现代经济的核心组成部分，其信息系统如果受到攻击和破坏，影响将不仅仅只局限于金融体系，很有可能会波及整个国民经济体系，后果是灾难性的。

人民银行作为中央银行，依托计算机通信网络，通过配备密码机等技术手段，先后开通了电子联行卫星数据链路加密网、传真密码通信网、电话密码通信网、公文传输密码通信网和电视会议密码通信网等专用密码通信网，初步形成了人民银行完整的密码通信网络体系，实现了所有

涉密信息和支付清算
信息的加密传输，确
保了金融信息安全。
从国内多年的金融信
息系统运行实践来
看，我国金融信息安

金融犯罪，有形无形，一网打尽

全形势是好的。我国金融机构基本上都采用了专用计算机
网络传输业务信息，且传输的关键业务都是加密的，支付
清算系统的资金信息还加了密押；采用分散授权控制对数
据的访问；对重要数据加密存储；业务数据都有备份。

　　在瞬息万变的电子化时代，中央银行的服务也上升
到最新发展的高度。如果说中央银行服务是保证钱币的整
洁、支付清算的通畅等，那么中央银行服务的前提则是安
全。中央银行作为银行的银行，不仅其自身的安全非常重
要，更需要保护全社会的金融信息安全。信息安全风险具
有技术含量高、隐蔽性强、危害大的特点，面对这种新
型风险的挑战，人民银行将继续与金融机构一道，从管理
和技术两方面入手，建立和完善防范、控制信息风险的体
系，保证金融体系的安全。

后　记

　　根据中国人民银行和共青团中央《关于开展"青春共建和谐社区行动·金融知识进社区"活动的通知》（银发【2008】184号）精神，活动领导小组办公室于2008年组织有关专家编写出版了《金融知识进社区》系列丛书（共5本），作为配套读物在活动期间向公众发放。丛书以图文并茂的形式，深入浅出地介绍了金融领域与百姓生活密切相关的银行、证券、保险、理财和人民币的有关知识，受到了百姓的普遍欢迎。

　　活动期间，组织者通过问卷调查、实地走访等多种形式深入开展了社区居民金融知识需求调研。根据调研情况、读者反馈和清华大学媒介实验室的跟踪调查评估结果，我们组织专家对《金融知识进社区》系列丛书的内容进行了充实和更新，结构进行了重新调整，又邀请人民银行、银监会、证监会、保监会和中国理财师协会有关专家进行了审定，形成这套《金融知识进社区》系列丛书（共4册）。

　　因水平有限，纰漏和不足在所难免，真诚希望广大读者提出宝贵意见和建议。

编　者

2011年11月

无处不在的
金融生活

《金融知识进社区》系列丛书编委会

中国金融出版社

责任编辑：何　为
责任校对：刘　明
责任印制：裴　刚

图书在版编目（CIP）数据

无处不在的金融生活（Wuchubuzai de Jinrong Shenghuo）/《金融知识进社区》系列丛书编委会编. —北京：中国金融出版社，2011.12

（《金融知识进社区》系列丛书；3）

ISBN 978-7-5049-5708-5

Ⅰ.①无… Ⅱ.①金… Ⅲ.①金融—基本知识 Ⅳ.①F83

中国版本图书馆CIP数据核字（2010）第226693号

出版
发行　**中国金融出版社**

社址　北京市丰台区益泽路2号
市场开发部　（010）63266347，63805472，63439533（传真）
网 上 书 店　http：//www.chinafph.com
　　　　　　　（010）63286832，63365686（传真）
读者服务部　（010）66070833，62568380
邮编　100071
经销　新华书店
印刷　天津市银博印刷技术发展有限公司
尺寸　145毫米×210毫米
印张　4.5
字数　69千
版次　2011年12月第1版
印次　2016年9月第4次印刷
定价　65.00元（套，含光盘）
ISBN 978-7-5049-5708-5/F.5268
如出现印装错误本社负责调换　联系电话（010）63263947

目录

1

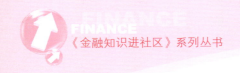

目录

Chapter 1

第一章
无信不立的商业银行

1.商业银行的起源

"银行"一词最早起源于拉丁文"Banco",意思是"长板凳"。在中世纪中期的欧洲,各国之间的贸易往来日益频繁,意大利的威尼斯、热那亚等几个港口城市由于水运交通便利,各国商贩云集,成为欧洲最繁荣的商业贸易中心。各国商贩带来了五花八门的金属货币,不同的货币由于品质、成色、大小不同,兑换起来就有些麻烦。于是就出现了专门为别人鉴别、估量、保管、兑换货币的人。按照当时的惯例,这些人都在港口或集市上坐着长板凳,等候需要兑换货币的人。渐渐地,这些人就有了一个统一的称呼——"坐长板凳的人",他们也就是最早的银行家。这些人在经营货币兑换的过程中慢慢发展壮大,又开始为商人们提供汇兑业务。商人们可以把钱交给"坐长板凳的人",换取一张票据,再到目的地的分支机构凭票据领取现金。

"坐长板凳的人"由于经常办理保管和汇兑业务，手里就一直有一部分客户没有取走的现金。"坐长板凳的人"很快就发现了新的生财之道，他们把这部分暂时不用兑付的现金借给急需用钱的人，以赚取利息。后来，他们开始吸收大家的闲钱，向储户支付一定的利息，再把吸收的钱贷给需要资金的人以赚取利息，逐渐形成现代意义的商业银行。

老百姓有了闲钱就可以存到"坐长板凳的人"那里去，需要的时候又可以到他们那里取出来。这些机构就像一个存钱的箱子，所以后来人们又把它们称为"Bank"，意思是"储钱柜"。这就是银行的英文名称"Bank"一词的由来。

在我国，过去主要使用银子作为流通货币，商铺又常常被称为"行"，所以"Bank"翻译成中文就被称为"银行"。

1580年，在意大利水城威尼斯诞生了世界上最早的银行，1694年在英国创办的英格兰银行是最早的股份制银行，它的诞生标志着现代银行的诞生。

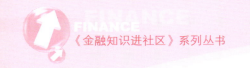

　　我国历史上很早就有类似银行的金融机构了，最早可以追溯到魏晋南北朝时期有些寺院创办的"寺库"，利用寺庙积累的财产放贷。隋唐时期又出现了较为进步的"质库"（又称质舍、质肆、解质等），专门经营借贷（典当）业务。我国金融机构的历史虽然悠久，但真正形成气候的还要算闻名遐迩的山西钱庄和票号了。

　　商业银行这种资金中介的角色，在现代经济中的地位可是至关重要的！商业银行把人们手里的闲钱集中起来，贷给那些有钱赚的好项目或者急需用钱的人和企业，可以大大提高整个经济的运行效率。试想，假如没有商业银行这个中介，有闲钱的人只能把钱藏在自家的床底下，白白躺在那里；急需用钱的人却借贷无门，眼巴巴地看着好机会丧失。

　　商业银行集中了居民、企业的大量存款，就具备了办理汇兑、结算业务的优势。居民、企业买卖商品，可以直接通过各自在银行的存款账户办理转账结算，既便捷又安全。商业银行之间也开展汇兑、转账、结算业务的合作，它们共同组成了一张高效率的结算网络，大大提高了经济的运行效率。除了存贷款和结算业务，现代商业银行还开办了许多新的业务，如代理业务、信托业务、租赁业务、担保业务、银行卡业务等，这些新业务为银行客户提供了新的服务，也为商业银行开辟了新的财源。

2.商业银行的根本——信用

俗话说，人"无信不立"，对商业银行来说也是一样，信用就是银行的生命。借贷关系本身就是信用关系，商业银行又是借贷的中介，所以说商业银行是社会经济活动中信用关系的顶梁柱，不能有半点闪失。

银行吸收存款靠的就是信用。试想，为什么人们会心甘情愿地把攒了一辈子的钱存入银行呢？因为人们相信未来某一时刻可以把钱从银行原样不动地取回来，还可以获取利息。如果哪一天某家银行经营出了问题，老百姓觉得存在银行的钱有可能取不回来，就会蜂拥而至，在该银行柜台前排起长龙提取现金，这家银行就会立刻面临"挤兑"危机，该银行也有可能因为拿不出那么多钱而被迫关闭。一家银行倒闭又有可能引发连锁反应，恐慌的人们会跑到更多的银行"挤兑"，导致更多银行破产。美国历史上就曾多次爆发由于"挤兑"而导致的银行连锁倒闭的危机。

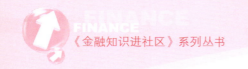

银行的生存不仅依赖于自身的信用，在很大程度上还要取决于借款者的信用。如果借款者不讲信用，银行的贷款就收不回来，也就无法向存款者支付本息。我们把银行无法收回的贷款叫做不良贷款，也叫做不良资产。不良贷款占全部贷款的比率是不良贷款率（不良资产率）。这个比率是衡量一家银行经营"好坏"的重要指标。如果不良贷款过多，不良贷款率过高，就会危及银行的生存。很多国家在历史上都曾发生过不良贷款率过高带来的银行倒闭风潮。所以，商业银行在发放贷款时，必须严格审查借款者的信用条件和信用水平，尽可能地减少不良贷款。

3.商业银行的"本钱"——资本金

做生意必须要有本钱。如果有人想做生意，而自己一分本钱都没有，您敢借钱给他吗？同样的道理，商业银行也要有自己的本钱（资本金）。谁敢把钱存进没有本钱的银行呢？

资本金是商业银行的立身之本。没有本钱或者本钱过少，商业银行就无法经营。

商业银行的资本金与一般企业的资本金是大不相同的。按照国际惯例，企业负债率（即负债占总资产的比率）通常在60％—70％，资本金比率在30％—40％。但商业银行是特殊的企业，它

我想后天取现100万元。

设问题，届时您带上有效证件来办理即可。

的资金80％—90％是从各种各样的客户手中借来的，它的资本金只占全部资产的10％左右。

商业银行的资本金意义重大。资本金首先能满足商业银行的经营需要，盖大楼，购买设备、办公用品，增加技术研发，都要依靠商业银行的自有资本金。资本金还是商业银行的安全保障，可以保护存款人的利益和维系人们对银行的信心。当银行出现亏损的时候，如果银行拥有充足的资本金，就可以维持人们的信心，银行也可以缓口气，慢慢消化亏损。但如果银行的资本金不足，人们就会立刻恐慌起来，赶快跑到银行取钱，唯恐自己存的钱血本无归，这样，往往会恶化银行的危机，甚至迫使本来还有希望好转的银行破产倒闭。另外，

资本金的存在也使得银行的所有者要求管理者（或经营者）尽量稳健地经营。否则在银行破产时，最先受到损失的就是银行资本金的所有者。

商业银行的资本金可以说是商业银行的命脉所系，是维系银行稳定的重要支柱。因此，金融监管部门和国际金融监管组织都对商业银行的资本金充足水平作出了严格的规定，同时进行严格监控。

4.商业银行的经营原则

商业银行也是企业，但又与一般的工商企业不同，它是经营"钱"的特殊企业，因此，它的经营原则与一般企业也有显著的区别。

与一般企业一样，商业银行经营的最终目标也是尽可能地多赚钱，这也就被称为商业银行的盈利性原则。商业银行发放贷款是为了在收回本金的同时赚取利息；为客户提供汇兑、转账、结算等中间业务，是为了收取手续费；积极进行业务创新，开发新的金融工具，说到底也是为了盈利。在盈利性原则上，商业银行与一般企业没有什么区别。

商业银行在追求盈利性目标的同时，还必须兼顾两个基本原则，一个是安全性原则，另一个是流动性原则。

商业银行的自有资本金很少，资金的主要来源是公众存款，也就是说商业银行主要是拿别人的钱做生意，一旦经营不善甚至破产，就会影响广大公众的利益，因而风险高度集中。商业银行在经营的过程中会面临很多风险，必须强调安全性原则，避免出现经营风险。

商业银行吸收了大量的公众存款，每天都会有人到银行提取现金，因此，商业银行必须时刻准备足够的现金以满足存款者的提现需要，这就是所谓的流动性原则。

安全性原则与流动性原则是统一的。现金显然是最安全也是流动性最强的资产，商业银行保有大量的现金就同时符合这两个原则。但安全性原则、流动性原则与盈利性原则是有矛盾的。因为金库里躺着大量的现金虽然最安全，流动性也最强，却是闲钱，一分钱也多挣不来。商业银行必须把钱投入使用才能生利。但投入使用的资金越多，越难以满足银行流动性需要；资金用到收益越高的业务上，产生的风险就越大。但是，这两个原则与盈利性原则不是绝对矛盾

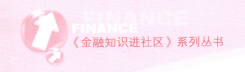
的，它们又有统一的一面，因为只有满足了安全性原则和流动性原则，商业银行才能够生存，才能够盈利。

总之，银行必须从实际出发，在安全性、流动性和盈利性三者之间寻求最佳的平衡点。

5.商业银行的基本业务

》 个人存款业务

个人存款又叫储蓄存款，是指个人将闲置不用的货币资金存入银行，并可以随时或按约定时间支取款项的一种信用行为。

个人存款业务的分类如下：

个人存款	活期存款	
	定期存款	整存整取
		零存整取
		整存零取
		存本取息
	定活两便存款	
	个人通知存款	
	教育储蓄存款	

● 活期存款，是指不规定存款期限，客户凭存折或银行卡及预留密码可在银行营业时间内通过银行柜面或通过银行自助设备随时存取现金。在现实中，活期存款通常1元起存，以存折或银行卡作为存取凭证，部分银行的客户可凭存折或银行卡在全国各网点通存通兑。在我国，除活期存款在每季结息日时将利息计入本金作为下季的本金计算复利外，其他存款不论存期多长，一律不计复利。我国对活期存款实行按季度结息，每季度末月的20日为结息日，次日付息。

人民币存款计息的通用公式：

利息 = 本金 × 实际天数 × 日利率

人民币存款利率的换算公式：

$$日利率(‰) = \frac{年利率(\%)}{360}$$

$$月利率(‰) = \frac{年利率(\%)}{12}$$

● 定期存款，是指个人事先约定偿还期的存款，其利率视期限长短而定。根据不同的存取方式，定期存款分为四种，其中，整存整取最为常见，是定期存款的典型代表。

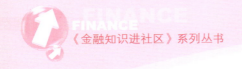

专栏1.1 定期存款的种类

存款种类	存款方式	取款方式	起存金额	存取期类别	特点
整存整取	整笔存入	到期一次性支取本息。	50元	三个月、六个月、一年、二年、三年、五年。	长期闲置资金。
零存整取	每月存入固定金额	到期一次性支取本息。	5元	一年、三年、五年。	利率低于整存整取定期存款，高于活期存款。
整存零取	整笔存入	固定期限分期支取。	1 000元	存款期分一年、三年、五年；支取期分一个月、三个月或半年一次。	本金可全部提前支取，不可部分提前支取；利息于期满结清时支取；利率高于活期存款利率。
存本取息	整笔存入	约定取息期到期一次性支取本金、分期支取利息。	5 000元	存期分一年、三年、五年；可以一个月或几个月取息一次。	本金可全部提前支取，不可部分提前支取。取息日未到不得提前支取利息，取息日未取息，以后可随时取息，但不计复利。

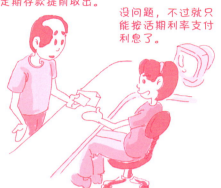

我想把2万元一年期定期存款提前取出。

没问题，不过就只能按活期利率支付利息了。

定期存款利率视期限长短而定，通常，期限越长，利率越高。如果储户在存款到期前要求提前支取，有时会受到限制，而且还有利息损失。

若提前支取，定期存款的提前支取部分按活期存款利率计付利息，提前支取部分的利息同本金一并支取。

存期内遇有利率调整，仍按存单开户日挂牌公告的相应定期存款利率计息。

专栏1.2　其他储蓄存款

	业务特点
定活两便储蓄存款	存期灵活：开户时不约定存期，一次存入本金，随时可以支取，银行根据客户存款的实际存期按规定计息。 利率优惠：利息高于活期储蓄。
个人通知存款	开户时不约定存期，预先确定品种，支取时只要提前一定时间通知银行，约定支取日期及金额。目前银行提供一天、七天通知存款两个品种，一般5万元起存。

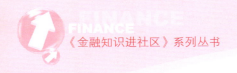
续表

	业务特点
教育储蓄存款	父母为了子女接受非义务教育而存钱，分次存入、到期一次性支取本金和利息。 **利息免税：** 免征储蓄存款利息所得税。 **利率优惠：** 一年期、三年期教育储蓄按开户日同期同档次整存整取定期储蓄存款利率计息；六年期按开户日五年期整存整取定期储蓄存款利率计息。 **总额控制：** 教育储蓄起存金额为50元，本金合计最高限额为2万元。 **储户特定：** 在校小学四年级（含四年级）以上学生。如果需要申请助学贷款，金融机构优先解决。 **存期灵活：** 教育储蓄属零存整取定期储蓄存款。存期分为一年、三年和六年。提前支取时必须全额支取。

》 个人贷款业务

个人贷款是指银行向个人购买房屋、汽车以及个人求学等提供的融资。个人贷款可由银行直接向个人发放或通过零售商间接发放。它主要包括以下几类：

● 个人住房贷款，是指银行向购买、建造、大修各类型住房的自然人发放的贷款，即通常所称的个人住房按揭贷款。个人住房贷款期限一般最长不超过30年，住房贷他情况所产生的累积未还款金额。

● 个人助学贷款，是指银行向正在接受高等教育的在校学生或其直系亲属、法定监护人或准备接受各类教育培训的自然人发放的贷款业务。个人助学贷款分为国家助学贷款和一般商业性助学贷款。

● 其他个人贷款。除了上述常见的个人贷款之外，银行还提供个人住房最高额抵押贷款（以现有住房作为抵押，贷款用途可以是购买其他住房，也可以是其他符合规定的用途），以及向个体工商户、个人独资企业投资者或合伙企业合伙人发放用于合法经营活动的个人经营性贷款（如个人助业贷款）等。

》 抵押、质押、按揭业务

抵押是指债务人或者第三人不转移对可抵押财产的占有，将该财产作为债权的担保。债务人不履行债务时，债权人有权依法规定以该财产折价或者以拍卖、变卖该财产的价款优先受偿。可抵押的财产有房屋、机器、交通运输工具等。

质押就是动产的抵押，是指债务人或者第三人将其动产移交债权人占有，将该动产作为债权的担保。债务人不履行债务时，债权人有权依法规定以该动产折价或者以

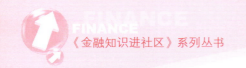
拍卖、变卖该动产的价款优先受偿。可质押的动产有存款单、债券、股票等。

按揭原是地方方言，多见于我国的香港、澳门、台湾地区。20世纪80年代末以来，逐步传入中国大部分地区。广义的按揭是指任何形式的质押和抵押；狭义的按揭是指将房地产转移到贷款人名下，等还清贷款后，再将房地产转回到借款人（抵押人）名下，这种贷款方式又叫房地产抵押贷款。

》 支付结算业务

支付结算业务是指银行为单位客户和个人客户采用票据、汇款、托收、信用证、信用卡等结算方式进行货币支付及资金清算提供的服务。支付结算业务是银行的中间业务，主要收入来源是手续费收入。传统的结算方式是指"三票一汇"，即汇票、本票、支票和汇款。

● 汇票，是指由出票人签发的，委托付款人在见票时或者在指定日期无条件支付确定的金额给收款人或者持票人的票据。

● 本票，是指由银行签发的，承诺自己在见票时无条件支付确定金额给收款人或者持票人的票据，用于单位和个人在同一交换区域支付各种款项。在实践中，如携带大量现金风险很大，可以请银行开出本票，用来购买房产、汽车等；或者用来过户，将款项从一个户头转到另一个户头，而不用提取现金再存入。

●支票，是指由出票人签发的，委托出票人支票账户所在的银行在见票时无条件支付确定的金额给收款人或持票人的票据，可用于单位和个人的各种款项结算。

●汇款，是指银行接受客户的委托，通过银行间的资金划拨、清算、通汇网络，将款项汇往收款方的一种结算方式，主要有电汇、票汇、信汇三种方式。

专栏1.4 票据和结算凭证的填写规范

中文大写金额数字应用正楷或行书填写，如壹、贰、叁、肆、伍、陆、柒、捌、玖、拾、佰、仟、万、亿、元（圆）、角、分、零、整（正）等字样。

中文大写金额数字到"元"为止的，在"元"之后，应写"整"（或"正"）字，在"角"之后可以不写"整"（或"正"）字。大写金额数字有

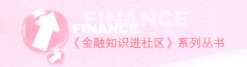
"分"的，"分"后面不写"整"（或"正"）字。

中文大写金额数字前应标明"人民币"字样。大写金额数字应紧接"人民币"字样填写，不得留有空白。大写金额数字前未印"人民币"字样的，应加填"人民币"三个字。在票据和结算凭证大写金额栏内不得预印固定的"仟、佰、拾、万、仟、佰、拾、元、角、分"字样。

票据的出票日期必须使用中文大写。为防止变造票据的出票日期，在填写月、日时，月为壹、贰和壹拾的，日为壹至玖及壹拾、贰拾和叁拾的，应在其前加"零"；日为拾壹至拾玖的，应在其前加"壹"。如1月15日，应写成零壹月壹拾伍日。再如10月20日，应写成零壹拾月零贰拾日。

> **银行卡业务**

银行卡是由银行发行的具有支付结算、汇兑转账、储蓄等全部或部分功能的信用支付工具。

专栏1.5 银行卡的分类

分类标准	银行卡种类
清偿方式	信用卡、借记卡
结算币种	人民币卡、外币卡（境内外币卡、境外银行）、双（多）币卡
发行对象	单位卡（商务卡）、个人卡
信息载体	磁性卡、智能卡（IC卡）
信誉等级	金卡、普通卡等不同等级
流通范围	国际卡、地区卡
持卡人地位和责任	主卡、附属卡

　　银行卡的基本功能有购物消费、现金存取、代交费用、汇兑转账等。除了这些基本功能外，不同的发卡银行还为各自的银行卡增加了一些特色服务，如外汇买卖、拨打长途电话、购买福利彩票、航空里程累积等。

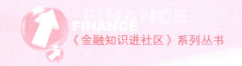

专栏1.6 银行卡使用常识

● 如何选择银行卡？挑选银行卡前，您应当先了解银行卡的种类，各类银行卡具有哪些功能，自己的需求是什么，综合考虑这些因素之后再作挑选。如果是信用卡，还需要考虑相应的利率、年费、延期付款等一些细节。要特别注意仔细阅读发卡机构的信用卡领用合约。

● 利息怎么计算？银行卡内活期存款的利息按活期利率支付，计算方法与活期储蓄存款类似，常常使用日利率；计算存款期限时，从存入日起算到支取的前一天为止，算头不算尾。信用卡如果有透支，您一定要记着及时还款，否则会多付利息。

● 银行卡丢了怎么办？不必紧张。您赶紧持本人的有效身份证件到发卡行的营业网点办理挂失手续，将卡号等资料告诉银行，缴纳一定的挂失手续费，几天后就能获得一张新卡。需要注意的是，银行一般规定，信用卡在挂失之前以及发卡机构受理挂失起24小时之内的一切经济损失由持卡人自己负责，所以您还是要慎重保管好您的信用卡。

●密码忘了怎么办？在申请银行卡时，银行为您"分配"了一个密码，您可以将它改成自己熟悉的密码。如果哪一天想不起密码来，您凭自己的有效身份证件和银行卡，向发卡银行书面申请密码挂失，一般7天后就可以办理重置密码了。

●避免信用卡恶意透支。对信用卡，银行允许善意透支，不过有额度和时间上的限制。如果超出限制，银行就可能认为您在恶意透支，轻则罚款，重则让您吃官司，您的信用记录也会增添一个污点，一旦有此污点，下一次要取得银行信任就没那么容易了。使用信用卡时，请养成按时还款的习惯，避免恶意透支。

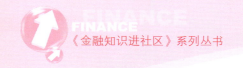
》 外汇业务

您在我国国内消费或者进行其他支付时，只需用人民币就行了。但一旦您要出国或者给国外的亲人汇款，就需要换外汇了。

如果将外汇当做一种商品，那么换汇实际上就是买卖外汇的过程。近年来，随着我国外汇储备的增长和国际收支状况的改善，国家逐步放开对个人用汇的限制。目前，每人每年可购等值5万美元，凭身份证明申报用途后直接在银行办理；超过5万美元的，银行审核相关材料后办理。

目前，我国大部分商业银行都可以办理外汇买卖业务。到银行办理外汇买卖，通常您只要把个人身份证件、人民币、外币现金、存折或存单等资料交给柜面服务人员即可办理。

买卖外汇时有现钞的买入价、卖出价和现汇的买入价、卖出价之分。现钞是指以外币钞票和硬币或以钞票、硬币存入银行形成的存款；现汇则是指以支票、汇款、托收等国际结算方式取得并形成的银行存款。买入价是银行从客户手中购买现钞或现汇的价格，卖出价则是银行卖给客户现钞或现汇的价格。因此，买入价总是低于卖出价。另外，由于现钞与现汇的不同，银行买卖现钞时必须承担保管、运输等费用，买卖现汇则没有这些成本。所以，一般现钞、现汇价格有所区别，比如现钞买入价要低于现汇买入价。有的银行为了方便客户，也实行现钞、现汇统一价格。

由于人民币还未实现完全自由兑换，因此，人们在购买外汇时会受到一些限制。随着经济的发展、国力的增强，人民币将成为完全可自由兑换的货币，那时候人们购买外汇就更方便了。

》代理业务

代理业务主要包括代收代付业务、代理保险业务、开放式基金代销业务、代理国债买卖业务等。

● 代收代付业务，是指商业银行利用自身的结算便利，接受客户委托代为办理指定款项收付事宜的业务。包括代理各项公用事业收费、代理行政事业性收费和财政性收费、代发工资、代扣住房按揭消费贷款等。

● 代理保险业务，是指代理机构接受保险公司的委托，代其办理保险业务的经营活动。

● 开放式基金代销业务，是指银行利用其网点柜台或电话银行、网上银行等销售渠道代理销售开放式基金产品

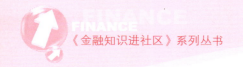

的经营活动。

●代理国债买卖业务，是指银行客户可以通过银行营业网点购买、兑付、查询凭证式国债、储蓄国债（电子式）以及柜台记账式国债。

》 **代保管业务**

代保管业务是银行利用自身安全设施齐全等有利条件设置保险箱库，为客户代理保管各种贵重物品和单证并收取手续费的业务。

近年来，出租保管箱业务发展迅速，成为代保管业务的主要产品。银行提供各种规格的保管箱，对客户存放物品的种类、数量不予查验，客户在租期内可随时开箱取物。

》 **个人理财业务**

个人理财业务是指商业银行为个人客户提供的财务分析、财务规划、投资顾问、资产管理等专业化服务。

按照管理运作方式不同，个人理财业务可分为理财顾问服务和综合理财服务。理财顾问服务是指商业银行向客户提供财务分析与规划、投资建议、个人投资产品推介等专业化服务。综合理财服务是指商业银行在向客户提供理财顾问服务的基础上，接受客户的委托和授

权，按照与客户事先约定的投资计划和方式进行投资和资产管理的业务活动。

综合理财服务又分为私人银行业务和理财计划两类。

私人银行业务是指向富裕阶层提供的理财业务，它并不限于为客户提供投资理财产品，还包括利用信托、保险、基金等一切金融工具为客户进行个人理财，维护客户资产在收益、风险和流动性之间的平衡，同时还包括与个人理财相关的一系列法律、财务、税务、财产继承等专业顾问服务。

最近看您心情很好啊！

银行提供的个人理财服务帮我赚了不少钱，当然开心了。

理财计划是指商业银行在对潜在目标客户群分析研究的基础上，针对特定目标客户群开发设计并销售的资金投资和管理计划。在理财计划的产品组合中，可以包括储蓄存款产品和结构性存款产品。按照客户获得收益方式的不同，理财计划可以分为保证收益理财计划和非保证收益理财计划。

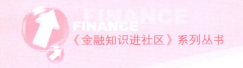
》 电子银行业务

科技的发展促成了银行服务渠道的创新。电子银行使您足不出户就能获得便利的金融服务。您不必亲自跑到银行网点，只需通过网络、电话、ATM、POS等终端设备，就可以办理存贷款、转账、汇款等传统柜台业务。不但如此，您还能通过上网轻松购物、自动转账、全天24小时汇款。

专栏1.7　电子银行的构成

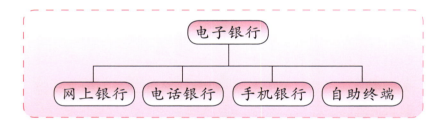

电子银行有如下几大特点：

● 方便查询。单位发了工资、家里寄来一笔钱，您不知道钱到账了没有。遇到这样的情形，您不必亲自跑到银行去查询，您只需登录银行的网站，就能获知账户信息，多数银行的网上银行还能为您提供历史交易明细，甚至是工资单。如果上网不方便，您可以打个银行专用热线电话或者发送短信，也可以随时获得账户信息。

●不间断服务。传统的银行网点每天只提供8小时服务，而电子银行则全天24小时随时满足您的需求。

●自动支付。您每个月在还住房贷款、交电话费和水电费或者给远方就学的子女寄送生活费时，已不必每次都往银行跑了。电子银行专门为用户开设了代理交费业务，您只需访问银行网站或者打个电话，为自己设置代理交费功能，电子银行就会自动为您缴纳选定的费用。电子银行还开设预约周期转账业务，通过您设定的转账周期和金额，自动将指定金额划转到您指定的账户里，此业务适合定期归还住房贷款或者汽车贷款。有的电子银行具有协定金额转账功能，比如，您可以设定当您子女的账户不到1 000元时，由您的账户自动转去一笔钱，让子女的生活费得到保证。

6.银行的致命"软肋"——挤兑

挤兑是对人们排队拥挤着到银行争相提取现金的混乱而又可怕的场面的形象化描述。挤兑的英文是"run on a

bank"。当挤兑发生的时候，疯狂的人群冲向银行，争相提取存款，银行库存现金顷刻间被提取一空。在挤兑得不到缓解的情况下，银行会很快陷入无力支付的困境，严重时有可能被迫倒闭。可见，挤兑对商业银行来说真是致命的"软肋"。

那么为什么会发生挤兑呢？一般来说有两个原因：一是银行面临信任危机，储户对银行失去信心，为了防止出现存款损失而争先到银行提取现金；二是出现严重的通货膨胀，人们担心银行里的存款迅速贬值而争先提取现金，并大量抢购商品。

银行出现信任危机，很多情况下是由于银行自身经营不善、亏损严重引起的。20世纪30年代的经济危机中，美国有超过9 000家银行因经营不善而破产。但有的时候，即使一家银行经营健康，也可能因为谣言的传播而发生挤兑危机。对于这种现象，理论上作出了"传染性"的解释，认为对任何一家银行的挤兑都会像传染病一样蔓延到其他银行，逐渐地损害人们对所有银行的信心。为什么银行挤兑会传染呢？因为银行存款市场存在信息不对称，也就是说，虽然每一家银行都知道自身的情况，但存款人却并不了解。存款人认为所有的银行都是类似的，当一家银行倒闭时，其他存款人将担心自己存款的银行也可能遇到同样的困难。为了得到自己的所有存款，行动得越早越好，于是对自己存款的银行发动挤兑。

当出现严重的通货膨胀时，也可能发生挤兑。我国在1988年就出现过大范围的抢购风潮和部分地区的挤兑现象。当时我国正处于价格机制改革的"闯关"阶段，出现了较为严重的通货膨胀，物价指数一度上升至18.6%，居民在银行柜台前排起长龙提取存款，然后到商店抢购商品。银行一度面临巨大的支付压力，商店里部分商品被抢购一空。党中央、国务院迅速采取有力措施，及时控制住了这次挤兑和抢购风潮，避免了危机进一步扩大。

挤兑很容易引发整个银行体系的危机，因为恐慌会像传染病那样迅速扩散，从而感染到其他银行。

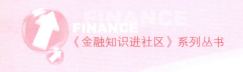
7. 保护存款人的合法权益——银行监管

银行监管机构就像马路上的交通警察，它们对商业银行的经营行为进行严格监督和管理，打击违法行为，维护金融秩序，防范可能的金融风险。

监管当局首先要实行金融机构的市场准入监管。市场准入监管就是审查决定哪些人在什么情况下可以开办银行，哪些人在什么情况下不能开办银行。市场准入监管把那些有可能对存款人的利益或银行业健康运转造成危害的想要开办银行的人和机构拒之门外，以保证银行业的安全稳健运行。通过市场准入监管，防止投机冒险者进入金融市场，同时促使银行审慎经营，防止银行出现过度冒险的行为。

在商业银行的日常营运中，监管当局需要严格监督银行的风险，主要包括资本充足率监管、损失准备金监管、流动性监管等。银行的资本金是银行经营的本钱，是银行稳健经营的基础，所以监管当局一般规定一个资本充足比率，要求银行的资本充足率不能低于这个比率。损失准备金则是从银行收益中提取的，用于核销坏账损失，也要按比率提取。流动性是银行的资金周转能力，监管当局也要求银行保持必要的流动性，以保证健康经营。

监管当局还肩负着惩治打击违法违规行为、维护正常金融秩序的使命。当商业银行或其他金融机构违规经营时，监管当局需要及时纠正，并对相关责任人和机构作出适当的处罚。对一些无法继续经营下去的金融机构，监管当局还要妥善处置，保证该机构顺利退出市场，防止威胁金融体系的正常运行。

2003年初，为了适应加强银行业监管的需要，我国组建了专门的银行业监管机构——中国银行业监督管理委员会，简称中国银监会。

中国银监会监管工作的目的是：通过审慎有效的监管，保护广大存款人和消费者的利益；通过审慎有效的监管，增强市场信心；通过宣传教育工作和相关信息披露，增进公众对现代金融的了解；努力减少金融犯罪。

8.防范银行危机

1930年，美国爆发了一场规模空前的银行大危机。在此前的十年里，美国经济一路高歌猛进，然而在繁荣的背

后隐藏着即将到来的危机，狂热的人们把股市吹成了巨大的泡沫。1929年10月，人们的信心再也无法支撑股票市场的泡沫，股市开始大幅下跌，直至彻底崩溃，人们积累的财富在不到一个月的时间内几乎全部被蒸发。

然而这还不是最糟糕的。当银行一家接一家地破产时，美国人才意识到，真正的灾难才刚刚开始。由于当时美国很多商业银行把大量的资金投入证券市场，股市的暴跌给它们带来了巨额亏损，市场上关于某银行即将破产的流言四处传播，恐慌的储户希望赶在银行破产之前把钱取出来，很多商业银行立刻陷入挤兑危机。这种恐慌已经失去控制，它像脱缰的野马四处奔腾，人们已经不管自己存款的银行是不是健康，一心想着把钱取到手才算安心。挤兑令更多的银行被迫关门停业，很多财务健康的银行也惨遭横祸。1930年美国有1 350家银行倒闭，1931年有2 300家银行倒闭，1932年有1 450多家银行倒闭，1933年情况恶化到了极点，公众对银行彻底失去信心，银行倒闭风潮加速进行，这一年共有4 000余家银行倒闭，有许多州宣布银行停业。1933年3月，罗斯福就任美国总统，并立即宣布全国银行停业。

最糟糕的是，在挤兑的压力下，银行紧缩信贷，这更加剧了企业的衰退和破产，越来越多的工人加入失业大军。人们的收入水平急剧下降，产品需求委靡不振，销毁牛奶面包的举动与人们的饥肠辘辘并存。整个社会似乎陷入了毫无希望的恶性循环之中，以致前总统柯立芝临去世之前还在悲叹："举目四望，我们看不到任何希望！"大危机期间，美国先后有9 800家银行破产，而企业破产竟超过14万家。

从20世纪30年代的经济危机中可以看出，银行业是整个经济的核心体系，银行危机具有传染性强、破坏性大等特点。一旦发生银行倒闭事件，如果处理不好，就会引起连锁反应，甚至引发整个银行业的危机，而银行业的崩溃又好像"多米诺骨牌"一样，会引发一系列社会经济危机。正是由于银行业的特殊地位，各国中央银行和金融监管当局都非常重视金融风险的控制和银行危机的防范。

一般而言，防范银行危机主要有三道防线。

第一道防线：预防性监管——防患于未然。俗话说，"防火重于救灾"，银行危机也不例外。对银行业的预防性监管可以说是第一道防线。预防性监管主要包括：

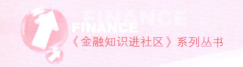

● 市场准入管理。设立银行，进入银行业，必须经过监管部门的审批。不仅要满足最低资本金要求，还要看发起人是否具备管理银行的能力，最后还要考虑银行业的竞争情况，不能造成过度竞争。

认真监管
严格审批

●资本充足要求。监管当局会对银行资本金充足情况实施监督检查，不能低于最低资本充足率要求。

●清偿能力管制。银行必须保证足够的流动性，因此监管当局会对银行的资产结构提出要求并进行监管，保证银行具有足够的清偿能力。

●业务领域限制。银行必须经营经过监管当局许可的业务，而不能经营未经许可的业务。比如20世纪30年代美国股市发生"雪崩"，银行因大量投资股市而损失惨重，随即美国通过法律禁止银行参与股票投资。

第二道防线：存款保险制度——危机"传染"的"防火墙"。自20世纪30年代美国建立存款保险制度以来，许多国家都相继建立了类似的存款保险制度。存款保险制度为储户的存款提供保险，一旦危机发生，可以保证一定数额的存款不受损失。存款保险制度就像一道"防火墙"，即使某家银行倒闭，也能在一定程度上稳定老百姓的信心，防止由于恐慌的迅速传染和扩散而引发银行破产的连锁反应。

第三道防线：紧急援助——"亡羊补牢，犹未为晚"。即使有了前两道防线，也仍然难以保证银行体系的绝对安全，这就需要中央银行在危难时刻实施紧急援助，力挽狂澜，这也是最后一道防线。在20世纪30年代的银行危机中，当银行濒临破产时，美国中央银行却坐视不管，不但没有伸出援助之手，反而还在为防范通货膨胀而紧缩银根。这无异于火上浇油，银行倒闭风潮一浪高过一浪，银行几乎陷入绝望的深渊。人们从痛苦中吸取了教训，每当银行出现危机时，只要不是病入膏肓，中央银行一般会通过特别贷款等措施向这家银行提供紧急援助，以防止事态进一步扩大。

证券市场主要包括股票市场、债券市场以及金融衍生品市场等。

Chapter 2

第二章
积少成多的证券

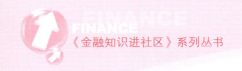

他挣得多，赔得也多！要不还开那辆二手车？

听说隔壁小二这几年买卖股票发了，要不咱们也买点吧！

　　一谈到证券市场，人们就会立刻联想到那些一夜间变成百万富翁，又一夜间沦为乞丐的传奇故事。在中国，人们首先想到的是股票市场，因为股票市场老百姓接触最多。像大多数国家的股票市场一样，中国的股票市场也凝聚了"股民"们太多的情感，它有时让人激动兴奋、为之着魔，有时又让人绝望沮丧、失魂落魄。

　　证券市场是现代金融市场体系的重要组成部分，主要包括股票市场、债券市场以及金融衍生品市场等。在现代市场经济中，证券市场发挥的作用越来越大。证券市场和银行体系具有类似的作用，但又有不同之处，它通过独特的方式把宝贵的资源——资本聚集起来，输送到最有效率和最能创造价值的地方，使这些资本创造出源源不断的财富。有的人甚至把完善的证券市场说成是资本的"洼地"，有了这块"洼地"，大量的资本都会流进来，为经济发展输送不竭的动力，一个大国也会因此而更富强。

现在就让我们一起来看看证券市场是怎样创造神话的吧！

1.证券市场——资金集散的好地方

在实际经济生活中，人们手中多余的资金通常有两种去处，一种是把钱存入银行，另一种是购买政府、企业和金融机构发行的各种有价证券，如国库券、企业债、股票等。

证券是指各类记载并代表一定权利的法律凭证。它用于证明持有人有权根据所持凭证中所记载的内容而取得相应的权益。证券发行是指政府、金融机构、工商企业等投资者出售代表一定权利的有价证券的活动，其目的就是把社会上暂时闲置的资金募集起来，使资金流向需要资金支持的地方，加速资金的周转和利用效率，为社会闲置的富余资金提供了获取收益的手段。

证券的发行者一般来说是政府、金融机构和工商企业等，它们是证券的供应者和资金的需求者。

● 政府。中央政府为弥补财政赤字或筹措经济建设所需资金，在证券市场上发行国库券、财政债券、国家重点建设债

券等，这些即是国债。地方政府可为本地公用事业的建设发行地方政府债券。我国目前禁止地方政府发行债券。

●金融机构。商业银行、政策性银行和非银行金融机构为筹措资金，经过批准可公开发行金融债券。

●企业。企业可分为公司制企业和非公司制企业。公司制企业又可以细化为股份有限公司和有限责任公司。股份公司可发行股票和债券，有限责任公司可以发行债券。非公司制企业经过批准，可发行企业债券。

专栏2.1 证券市场的分类

证券市场根据不同标准可以分为以下几种：

●按照证券进入市场的顺序可以分为一级市场和二级市场。一级市场是证券发行人向投资者出售新证券所形成的市场。二级市场是已发行证券通过买卖交易实现流通转让的市场。

●按照品种的不同可以分为股票市场、债券市场、基金市场等。

●按照市场组织形式的不同可以分为场内交易

市场和场外交易市场。场内交易市场是指证券交易所内的证券交易市场。场外交易市场是指在证券交易所以外进行证券交易的市场，如柜台市场。

证券市场是股票、债券、证券投资基金等证券发行和交易的场所。证券市场是市场经济的高级形式，是为解决资本供求矛盾和流动而产生的市场。证券市场对经济发展具有巨大的促进作用。

2. 起起落落的股票

》 股票发行——"聚沙成塔"的筹资方式

股票是股份有限公司在筹集资本时向出资人发行的股份凭证。股票代表着其持有者（即股东）对股份公司的股权。股权是一种综合权利，如参加股东大会、投票表决、参与公司的重大决策、收取股息或分享红利等。

相对于债券和银行贷款，通过发行股票筹集的资金反映的是财产所有权关系，不是借贷关系，一经购买便不得退股，企业不用偿还，财务负担较轻，因而有条件的企业都倾向于采用发行股票的方式筹资。

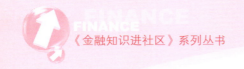

专栏2.2　股份公司的来历

　　15世纪末，哥伦布踏上了美洲大陆，这一事件在欧洲掀起了狂热的淘金梦，不断有探险家率领船队向东航行，希望找到"遍地黄金"的"东方"王国。这一时期，葡萄牙政府派遣船队绕过非洲好望角，横渡印度洋，经过马六甲海峡，到达中国澳门和日本等地，开辟了一条新的贸易通道，为国家带来滚滚财源。葡萄牙的成功引来欧洲各国的竞相效仿，但当时组建一支远征船队的费用无疑是天文数字，除了少数富有的皇家贵族，没有人能够承受得起如此庞大的开支。

　　荷兰政府没有足够的财力支撑这样的远航船队，但发财梦的诱惑实在无法抗拒。1602年，一些富有冒险精神的荷兰商人们就把钱聚集起来，采取合股经营的方式组建了荷属东印度公司，这就是世界上最早的股份公司。出资的商人称为股东，依据各自的出资额分享东印度公司的红利并承担风险。股份公司的创办实现了荷兰商人们从前不敢想的发财梦。东印度公司垄断了好望角以东、麦哲伦海峡以西的贸易往来，牢牢控制了印度洋的香料贸易——当时利润最高的贸易领域，为它的股东们带来了丰厚的利润。荷属东印度公司的成功激发了人们创办股份公司的热情，股份公司如雨后春笋，作为一种流行的企业制度逐步发展成熟。

这种把大家的钱集中起来，采取利润共享、风险共担、合股经营的方式，就是股份公司制度。股份公司制度的产生无异于是一次革命，从此，以往人们无法想象的伟大工程都在股份公司的帮助下得以实现。马克思曾感叹道：假如必须等待某单个资本慢慢积累发展到能够修建铁路的程度，那么恐怕直到今天世界上还没有铁路，但是集中通过股份公司，转瞬之间铁路就建成了。

今天，股份公司已经成为最重要的企业制度，企业通过发行股票的方式募集资金，购买股票的人就成为公司股东，拥有一系列相应的权利和义务。

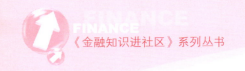
当公司需要用股票筹资时，怎样发行股票呢？让我们先来区分两对概念：按照是不是第一次发行股票，可以分为首次公开发行和成熟股票发行。如果公司是第一次向投资大众发行股票，就称为首次公开发行，也就是人们所知的"IPO"（Initial Public Offering）；如果本来已有股票的公司再次发行股票，就为成熟股票发行，比如我们平时所说的"增发股票"。按照股票发行针对的对象不同，可以分为私募和公募。

股票发行是通过投资银行（我国称为证券公司）的承销实现的。投资银行为公司股票发行出谋划策，帮助确定股票发行的价格、规模、时机等，最后帮助公司销售股票。承担某个公司股票发行承销任务的往往不止一个投资银行，常常由一个主承销商和若干投资银行组成承销团，共同负责股票发行。

承销有两种情况。一种情况是包销，也就是投资银行从发行公司购买股票，然后再向公众销售，卖的价格高于买的价格，赚取差价。这种承销方式对投资银行来说收益高，风险也大，因为有可能公司股票卖不出去，投资银行就只好在二级市场上以更低的价格卖出剩下的股票，这样投资银行会遭受损失。另一种情况是代销，投资银行自己并不购买股票，而是仅仅扮演买卖中介角色，代发行公司卖股票，从中收取手续费，股票能不能按照预定价格卖出是公司自己的事，与投资银行无关。

公司发行股票，自然希望定价越高越好。但是定价高了股票卖不出去，定价低了公司太吃亏，所以给股票发行定价并非易事，它是整个发行工作的核心环节。为了保证股票发行成功，投资银行在正式发行股票之前，常常要在全国范围内组织"路演"。路演的目的主要有两个：一是传播发行信息，吸引投资者；二是收集证券出售价格、规模等方面的信息。在路演的过程中，大量的投资者与承销商商谈他们购买该股票的意向，这也被称为预约。承销的投资银行可以根据反馈的信息修正、估算股票发行的价格和数量。从世界范围来看，首次公开发行的股票定价常常是偏低的，股票上市后价格都会或多或少地上涨。

》 股票买卖

股票上市发行后，投资者就可以在市场上自由买卖该股票，这个市场叫二级市场。二级市场包括：交易所市场、场外市场、第三市场和第四市场。

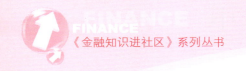
交易所市场也叫场内市场，是重要的二级市场。一般只有那些规模较大、经营较稳定的公司才能够在交易所上市交易。交易所为会员提供股票交易的设施，只有拥有交易席位（会员资格）的会员才可以在交易所内进行交易。交易席位多为证券经纪公司购买，经纪公司安排经纪人在席位上接受投资者的委托，下达相应的买卖指令，交易所自动交易系统则按照价格优先、时间优先的原则撮合成交。

场外市场又被称为OTC市场或店头市场，指在传统股票交易所以外进行股票交易的场所，如美国的纳斯达克市场。

第三市场是指股票在交易所上市，却在场外进行交易的市场。在20世纪70年代以前，源自《梧桐树协议》的固定佣金制一直左右着所有的股票交易，但这对大宗交易者很不利，他们不愿因为固定佣金制而付出昂贵的交易费用。而非交易所会员的经纪人则不受固定佣金制的限制，他们可以收取更低的佣金，于是大宗交易在场外频繁发生，第三市场就发展起来了。

第四市场是指投资者不通过经纪人直接进行交易的市场。在美国，电子通信网（Electronic Communication Network，ECN）大大便利了股票交易，人们可以通过

ECN直接寻找买家或卖家，避免了昂贵的交易费用。这种方式很受一些大交易者的欢迎，因为他们不希望公开暴露自己即将进行的大宗买卖，以免股票价格会因此波动。

》 股票大家族

股票大家族有一对"孪生兄弟"，它们是普通股和优先股。让我们来看看这对"孪生兄弟"各自不同的"性格"吧！

普通股最普通、最基本，也因此而得名。普通股的基本"性格"可以概括为以下四点：

● 喜欢冒风险。普通股的投资收益（股息和分红）不确定，随着公司经营业绩的变动而变动，而且普通股股利必须在公司支付了债务利息和优先股股息后才能够分配。如果公司经营有方，盈利丰

那要看你抗得住多少风险？

买普通股好，还是买优先股好？

厚，普通股可以分得很高的股利；但赶上公司经营不善的年头，可能连一分钱都分不到，甚至可能赔本。

● "说起话来腰板挺"。普通股股东有资格参加公司的最高会议——一年一度的股东大会，按照一股一票的规则对公司的重大事项进行表决。

● 优先认购新股票。当公司增发新普通股时，现有的普通股股东有权优先（有时还以低价）购买新发行的股票，以保持其在公司中的权益。

● 不能优先分配财产。当公司由于经营不善等原因进行破产清算时，普通股股东有权分得公司的剩余资产，但必须在公司偿付债权人、优先股股东之后才能分得财产。剩多多分，剩少少分，一点不剩就得认赔。可见，普通股的风险较大，普通股股东的利益与公司利益可谓息息相关，普通股股东也最关心企业经营。我国上海、深圳证券交易所上市的股票都是普通股。

优先股的优先权表现在公司分配红利和剩余财产时，都要先于普通股股东。它的主要"性格"特点有三个：

● 收益有保障。优先股股息通常预先确定，不论公司经营好坏，收益都有保障。

● 权利范围小。优先股股东一般没有选举权和被选举权，对股份公司的重大经营事项一般没有表决权。

●优先受偿。优先股股东在索偿财产时享有优先权。一方面，在公司支付债务利息后，优先股股东先于普通股股东获得利息；另一方面，公司破产清算时，剩余财产在偿付债权人之后，优先偿付优先股股东，然后才向普通股股东分配。

公司发行优先股，主要受到"厌恶风险"的投资者欢迎；对于那些比较富有"冒险精神"的投资者，普通股则更具魅力。总之，发行这两种不同"性格"的股票，目的在于更多地吸引具有不同风险偏好的投资者的资金。

专栏2.3 常见的股票分类

按照不同的分类方法，可以得出不同的股票种类。除了按股东权利划分为普通股和优先股之外，还有如下一些常见的分类方法：

●按股票持有者的不同可分为国家股、法人股、个人股三种。三种股票在权利和义务上基本相同，只是出资人不同，所有权归属不同。国家股的

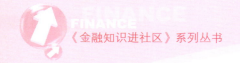

投资资金来自国家，法人股的投资资金来自企事业单位，个人股的投资资金则来自个人。

● 按票面形式的不同可分为有面额股票、无面额股票及有记名股票、无记名股票四种。有面额股票在票面上标注票面价值，一经上市，其面额往往没有多少实际意义；无面额股票仅标明其占资金总额的

比例。我国上市的都是有面额股票。记名股票将股东姓名记入专门设置的股东名簿，转让时须办理过户手续；无记名股票的名字不记入名簿，买卖后无须过户。

● 按享受投票权利的不同可分为单权股票、多权股票及无权股票三种。每张仅有一份表决权的股票称为单权股票；每张享有多份表决权的股票称为多权股票；没有表决权的股票称为无权股票。

● 按发行地的不同可分为A股、B股、H股、S股、F股等种类。A股是在我国国内发行，供国内居

民和单位用人民币购买的普通股股票；B股是专供境外投资者在境内以外币买卖的特种普通股股票，目前，国内居民和单位也可以投资B股股票；H股是我国境内注册的公司在香港发行并在香港联合交易所上市的普通股股票；S股是我国境内注册的公司在新加坡发行并在新加坡股票交易所上市的普通股股票；F股则泛指我国股份公司在海外发行上市流通的普通股股票。

>> **轻轻松松买卖股票**

投资者买卖股票涉及的基本环节包括：开户、委托、申报、成交、清算与交收六个方面。

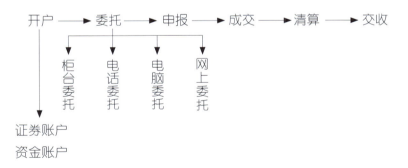

>> **股市的"温度计"——股票价格指数**

在1884年以前的美国华尔街，人们可以从报纸上获

知当天各种股票价格的变化情况，但是从这纷繁杂乱的价格表中却很难准确判断出整个市场的涨落情况。1882年，三位天才的年轻人想出了一个简单而绝妙的办法：他们选择了12只具有代表性的股票，计算它们价格波动的加权平均数，这个平均数就是如今闻名于世的道琼斯工业平均指数。这三位年轻人就是道琼斯公司的创立者：查尔斯·道、爱德华·琼斯和查尔斯·博格斯特莱斯。今天我们做股票已经离不开股票市场指数，利用电子商业网络我们可以立刻查知股票市场指数每一秒钟的情况。

编制股票指数通常以某年某月为基础，以这个基期的股票价格为100，用以后各时期的股票价格和基期价格比较，计算出百分比，就是该时期的股票指数。人们根据指数的升降，可以判断出股票市场的整体价格变动趋势。为了能实时地向投资者反映股市的动向，几乎所有的股市都是在股价变化的同时即时公布股票价格指数。

温度计要有刻度，股票市场指数的刻度是"点"。现在的道琼斯股票价格平均指数是以1928年10月1日为基数，因为这一天收盘时的道琼斯股票价格平均指数恰好约为100美元，所以就将其定为基准日，而以后股票价格同基期相比计算出的百分数，就成为各期的股票价格指数。所以现在的股票指数普遍用点来做单位，而股票指数每一点的涨跌就是相对于基准日的涨跌百分数。

由于上市股票的种类繁多，计算全部上市公司股价平均数或指数耗时费力，因此，人们在计算时通常选取上市股票中若干具有典型代表性的股票组成样本，计算这些成分股的价格平均数或指数。比如，道琼斯工业平均指数最初编制时只有12只成分股，后来增加到30只，时至今日，成分股的数量仍然是30只股票，但入选的公司已经经过了多次调整。最初作为成分股的12只股票中，至今仅存美国通用电气1只股票。

除了道琼斯工业平均指数外，反映美国股票市场的重要股票指数还有标准普尔股价指数、纽约证券交易所股价指数。世界其他著名的股票价格指数还有英国的伦敦金融时报工商业普通股股价指数、日本的日经股价指数、中国香港的恒生指数等。

我国主要有上海证券交易所综合股价指数（简称上证综指）和深圳证券交易所成份股价指数（简称深证成指）。上证综指是由上海证券交易所编制的第一只反映市场整体走势

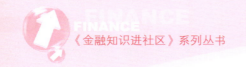
的股价指数，于1991年7月15日发布，其样本为所有在上海证券交易所挂牌上市的股票。深证成指由深圳证券交易所编制，以1994年7月20日为基日，基日指数为1 000，其样本为所有在深圳证券交易所挂牌上市的股票。除此之外，我国两个证券交易所还发布其他一些指数，构成各自的指数体系。

近年来，我国又推出了沪、深统一300指数。沪、深统一300指数是首次编制的综合反映中国证券市场的全面运行状况的股票指数。它的基期选择为2004年12月31日，基日基点确定为1 000点，股票样本总数共300只，分别在沪、深两市选择。样本股选择的基本标准是规模大、流动性好和运行平稳的优良股票，另附加一些诸如上市时间、运行状态、波动特征等具体方面的标准要求。

股票价格指数反映了整个市场的涨落，还是用来判断、预测社会政治和经济发展形势的重要依据。对投资者来说，这个"温度计"是确定投资策略的基本依据；对宏观经济政策的制定者来说，这个"温度计"则提供了重要的政策决策依据。

》 买股票的收益与付出

● 股息与红利。股息和红利是上市公司对股东的投资回报的两种基本形式。股息是指股东定期按一定的比率从上市公司分取的盈利。红利则是指在上市公司分派股息之后按持股比例或章程规定向股东分配的剩余利润。获取股息和红利，是股东投资于上市公司的基本目的，也是股东的基本经济权利。

● 佣金与经手费。佣金是证券商为投资者代理买卖证券时按成交金额计算向其收取的费用。证券公司向客户收取的佣金（包括代收的证券交易监管费和证券交易所手续费等）不得高于证券交易金额的 3‰，也不得低于代收的证券交易监管费和证券交易所手续费；A 股、证券投资基金每笔交易金额不足 5 元的按 5 元收取，B 股每笔交易金额不足 1 美元或者 5 港元的按 1 美元或者 5 港元收取。经手费是证券公司在证券交易所的场内交易成交后，按实际成交金额计算的一定比例向证券交易所缴纳的交易费用。按照当前沪、深证券交易所的规定，成交各方均需缴纳交易经手费，费率为成交金额的0.03‰。

● 股票交易印花税。股票交易印花税是从普通印花

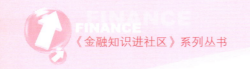
税发展而来的，一般而言，征收股票交易印花税有两个目的：一是作为普通印花税的一个税目，对股票交易行为征收；二是在股票交易所得税难以征收的情况下，以印花税作为股票交易所得税的替代税种。

》"多愁善感"的股票市场

股票市场涨涨跌跌，不知牵动着多少人的神经！可谓"几家欢喜几家愁"。那么影响股票市场变动的因素都有哪些呢？屈指数来，影响股市行情的因素实在太多了！各种经济因素、非经济因素以及股票市场自身内部的一些因素，都会最终影响投资者的心理预期和股票的供求变化，股票供求变了，价格自然也要跟着变。

从经济因素的角度来看，有经济周期因素、利率变动因素、通货膨胀因素、宏观经济政策因素以及技术进步和科技发明因素。当经济处于衰退期时，股票市场的行情一般也好不了，企业效益不佳，人们的预期也比较悲观，股票价格低迷，交易冷清；当经济处于扩张时期时，股票市场的行情也会随之上涨，企业盈利增加，人们普遍乐观，交易活跃，股票价格节节攀升。

利率的变动也会极大地影响股市行情。在股票投资中，利率被用做投资回报的贴现率，也就是说，股票价格实际上是未来这只股票产生的所有收益贴现到今天的价值。因此，从理论上说，利率水平与股价一般呈相反方向变化。比如，中央银行每次调整基准利率，都会牵动股市行情的神经。

通货膨胀也会影响股市行情，因为通货膨胀往往意味着货币供应量的增加，这一方面会刺激企业扩大投资，增加企业盈利；另一方面会直接增加股票市场上的资金供给，推动股票价格上涨。当然，如果通货膨胀率过高，则可能引发经济危机，最终股市也跟着遭殃。

国家制定的宏观经济政策会时刻牵动股票市场的神经，货币政策、财政政策及其他政策的松紧都会影响股市走势。比如一些税收优惠政策会增加企业盈利，自然会推动股市上涨。

技术进步和科技发明常常会在很大程度上影响股市走势。自股票市场诞生以来，历史上的每一次技术革命都会引起股市狂热。19世纪后半叶兴起的铁路，20世纪初期兴起的钢铁、电力、汽车，20世纪50年代兴起的铝工业，还有80年代兴起的生物制药……这些新的技术和科技发明，

无不伴随着股市的高涨。最近的一次则是20世纪90年代大行其道的信息产业，同样引发了一场股市狂热。

除了以上这些经济因素，其他的诸如国内外政治、军事局势的变动，自然灾害的爆发等非经济因素也会深刻地影响股市行情。比如，2001年发生"9·11"恐怖袭击事件后，美国股市被迫休市一周，复市时下挫了7.1%。

由此可见，股票市场真是"多愁善感"，任何风吹草动都会让它"心惊肉跳"。

不过，为防止股价剧烈波动，维护证券市场的稳定，保护中小投资者的利益，股票交易所制定了股票价格涨跌幅限制。上海、深圳证券交易所上市交易的股票（含A股、B股）基金类证券交易价格相对上一交易日收盘价格的涨跌幅度不得超过10%；超过涨跌限价的委托为无效委托。

这可不是好消息，我得赶紧把手上这个公司的股票卖了。

听说××上市公司的总裁生病住院了。

3.债券——一诺千金

证券市场上不仅有股票，还有名目繁多的债券。债券就是政府、金融机构、工商企业等机构直接向社会借债筹措资金时，向投资者发行，承诺按一定利率支付利息并按约定条件偿还本金的债权债务凭证。

≫ 债券的特点

● 偿还性。债券一般规定偿还日期，发行人到期须偿还本金和利息。

● 流动性。债券可以在二级市场上自由转让。

● 安全性。债券通常规定固定利率，与企业绩效没有直接联系，收益比较稳定，风险较小。

● 收益性。债券持有人可以获取利息收入，也可以利用债券价格的波动赚取差价。

债券与股票是证券市场上的两大基本金融工具，但它们两个有很大的不同。

首先，股票代表所有权关系，持有股票者作为公司的股东，享有经营管理权和收益分配权；债券则代表债权债务关系，持有债券者即为债权人，享有到期收回本金、取

得利息的权利。

其次，债券有确定的期限，持有人到期可收回本金和利息；股票则具有永久性，除非通过转让，股东不能抽回投资。

再次，债券的风险比股票小。债券一般约定固定利息，到期归还本金，而不论公司经营业绩如何。股票则与公司经营业绩和前景紧密相关，当公司业绩优良前景看好时，股票收益会超过债券的收益；但当公司亏损滑坡时，股票的损失也比债券大。而且，在公司破产时，债券持有人可以优先于股东分配公司财产，这也为债券提供了更可靠的保障。

最后，股票只有股份有限公司才能发行，而债券发行人则既可以是企业，也可以是政府机构或地方公共团体。

股票和债券都是直接向社会公众筹集资金的手段，两者相比各有

优劣。作为企业，公司会根据自身的资本结构以及发行股票和债券的成本比较分析，决定是发行股票还是债券。对于投资者来说，也可以根据自己的风险偏好、资产组合结构及分散风险的需要，选择多少投资于股票，多少投资于债券。

>> **金边债券：国债**

17世纪，英国政府在议会的支持下，开始发行以国家税收为还本付息保证的政府债券，由于这种债券四周镶有金边，故而也被称做"金边债券"。当然这种债券之所以被称做金边债券，还因为这种债券的信誉度很高，老百姓基本上不用担心收不回本息。后来，金边债券泛指由中央政府发行的债券，即国债。

中央政府为什么要发行国债呢？主要有两个目的：一是弥补财政赤字，二是筹集建设资金，支持国家经济建设。当政府收不抵支时，为了弥补预算收支的差额，可以适量发行赤字公债。赤字公债是弥补财政赤字的临时性手段，但发行规模必须在可控的范围之内，否则会面临债务危机。政府还可以发行建设公债，增加经济建设投入，支持基础设施建设。尤其是在经济增长缓慢、内需不足的时

候，发行建设性公债常常能起到很好的拉动经济增长的作用。1997年以后，我国受亚洲金融危机和国内产品供大于求的影响，投资乏力，内需不足，经济增长放缓。我国政府适时发行了一部分建设公债，有力地拉动了经济增长。在国家面临战争等紧急状态时，通过发行公债筹措战争经费也是非常重要的手段。例如，美国在南北战争期间发行了大量的战争债券，直接促进了纽约华尔街债券市场的繁荣。

中央政府发行的国债可靠性最高，流动性最强，是众多机构和个人投资者的重要投资工具。机构投资者可以通过国债的回购交易，调剂短期资金余缺，加强资产管理。大多数国家为了鼓励投资者购买国债，规定国债投资者可以享受利息收入的低税或免税优惠。当然，风险和收益是对称的，国债的风险小，利率也低于其他债券。

由于收入稳定、风险最低，国债利率成为整个金融市场利率体系的核心——基准利率。对于中央银行来说，国债尤其是短期国债，是中央银行公开市场操作（后面详细介绍）最理想的工具。国债的规模、结构对公开市场操作的效果有着重要的影响。如果国债规模过小，中央银行在公开市场上吞吐国债以影响货币供应量的能力就很有限，难以根据需要调控利率。如果国债品种单一，中小投资者持有国债的比例过大，公开市场操作也很难进行。

国债收益虽说低点儿，但安全可靠，还可以不纳利息税。

难怪咱爸咱妈一大早就去排队买国债了。

可见，国债不仅是政府的融资工具、投资者的投资工具，还是宏观经济调控的操作工具。

》 企业的"及时雨"——公司债券

企业在经营过程中，总是会遇到资金短缺的情况，或者要投资新项目，或者要购买新设备，甚至仅仅是为了日常周转。遇到这种情况，假如您是这个企业的老板，会怎么办呢？

您可能首先就想到银行，到银行借钱去。从银行借钱十分方便，但也有缺点：银行一般倾向于发放短期性贷

款，不大愿意发放长期贷款；银行把钱借给您以后，还会严格限制这笔借款的用途；此外，银行还可能会附加各种苛刻的条件，比如，您必须拿工厂的机器设备或者厂房作抵押等；再有就是当您的企业经营处于困境时，您就更难从银行那里拿到钱了。

您还有一个办法，那就是募股。如果您的企业具备公开发行股票的资格，您可以在股票市场上公开发行股票；如果您的企业不符合公开发行股票的条件，您也可以另找几个人出资作为公司的股东。通过募股筹来的钱是公司的股本，不需要偿还，也没有利息负担，但是您也不得不付出代价：您必须交出一部分所有权和控制权，也就是说您原来的股权会被稀释。比如说公司赚钱了，您可能希望把赚来的钱继续投入公司，以谋求更大的发展，但有的股东可能更想把钱作为红利分了。相信您总是不希望看到这些。此外，如果公开发行股票，您的企业要受到财务状况等各方面更严格的约束，而且前期的准备工作也相当耗时费力。

除了上面两个办法，您还有一个筹钱的办法就是发行债券。与银行贷款相比，发行债券时您可以灵活确定债券期限，尤其是可以筹到较长期限的资金，而且债券的投资者也无权干涉您的公司经营，也不会提出各种苛刻条件。与募股筹资相比，您不必拱手让出一部分所有权和控制权，仍然可以像原来那样说一不二。而且，与公开发行股票相比，发行债券在程序上要简单多了。从这两个角度来说，公司债券真是企业的"及时雨"。

当然，万事不完美，发行债券进行融资也有缺点。一般只有信用好的大公司才能在市场上发行债券，大多数企业没有资格公开发行债券。而且与银行贷款相比，发行债券的程序要复杂些。另外，与募股融资相比，当公司发生亏损的时候，公司还得照付利息，而对股本则可以不支付股息。因此，公司必须根据实际情况，决定到底选择哪种方式筹资。

企业决定发行债券筹资后，还要考虑发行何种类型的债券以及发行债券的条件，比如发行额度、面值、期限、偿还方式、票面利率、付息方式、发行价格、有无担保等方面的因素。确定适宜的发行条件，可帮助企业顺利筹集资金，承销机构能够顺利地卖出债券，投资者也易于作出投资决策。

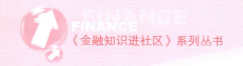
》 债券的收益

人们投资债券时，最关心的就是债券收益有多少。为了精确衡量债券收益，一般使用债券收益率这个指标。

债券收益率是债券收益与其投入本金的比率，通常用年率表示。

$$债券收益率 = \frac{到期本息和 - 发行价格}{发行价格 \times 偿还期限} \times 100\%$$

由于债券持有人可能在债券偿还期内转让债券，因此，债券的收益率还可以分为债券出售者的收益率、债券购买者的收益率和债券持有期间的收益率。

各自的计算公式如下。

$$债券出售者的收益率 = \frac{卖出价格 - 发行价格 + 持有期间的利息}{发行价格 \times 持有年限} \times 100\%$$

$$债券购买者的收益率 = \frac{到期本息和 - 买入价格}{买入价格 \times 剩余期限} \times 100\%$$

$$债券持有期间的收益率 = \frac{卖出价格 - 买入价格 + 持有期间的利息}{买入价格 \times 持有年限} \times 100\%$$

专栏2.4 债券的利息收入是否纳税

国债是中央政府发行的债券，国家可以在国债市场上筹资弥补财政赤字，或者为国家重点项目融通资金。为了鼓励投资者购买国债，促进国债市场的发展，各国一般都规定投资者购买国债所获得的利息收入不纳税。

投资者投资企业债券所获取的利息收入，属于投资者的证券投资收入，在没有特殊的减免税规定时，均须按章纳税。此外，企业发行债券的利息支出是纳入企业成本的，用于支付债券利息的那部分实际上是免税的，这也是投资者获取的债券利息应纳税的原因之一。

》 债券的风险

债券市场虽说相对较为稳定，但它也存在一些风险。

● 违约风险。发行债券的债务人可能违背先前的约定，不按时偿还全部本息。这种风险多来自企业，由于没有实现预期的收益，拿不出足够的钱来偿还本息。

●利率风险。由于约定的债券票面利率不同，债券发行时通常会出现折价或者溢价，人们在购买债券时，通常是按照债券的实际价格（折价或者溢价）而不是债券的票面价格来出价的。有些债券可在市场上流通，所以能够选择适当时机买进卖出，获取差价。这些债券的市场价格是不断变动着的，利率发生变动，债券的价格也会跟着发生变动。在一般情况下，利率上调，债券价格就下降，而利率下调，债券价格就上升。在有些时候，利率的变动使债券价格朝着不利的方向变动，人们卖出债券的价格比买进时的低，就会发生损失。所以在购买债券时，要考虑到未来利率水平的变化。

●通货膨胀风险。例如，购买了一种三年期的债券，年利率是3%，但这三年里每年的通货膨胀率都达到5%，这样投资债券就不合算了。

债券收益率2.5%，稳是稳，就是太低了。

是啊，今年土豆价格涨了不少，买债券挣的钱可不够买土豆的。

4.灵活多变的基金

》 专家理财：证券投资基金

"股民"投资股票会遇到两大问题：一是缺乏专业知识，难以对上市公司作出深入的投资分析和科学的判断。"股民"即使具备专业知识，也不大可能千里迢迢奔赴某上市公司进行现场深入调查。二是实力小、风险大。不同股票的风险大不相同，收益也差别很大，如果把资金全都投入一只股票上，毫无疑问风险是非常大的。因此，"不要把所有的鸡蛋都放在一个篮子里"被看做是股票投资的圣经。把资金投入多只股票建立投资组合可以分散风险。但"股民"单个人的资金量很少，如果再进行分散投资，频繁交易就得支付很高的佣金，很不经济。

证券投资基金解决了上面两个问题。证券投资基金把众多投资者的钱集中起来，由专业的投资专家——基金管理人来投资和运用。这样一来，基金就可以进行很好的组合投资，既分散风险又能保障收益。基金公司可以直接在证券交易所购买席位，不必像散户投资者那样通过证券公司席位交易时每笔交易都支付佣金，这样就从总体上降

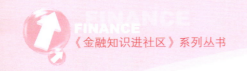
低了成本。基金公司还组建专门的研究队伍，除了对上市公司进行专业的投资分析外，还可以直接奔赴上市公司现场获取第一手资料。基金公司负责基金投资运作的基金经理，都是具有多年丰富投资经验的投资专家。因此，基金投资比个人投资更安全，收益也更有保障。

为了确保基金购买人的资金安全，必须在基金管理人和巨额资金之间设立"防火墙"，防止发生道德风险。基金托管人就起到这样的作用，基金公司把发行基金募集来的资金全部存放在基金托管人那里，由基金托管人保管，并按照基金管理人的交易状况进行资金转账、清算。基金托管人一般由商业银行担任。

基金公司募集资金的方法是发行基金单位，每个基金单位1元，投资者可以根据自己的财力认购基金单位。

需要指出的是，基金公司虽然是专家理财，但并非没有风险。基金公司受投资者委托管理运用基金，投资风险仍然是由投资者来承担的。

投资基金在不同地方称谓也不同，美国称为"共同基金"，英国和中国香港称为"单位信托基金"，日本和中国台湾称为"证券投资信托基金"。

》 基金种类知多少

投资基金按照基金单位能否赎回，可以分为封闭式基金和开放式基金，这也是基金最基本的两种形式。

封闭式基金早于开放式基金。封闭式基金的规模和存续期是既定的，投资者认购封闭式基金单位后，在基金存续期内不能向基金公司赎回资金。如果投资者需要变现，只能在二级市场上转让基金单位，转让的价格在基金单位净值的基础上，由市场供求确定。所以，在封闭式基金的存续期内，基金的资金规模是固定不变的，基金管理人可以把全部资金都用于投资，还可以根据存续期进行大量的长期投资。

开放式基金与封闭式基金不同，没有固定规模和存续期限的限制，投资者认购基金单位后，可以随时根据需要向基金公司赎回现金。所以，开放式基金的规模不固定，一方面会因基金单位被赎回而减少，另一方面也可以根据需要发行更多的基金单位以增大规模。开放式基金由于面临基金单位被赎回，所以，就不能像封闭式基金那样可以把全部资金用于长期投资，开放式基金必须进行长短期投资的结合，预留一部分流动性高、变现能力强的短期资产应付赎回。

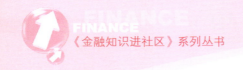

那我得多注意。

开放式基金与封闭式基金也不是绝对的，有时会出现"封转开"。

对于基金管理人来说，封闭式基金比开放式基金更有优势。由于规模在一定期限内固定不变，可以把全部资金都用于投资，并制定长期投资策略，取得长期经营绩效。但封闭式基金也存在很多缺点，比如，由于在存续期内基金单位不可赎回，基金单位的转让价格并不直接反映其资产净值，所以透明度低，对基金管理人的约束能力差。开放式基金则弥补了这一不足，基金单位的赎回价格是依据基金净值确定的，透明度高，并且，如果基金公司经营绩效差，就会面临很大的赎回压力，因而对基金管理人的约束力更强。我国目前既有封闭式基金也有开放式基金，新设立的基金多是开放式基金。

除了以上两种基金，基金还可以按照不同标准分成很多种。比如，按照组织形态的不同，可以分为公司型基金和契约型基金；按照投资对象的不同，可以分为股票型基金、债券型基金和货币市场基金等；按照风险收入的不同可以分为成长型基金、收入型基金和平衡型基金。

基金的出现不仅提高了投资效率，还优化了投资者结构，提高了投资者素质，使投资者更加理性，减少了过度投机，这对于证券市场的健康发展是非常重要的。

» 基金的费用与资产净值

基金费用一般包括两大类：一类是在基金销售过程中发生的由基金投资者自己承担的费用，主要包括认购费、申购费、赎回费和基金转换费。这些费用一般直接从投资者认购、申购、赎回或转换时收取。另一类是在基金管理过程中发生的费用，主要包括基金管理费、基金托管费、信息披露费等，这些费用由基金承担。对于不收取申购、赎回费的货币基金而言，还可以按照不高于2.5％的比例从基金资产中计提一定的费用，用于该基金销售和为基金份额持有人服务。通常所称的基金费用主要指后者。

基金资产净值是基金资产总值扣除所有负债后的余额。基金资产净值除以基金当前的份额，就是单位基金资产净值。它是计算投资者申购、赎回基金的基础，同时也是评价基金投资业绩的基础指标之一。

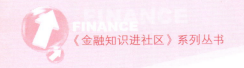
>> 基金的风险

● 买基金时，无法准确知道买价。购买别的产品时，通过价格能够自主决定购买数量。购买基金则不然，只知道一共要出多少钱，但无法知道购买的价格和数量。按照规定，基金单位交易价格取决于申购当日的单位基金资产净值，而这一数值要等到当日收市后才能计算出来。所以购买基金时，只能参照以前交易日的基金单位资产净值。

● 买了基金后，难以预知基金表现。因为基金作为投资工具，本身面临着市场、利率、违约等外在的风险。

● 基金赎回时，无法准确知道卖价。基金的赎回价格也取决于赎回当日的单位基金净值，但是无法提前准确知道这一数值。在任何一个交易日，赎回与申购可以同时进行，两者相抵，可以得到净赎回（一个交易日里赎回基金单位数量与申购基金单位数量的差），如果净赎回超过基金总份额的10％，人们将这种情形称为巨额赎回。按照规定，基金管理人可以对超出的那一部分赎回申请延期至下一个交易日办理，并根据这一日的基金净值计算赎回金额，如果基金净值在这一交易日里下跌，就可能会遭受损失。

5.四两拨千金——期货和期权

>> 远买远卖的期货交易

假如某人三个月后有一批大豆要卖出，但他判断大豆价格三个月后将会下跌，他该怎么办呢？

假如某企业两个月后要购买一批原油，但他判断未来两个月内原油价格将会大幅度上涨，这家企业该怎么办呢？

远期和期货能够帮他们解决上述难题。远期和期货都是交易双方约定在未来某一特定时间、以某一特定价格、买卖某一特定数量和质量资产的合约。不同的是，期货合约是期货交易所制定的标准化的合约，对合约到期日及买卖资产的种类、数量、质量都作了统一规定。远期合约则是根据买卖双方的特殊需求由买卖双方自由订立。在期货交易中，买入的一方叫做多头，卖出的一方叫做空头。在上面的例子中，卖大豆的人可以以一定价格卖出三个月期的大豆期货，三个月后按照约定价格出售大豆。到时，如果现货市场上大豆价格果真下跌了，他就实现了套期保值的目标。购买原油的企业则可以以一定价格买入原油期货，等合约到期后按照期货价格购买原油。到时，如果市场上原油价格果真上

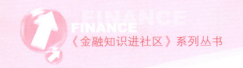

涨了，该企业就规避了原油价格上涨的风险。

　　期货可以分为商品期货和金融期货。商品期货以实物商品为标的物，而金融期货则以某种金融资产为标的物。商品期货的标的物可以是玉米、大豆等农副产品，也可以是铜、铝等金属产品以及石油等能源产品。金融期货的标的物是某种金融资产，如股票、外汇、债券、股票指数等。

　　期货交易实行保证金制度，即买卖期货双方并不需要全额支付，而是预先交付3%—15%的保证金。也正因为如此，期货交易最大的特点就是能够以小博大，只需要付出少量现金，就可以实现数倍乃至十几倍的交易规模。所以期货交易风险很大，投机性很强。为了降低风险，期货交易都实行逐日盯市制度，即每天期货交易所都会计算交易双方的损益情况，一旦损失接近保证金数额时，交易所就会要求其追加保证金。如果不能追加保证金，交易所就会停止其交易资格。

由于期货可以锁定未来的交易价格，因而也成为企业和个人锁定风险的重要工具，就像上面的例子那样。

期货市场具有"发现价格"的作用。由于期货交易供求集中、流动性强，交易量和交易价格高度透明，交易价格反映了市场供求双方对商品未来价格走势的预期，所以期货价格能够比较准确地反映商品价格的走势。

》 指数也可以买卖——股指期货交易

如果您持有某只股票，您会面临股票波动的风险。风险可能是由于与这只股票相关的个别因素造成的，比如公司绩效滑坡，这种风险被称为非系统性风险；风险也有可能是由于整个股票市场行情不好引起的，比如整个股市价格下跌，这只股票价格也随之下跌，这种风险被称为系统性风险。对于非系统性风险，您可以通过"把鸡蛋多装几个篮子"，构建投资组合的方式来分散风险，也可以通过股票期货或期权来锁定风险。但是投资组合无法规避系统性风险，您也不大可能为您的投资组合中每一只股票都订立期货或期权合约——这么做的费用太高了！

股票市场诞生以来，人们一直在寻找有效规避系统性风险的工具。人们发现股票指数与股票市场整体价格走势是一致的，能够反映市场价格整体波动情况，于是人们就开始尝试在股票指数的基础上开发出可交易的期货品种。1982年，第一只股票指数期货终于在美国堪萨斯期货交易所诞生了。

股票指数看得见，摸不着，怎么解决可交易的问题呢？人们就给股票指数每一个点赋予一个价格，比如，香港恒生指数每点的价格为50港元，也就是说如果恒生指数上升一个点，该期货合约的多头每份合约就赚50港元，空头则亏50港元。那么指数期货合约到期时怎么交割呢？股指期货合约到期时并不需要交割指数或者股票，只要根据指数涨跌和每点价格来计算对应的现金，直接进行现金结算就可以了。

股指期货在为人们提供避险工具的同时，也提供了投机工具，在某种程度上放大了风险。股指期货可以像其他期货品种一样，利用买进卖出的差价进行投机交易。

≫ 锁定未来风险——期权交易

假如您判断未来三个月A股股票的价格会大幅度上涨，

于是您就买进几份A股股票三个月期的期货合约。不料三个月里A股股票价格大幅下跌，这个时候您就只好认赔，您需要以更低的价格卖出期货合约以轧平头寸，或者等到三个月到期时交割股票，以远高于市价的价格买进A股股票。如果股票价格跌得厉害，您的亏损显然也就更大。

但如果您当初不是买进期货合约，而是买进期权合约，您就不会亏这么厉害了。期权合约是什么呢？期权合约也是交易双方约定在未来特定

时间以特定价格买卖特定数量的标的资产，只不过赋予期权买方一个权利：在到期日或到期日之前，期权有利就执行期权，期权不利就放弃期权。当然这个权利不是卖方白给的，买方需要在购买期权合约的时候支付一定的期权费。在上面的例子中，如果这位投资者最初是买入的期权，三个月后股票跌得太厉害他有权不执行期权，当然损失的只

是当初支付的期权费。期权合约包括这样几个因素：

● 执行价格，是指事先约定的执行期权时买卖标的物的价格。

● 期权费，也就是期权的价格，是买方为了获得将来不执行期权这个权利所付出的代价。

● 到期日和执行时间，也就是期权的期限和买方可以执行期权的时间。有的期权必须在期权到期日才可以执行，叫欧式期权；有的期权则可以在到期日之前的任何时间执行，叫美式期权。

● 保证金，也就是期权卖方必须预存入交易所的用于保证履约的现金。

● 看涨期权和看跌期权。看涨期权是指在合约有效期内，可以按照执行价格买入标的资产的权利；看跌期权则是指在有效期内可以按执行价格卖出标的资产的权利。

专栏2.5 期权交易过程

假设您预期某只股票价格要涨（看涨），而另一个人认为价格可能会跌。这样您和他就可以做一笔期权的买卖。他开立一个看涨期权，您可以以一定价格（期权费）买进这个看涨期权。未来如果真的大涨，您就可以执行期权，从他手里买进该只股票，然后在现货市场上按照上涨后的市价卖出去，获取价差；这个时候他就亏了，他必须从市场上按上涨后的市价买来该只股票，然后按照期权约定的价格（执行价格）卖给您。理论上，股票价格上涨是没有上限的，也就是说买方在理论上的获利空间是无限大的。相应地，期权卖方的亏损在理论上也无限大。如果未来这只股票的价格不涨反降，您可以放弃执行期权——不买，您的损失是锁定的——只是最初支付的期权费。而期权卖方的收益也是锁定的——只是最初收入的期权费。

反过来，如果您预期未来某只股票价格要下跌（看跌），您就可以以一定价格（期权费）买进该只股票的看跌期权。未来如果真的下跌了，您就可以执行期权，从现货市场上以下跌后的价格买进该只股票，以执行价格卖给期权卖方；而期权卖方则只能以高于市价的执行价格购买该只股票。价格跌得越厉

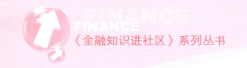

害，您赚得越多，期权卖方则亏得越厉害。如果未来市价上涨，您又可以不执行期权，仅仅损失期权费而已。此时，期权卖方获得最高收益——期权费。

期权诞生以后发展迅速，2001年至2004年全球交易量连续超过期货，成为重要的避险工具和投机工具。

》 不见刀枪的杀机——多空大战

自证券市场产生以后，投机活动就从未停止过。但期货、期权等衍生产品产生以后，投机活动更为盛行，有时甚至发生违背公平原则的操纵市场行为。为什么期货、期权具有这么高的投机性和风险性呢？原来，期货、期权交易都采取保证金制度。所谓保证金制度，就是交易者不需要支付合约中约定的全部金额，只需要交付3%—15%的保证金，就可以完成期货或期权的交易。比如，如果保证金是10%，那么1万元资金可以做10万元的买卖！也正因为如此，期货、期权市场上的投机性更强，风险更大。

美国证券市场的历史上曾经多次上演操纵市场、多空大战的事件。1834年，美国纽约股票市场上诞生了第一位著名的股票投机者——雅各布·利特尔。当时，引发了人们对运河股的狂热追捧。莫里斯运河股票价格也在飞涨，而华尔街的许多大玩家认为该只股票不久将会下跌，他们悄悄地卖空了这只股票，耐心等待股价的回落，以便从市场上以低价买回该只股票平仓获利。利特尔对此一清二楚，他不动声色，暗中组织了一个投机者集团，悄悄地在现货市场上大量买进这只股票。当卖空者们到市场上来购买莫里斯运河股票时，他们才发现大难临头，利特尔等人已经持有了这只股票的绝大部分。一个多月里，莫里斯运河股票暴涨了十倍以上！利特尔等人当初购买莫里斯运河股票的平均价格是10美元，而此时股票价格飙升至185美元！卖空者只得吞下苦果，而利特尔和他的朋友们则大发横财。

1995年，我国上海证券交易所发生了影响深远的"3·27"国债期货事件。1993年，上海证券交易所对社会公众开放国债期货交易。1994年10月，中国人民银行

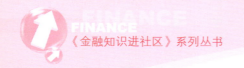

宣布对国库券利率实行保值贴补。当时1992年发行的3年期国债的基础价格已经确定，为128.5元，但到期价格还受到保值贴补率和利率的影响。由于保值贴补率的不确定性，加上市场上对是否加息看法不一，大量机构投资者涌入债市，爆炒国债期货，多空双方大量建仓。1995年2月23日，空头主力上海万国证券公司在闭市前8分钟内抛出1 056万口卖单，这相当于"3·27"国债期货的标的——1992年国库券发行量的3倍多。在巨大的卖空袭击下，"3·27"国债期货价格由150.30元跌至147.50元，万国证券公司希望以此减少其巨大空头头寸的损失。为了打击这种蓄意操纵市场的行为，上海证券交易所宣布最后8分钟交易无效，并休市组织协议平仓。5月18日，鉴于我国国债期货市场条件还不成熟，国务院决定暂停国债期货交易。

历史经验与教训表明，只有遵循"法制、监管、自律、规范"的原则，循序渐进，证券市场才能健康稳定地发展。

》 保护投资者的合法权益——证券监管

即使是在菜市场买菜，消费者也可能因"黑心"商贩以次充好而上当受骗。因此，菜市场的监管者最重要的责任是打击欺诈行为，保证人们买的菜"物有所值"，维护消费者的合法权益。

　　证券市场上卖的是股票、债券等有价证券。与蔬菜相比，有价证券的信息不对称程度更高。一张股票凭证，任您是火眼金睛也难辨好坏。股票价格的高低基本上取决于公司业绩和盈利能力，但普通人大多缺乏专业知识，判断公司经营状况谈何容易！因此，证券比蔬菜更容易造假，投资者更处于弱势地位，上当受骗的可能性更大。为了维护证券投资者的合法权益，证券市场就更需要严加监管。

　　证券市场监管很重要的一点就是要保证上市公司信息披露的真实性。也就是说，上市公司必须把自己的真实面目呈现给投资者，不能造假，不能捏造业绩、虚构利润来欺瞒投资者。为了监督上市公司的信息披露，独立的会计师事务所要审计上市公司的财务报告，保证其真实性。有了充分、真实的信息披露，投资者就可以根据自己的判断买卖股票，欺诈行为也不容易发生。所以有人说"阳光就是最好的消毒剂"。

　　证券市场监管还要维护市场上公平交易的秩序。上市公司或其他参与者不能违反公平竞争的原则坐庄、操纵股价。这就好比菜市场上禁止欺行霸市、哄抬物价。

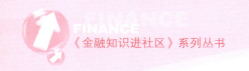
　　总之，在证券发行、交易、结算的各个环节，都需要监管机构的有力监管。监管的最终目的，就是为了维护投资者的合法权益。

　　为了保护投资者的合法权益，促进我国证券市场的健康发展，我国在证券市场起步之初就建立了专门的监管机构——中国证券监督管理委员会，简称中国证监会，其主要职责包括：

　　●研究和拟定证券期货市场的方针政策、发展规划；起草证券期货市场的有关法律、法规；制定证券期货市场的有关规章。

　　●统一管理证券期货市场，按规定对证券期货监督机构实行垂直领导。

　　●监督股票、可转换债券、证券投资基金的发行、交易、托管和清算；批准企业债券的上市；监管上市国债和企业债券的交易活动。

　　●监管境内期货合约上市、交易和清算；按规定监督境内机构从事境外期货业务。

　　●监管上市公司及其有信息披露义务股东的证券市场行为。

● 管理证券期货交易所；按规定管理证券期货交易所的高级管理人员；归口管理证券业协会。

● 监管证券期货经营机构、证券投资基金管理公司、证券登记清算公司、期货清算机构、证券期货投资咨询机构；与中国人民银行共同审批基金托管机构的资格并监管其基金托管业务；制定上述机构高级管理人员任职资格的管理办法并组织实施；负责证券期货从业人员的资格管理。

● 监管境内企业直接或间接到境外发行股票、上市；监管境内机构到境外设立证券机构；监督境外机构到境内设立证券机构、从事证券业务。

● 监管证券期货信息传播活动，负责证券期货市场的统计与信息资源管理。

● 会同有关部门审批律师事务所、会计师事务所、资产评估机构及其成员从事证券期货中介业务的资格并监管其相关的业务活动。

● 依法对证券期货违法违规行为进行调查、处罚。

Chapter 3

第三章
未雨绸缪的保险

1.防患于未然的保险

俗话说"天有不测风云，人有旦夕祸福"。无论是"不测风云"还是"旦夕祸福"都是无法预知、不确定的，也就是风险。

我们在生活中面临各种各样的风险，比如房屋火灾、交通事故、意外伤害、突然得病……以下是关于生活中各种风险发生的概率统计数据：

出险事件	发生概率	出险事件	发生概率	出险事件	发生概率
受伤	1/3	难产	1/6	车祸	1/12
癌症	1/7100	高血压	1/12	脑中风	1/140
糖尿病	1/35	突发心脏病	1/77	死于心脏病	1/340
在家中受伤	1/80	死于中风	1/1 700	死于车祸	1/5 000
死于火灾	1/5 000	溺水死亡	1/5 000	艾滋病	1/5 700
死于谋杀	1/11 000	死于中毒	1/86 000	死于飞机失事	1/250 000
……					

虽然风险捉摸不定，防不胜防，但是聪明的人们总是能想出好办法来应对风险：每个人都拿出很少的一点钱，汇集成巨大的"资金池"，当少数人遭受意外事故时，就从这

个"资金池"中拿出一部分钱帮助他渡过难关——这种做法就是保险。通过保险，人们可以同舟共济，共渡难关。

例如，上面提到的车祸发生概率为1/5 000，如果把一群人（比如5 000人）集合起来分担风险，比如，每一个人事先拿出100元，总共

就有50万元。如果其中一个人遭遇车祸，就可以利用这50万元来解决车祸发生后的一些经济问题。通过这种"风险同担"的机制，每个人面临的不确定且无法承受的支出就变成确定而少量的支出。

保险就是投保人根据合同约定，向保险人支付保险费，保险人对合同约定的可能发生的事故造成的财产损失承担赔偿责任，或者当被保险人死亡、伤残或达到合同约定年龄、期限时承担给付保险金责任的商业行为。

保险实际上是一种分散风险、集中承担的社会化安排。从经济学角度看，保险是对客观存在的未来风险进行转移，把不确定损失转化为确定成本——保险费。拿意外伤害来说，我们每个人每时每刻都面临着遭受意外伤害的风险，但谁也无法确定到底会不会发生、何时发生，一旦发生有可能非常严重，沉重的医疗费用甚至会使有的家庭走向崩溃的边缘。保险则由保险公司把大家组织起来，每个人缴纳保费，形成规模很大的保险基金，集中承担每个人可能发生的意外伤害损失。可见对于个人而言，保险就是在平时付出一点保费，换来在发生风险的时候获得足够补偿，不致遭受重大冲击。

对于整个社会经济而言，保险能够起到维持经济发展的重要保障作用。在遇到重大灾害性事件时，巨大损失会严重冲击社会经济的稳定发展，甚至使社会经济发展的链条发生断裂，而保险则能够起到缓冲和补救作用，帮助社会渡过难关。2001年9月11日，美国遭遇严重的恐怖袭击，世贸大楼被撞塌，数千精英殒命，损失巨大。但由于完善的保险体系，全球保险业为此偿付保险金达数百亿美元之巨，美国经济也因此没有出现剧烈动荡。

需要注意的是，保险不是"应急反应"，也不是"亡羊补牢"，保险是立足长远、未雨绸缪的措施。

2.哪些风险可以保

保险中的可保风险仅指"纯风险"。纯风险的意思是说只有发生损失的可能，而没有获利的可能。比如财产被盗、身体得病等风险就是一种纯风险，只会遭受损失而不可能获利。投资股票亏损就不是纯风险，因为投资股票不仅可能亏损，也可能赚大钱。所以，保险公司是不会为股票投资上保险的。具体来说，可保风险必须具备以下条件：

●损失程度高。如果潜在损失不大，微不足道或者人们完全可以承受，这类风险根本不用采取"保险"。比如您根本不会因为担心遗失一个苹果而专门买保险。

●损失发生的概率小。如果损失发生的概率本身就很高，对这样的风险投保意味着昂贵的保费，也就谈不上转移、分散风险了。比如，某地区新自行车失窃率高达40%，如果对新自行车投保，您需要支付40%的纯保费，外加保险公司为弥补营业开支而收取的保费（比如

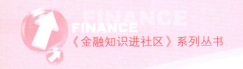
10%），那么总保费就达到了车价的一半！显然投这样的险很不划算。

● 损失有确定的概率分布。保险公司在确定收取保险费时，需要明确这种风险发生的可能性有多大，发生后造成的损失有多大，然后才能据此计算应缴纳的保费。因此，保险公司必须掌握风险损失发生的概率分布，还要根据外部环境的变化及时调整这些数据。

● 存在大量具有同质风险的保险标的。任何一个险种，保险标的数量必须足够大，否则就起不到分散、转移风险的作用。另外，根据"大数定律"，投保的人越多，保险标的越多，风险发生的概率和损失程度越稳定，这显然更有利于保险公司测算风险，保证稳定经营。

● 损失的发生必须是意外的和非故意的。所谓"意外"，是指风险的发生超出了投保人的控制范围，且与投保人的任何行为无关。如果由于投保人的故意行为而造成的损失也能获得赔偿，将会增加道德风险，违背了保险的初衷。此外，要求损失发生具有偶然性（或称为随机性）也是"大数法则"得以应用的前提。

● 损失是可以确定和测量的。这是指损失发生的原因、时间、地点都可被确定以及损失金额可以被测定。因为在保险合同中，对保险责任、保险期限等都作出了明确规定，只有在保险期限内发生的、在保险责任范围内的损失，保险人才负责赔偿，且赔偿额以实际损失金额为限，所以，损失的确定性和可测性尤为重要。

可保风险与不可保风险的区别并不是绝对的。比如在过去，战争、地震、洪水等巨灾风险一旦发生，保险标的会普遍受损，而且损失相差很大，由于保险公司财力不足、保险技术落后及再保险市场规模较小，这类风险一般不列为可保风险。但是近年来随着保险公司实力

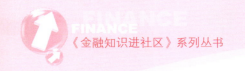
日渐雄厚，加上再保险市场规模扩大，这类巨灾险也被某些保险公司列入保险责任范围之内。可以相信，随着保险业和保险市场的不断发展，保险提供的保障范围将会越来越大。

3.保险的四大原则

》 最大诚信原则

　　1996年3月，45岁的老龚患胃癌并住院治疗，为了不让老龚情绪波动太大，老龚的家属没告诉他真相。老龚手术出院后，继续正常工作。8月,老龚在某保险业务员的劝说下投了一份人身保险，但填写保单时并没有申报自己患有癌症的事实。1997年5月,老龚旧病复发，医治无效身亡。老龚家属要求保险公司赔付，而保险公司审查事实后却拒绝赔付，这是为什么呢？

　　保险这桩买卖最讲究的就是"最大诚信原则"。怎么算是最大诚信呢？最大诚信是要求当事人必须向对方充分而准确地告知有关保险的所有重要事实，不允许存在任何的虚伪、欺骗和隐瞒行为。如果一方隐瞒了重要事实，另一方有理由宣布合同无效或者不履行合同约定的义务或责任。

那么为什么要规定"最大诚信原则"呢？从上面这个案例中我们可以看出，如果投保人不履行最大诚信原则，对保险公司来说将会产生很大的道德风险！人们买保险的时候都故意隐瞒一些重要事实，而这些事实可能增大保险标的发生损失的可能性，长此以往，保险公司就无法经营下去了。

最大诚信原则不光保护保险公司的利益，对于投保人或被保险人来说也有好处。因为保险合同很复杂，专业性很强，而且所有的条款都是保险人制定的，老百姓对保险合同中的有些问题不容易理解和掌握。比如，保险费率是不是过高，承保条件是不是过于苛刻等，如果保险公司不遵守最大诚信原则，投保人也很容易上当受骗！

所以说，保险当事人都要遵守最大诚信原则，保险这桩买卖才能公平合理。在上面的案例中，尽管老龚不知道自己得了癌症，但他知道自己动过手术，隐瞒了这些重要

事实，就没有尽到最大诚信的义务。试想，如果保险公司知道他得了癌症并动过手术，可能就不会承保了。所以，保险公司拒赔也就不难理解了。

❯❯ 保险利益原则

> 小张（男）和小王（女）大学时就是一对恋人，毕业后虽然在不同城市工作，但仍不改初衷，鸿雁传情。小王生日快到了，约好到小张那里相聚。小张想给她一个惊喜，就悄悄买了份保单，准备生日那天送给小王。谁知在小王赶往小张所在城市的路上，遭遇车祸身亡。小张悲痛之余想起了手里的保单，不料保险公司核查后却拒绝支付保险金。这是为什么呢？

所谓保险利益原则，简单地说，就是您不能给与您"毫不相干"的财产或者他人买保险。"毫不相干"在这里当然不是说丝毫没有关系，而是说没有法律上承认的利益关系。这里的保险利益要满足三个条件：首先，保险利益必须是合法的利益，为法律认可，受法律保护；其次，保险利益必须是客观存在的、确定的利益，不能是预期的利益；最后，保险利益必须是经济利益，这种利益可以用货币来计量。

为什么要讲究保险利益原则呢？试想，假如我们抛弃这个原则，任何人都可以随随便便给您上人身保险，同时指明受益人是他自己，那么您会不会觉得害怕？所以说，如果抛弃保险利益原则，就会产生极大的道德风险。

我国法律对人身保险的保险利益人范围作出了规定："投保人对下列人员具有保险利益：本人、配偶、子女、父母；前项以外与投保人有抚养、赡养或者扶养关系的家庭成员、近亲属。除前款规定外，被保险人同意投保人为其订立合同的，视为投保人对被保险人具有保险利益。"

在上面的案例中，小张和小王虽然是恋爱关系，但并不是法律认可的保险利益，而且小张在小王不知情的情况下为其买保险，所以，不能认定小张对小王有保险利益，保险公司是可以宣布合同无效的。假如小张在买保险之前征得了小王的同意，情况就完全不同了，根据上述第三款规定，保险公司就应按照约定支付保险金。

》 近因原则

老李开了个杂货铺，还为自己的杂货铺和杂货铺里的货物买了财产保险。店铺保险金额15万元，店内货物保险金额3万元。一天杂货铺因电线老化失火，老李在无法将大火扑灭的情况下，奋力把店里的杂货搬了出来。孰料街上的人一哄而起，把货物抢了个精光。事故发生后，老李向保险公司提出索赔。保险公司经审查后确认，老李店铺完全烧毁，店内烧毁货物约1万元，抢救出来被哄抢的货物2万元。于是保险公司只答应赔付店铺损失和店内被烧毁的货物损失，共计16万元；而对于被哄抢的货物则拒绝赔付，理由是货物不是被火烧毁的。双方争执不下，诉至法院，结果法院判决保险公司败诉，应向老李赔偿全部损失18万元。为什么保险公司会败诉呢？

造成保险事故的原因通常很多，有主要的也有次要的，有直接的也有间接的。近因就是引起保险事故或者保险标的损失的具有决定性作用的因素。近因原则的意思是说造成保险事故和保险标的损失的近因如果属于保险责任，保险公司就得赔偿；如果近因不属于保险责任之内，保险公司就可以不赔。

在上面的案例中，老李的店铺和在店铺内没有抢救出来的货物均被大火焚毁，火灾是近因，在保险责任之内，因而保险公司理应赔偿。但对于从店铺里抢救出来放在大街上、又被过路人哄抢而光的货物，保险公司却说损失不是由火灾引起的，这显然是违背近因原则的。因为搬出来的货物虽然不是烧毁的，但却是因为店铺发生火灾而搬出来的，也就是说，是火灾导致了最终的哄抢。因此，火灾是这些货物损失的近因，不论第二原因、第三原因是否在保险责任范围内，保险公司都应该照价赔偿。

损失补偿原则

老刘刚买了一辆小轿车，他非常爱惜自己的汽车，就给自己的车上了"双保险"。他先在一家保险公司买了一份15万元的保险，后又在另一家保险公司买了一份同样的保险，两份保险合计保险金30万元。一天，老刘行驶中合法停靠路边，下车办事。不料刚走没多会儿，一辆飞驰而过的载重大卡车竟把老刘的爱车碾成"铁饼"，汽车彻底报废。老刘于是分别向两家保险公司索赔，要求两家保险公司各赔付15万元。但两家保险公司查明事实后，各自只赔付了7.5万元。老刘不服，告上法院，法院却支持保险公司的做法。老刘仍然觉得委屈，凭什么交两份保险的钱，只得一份保险的赔偿？

保险中的损失补偿原则是说，发生了保险事故，保险公司只补偿损失的部分，使被保险人的经济状态恢复到保险事故发生以前的状态。这里就有两层含义：一是只有当保险责任范围内的损失发生了，才补偿损失，没有损失就不补偿；二是损失补偿以被保险人的实际损失为限，不能因为保险公司的赔偿，使被保险人获得比以前更多的经济利益。

为什么要坚持损失补偿原则呢？因为保险的本意就是要通过集中保险资金补偿个别损失。坚持损失补偿的原则也是为了减少道德风险，如果人们可以通过保险获得额外利益，就会有很多人故意制造损失，以获取更多的赔偿。

在上面的案例中，老刘为自己的爱车买了"双保险"，也就是为同一保险标的重复保险，这种情况下一旦发生保险事故，保险公司的总赔付也是按照损失补偿

我给我的新车上了两份保险！

保险公司只补偿损失的部分。不会因为保险公司的赔偿，使你获得比以前更多的经济利益。

的原则，所以两家保险公司总赔偿额为15万元，而不是30万元。两家保险公司则按照一定方式，比如根据各自收取的保费比例，分摊赔偿的保险金。

当然，损失补偿原则只运用于损失可以用货币计量的保险中，多用于财产保险合同，而在给付性保险合同中，一般不适用。比如人身保险合同，由于人的身体是无法用货币计价的，所以一般不适用损失补偿原则。

4.五花八门的险种

保险品种五花八门，根据不同的标准可以划分为不同的保险。

根据保险标的的不同，保险可以划分为财产保险和人身保险两大类。财产保险以某项有形或无形财产或与之相关的利益为保险标的，是一种补偿性保险。财产保险包括财产损失保险、责任保险、信用保险、保证保险以及农业保险等。人身保险是以人的寿命和身体为保险标的的保险，如健康保险、意外伤害保险、人寿保险、生存保险、死亡保险及两全保险等。当人们遭受不幸事故或因疾病、

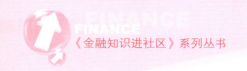

年老以致丧失工作能力、伤残、死亡或年老退休时，根据保险合同的约定，保险人对被保险人或受益人给付保险金或年金。

按照业务承保方式不同，保险可分为原保险和再保险。原保险发生在保险人与投保人之间，再保险发生在保险人与保险人之间。比如，一家保险公司为某次卫星发射提供保险，但卫

有了财产保险终于可以放心了！

星发射风险很大，一旦失败损失巨大，实力较小的保险公司可能会因此破产。比较明智的做法就是将该风险再转移给其他保险人，由几个保险人共同分担，这就叫再保险。可见，再保险是以原保险为基础，以原保险人所承担的风险责任为保险标的的补偿性保险，因此，也叫"保险人的保险"。需要说明的是，再保险人和原保险合同中的投保人没有任何直接法律关系，原来的投保人无权要求再保险

人赔付，再保险人也无权要求原投保人缴保费，再保险是原保险人和再保险人之间的保险。

按照被保险人的不同，保险可分为个人保险和团体保险。个人保险以个人或家庭的财产、生命、健康等为标的；团体保险则是一份总的保险合同，为一个经营单位的各类财产及责任提供保险保障，或者为该团体中的众多成员提供人身保险。

按照保险的实施方式，保险还可以分为自愿保险和强制保险。自愿保险是投保人和保险人自愿订立的保险，而强制保险则是法律规定某一定范围内的单位或个人，不论愿意与否都必须参加的保险。比如，机动车交通事故责任强制险就是强制保险，主要目的是为了在事故发生时能够迅速解决争议。

按照经营方式的不同，保险可以分为商业保险、社会保险和政策性保险。商业保险是指由专门的保险企业按照商业原则经营的保险，保险公司追求盈利目标；社会保险是国家依法要求公民强制缴纳保费，形成保险基金，用于医疗、养老、教育等目的的基本社会保障制度。社会保险不以盈利为目的，出现赤字由国家财政予

以支持；政策性保险是指以支持国家经济政策为目的的非营利保险，通常受到政府财政税收政策支持，如出口信用保险、农业保险等。

5.让您高枕无忧的财产保险

准确地说，财产保险是指以各种财产物资和有关利益为保险标的，以补偿投保人或被保险人的经济损失为基本目的的一种社会化经济补偿制度。财产保险是包括财产损失保险、责任保险、信用保证保险和农业保险四大类在内的财产保险体系。

财产损失保险是以承保客户的财产物资损失危险为内容的各种保险业务的统称，也是保险公司最传统、最广泛的业务。常见的是火灾保险，如团体火灾保险、家庭财产保险等；各种运输保险，如机动车辆保险、飞机保险、船舶保险、货物运输保险等；各种工程保险，如建筑工程保险、安装工程保险、科技工程保险等。

责任保险的保险标的是某种民事赔偿责任，具体来说是致害人（被保险人）对受害人（第三者）依法应承担的民事损害赔偿责任或经过特别约定的合同责任，当被保险人依照法律需要对第三者负损害赔偿责任时，由保险人代其赔偿责任损失。责任保险包括：公众责任保险、产品责任保险、雇主责任保险及职业责任保险等。

信用保证保险包括信用保险和保证保险。比如，您的公司向国外某企业出口了一批货物，但是您对买方能不能守信心里没底，您就可以向保险公司购买一份保险合同，约定您支付保费后，如果对方破产或赖账，就由保险公司代替买方企业向您偿还货款，这就是信用保险。再比如您想贷款买一部车，可是银行并不知道您姓甚名谁，对您的信用状况没有把握，银行就会要求您到保险公司为自己购买一份保险合同，约定如果您不能偿还贷款，由保险公司承担偿还责任，这就是保证保险。

农业保险则是指专为农业生产者在从事种植业和养殖业生产过程中，对遭受自然灾害和意外事故所造成的经济损失提供保障的一种保险。

财产保险的一个很大特点是损失补偿，它强调保险人要按照约定赔偿损失，而不允许被保险人通过保险获得额外利益。这就是我们前面讲的保险原则之四——损失补偿原则。

6.与您共渡难关的人身保险

人身保险就是以人的寿命和身体为保险标的的一种保险。投保人按照保险合同约定向保险人缴纳保险费，当被保险人在合同期限内发生死亡、伤残、疾病等保险事故或达到合同约定的年龄、期限时，由保险人依照合同约定承担给付保险金的责任。

我们知道，财产保险强调损失补偿，但是人身保险就不同了，它的标的是人的寿命和身体，可人的寿命和身体是不能用货币来衡量的，更不可能要求保险公司向车祸中失去双腿的被保险人"补偿损失"。也就是说，人身保险合同的保险金额不像财产保险那样以保险标的的价值为依据，而是依据被保险人对保险的需求程度、投保人的缴费能力以及保险人的可承受能力来确定的。只要您愿意，您就可以为自己或他人购买多份人身保险合同。人身保险讲究保险受益人应依法受益，除了医药费不能重复给付外，您可以获得多份保险金。

按照保险的范围，人身保险可以分为人寿保险、人身意外伤害保险和健康保险。人寿保险以被保险人的生存或死亡为给付保险金的条件；人身意外伤害保险以被保险人因遭受意外伤害事故造成死亡或残疾为保险给付条件；健康保险以人的身体为保险对象，保证被保险人在因疾病或意外事故受到伤害时的费用支出或收入损失获得补偿。

人身保险合同与其他保险合同一样，要求投保人、被保险人和保险人做到最大诚信。如果您误报、漏报、隐瞒年龄和身体健康状况等事实，保险公司有权更正，如果您少缴保费了，就得补缴；如果您多缴了，保险公司就得退还。如果保险公司认为您没有尽到最大诚信原则，保险公司可以解除合同。当然，通常法律规定保险公司只能在两年内要求解除合同，两年之后就不可以了，这也是为了防止保险公司滥用最大诚信原则，随便解除合同。

7.鳏寡孤独废疾者皆有养的社会保险

《礼记·礼运篇》里曾经为我们描述过一个美丽的大同世界："老有所终，壮有所用，幼有所长，鳏寡孤独废疾

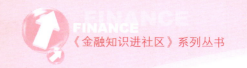
者皆有所养……"这样的大同世界毕竟只是美丽的"乌托邦",那么现实中的"鳏寡孤独废疾者"怎么办呢?让我们设想两种情景。

情景一:老王两口子已年过六旬,只有一个女儿,已经出嫁,女婿在家里也是独生子女,父母健在。说到这里您恐怕已经开始担心了:谁来为老王两口子养老?

情景二:40多岁的老张正值壮年,在一家国有企业当了20多年的工人,可是因为企业减员增效而突然下岗,一下子全家生活无着落。类似老张这样的例子还有很多,他们的吃饭问题又怎么解决?

如果不能让老人们安度晚年,不能解决失业人员的温饱,社会恐怕就不会有安宁。为了解决社会的养老问题、失业问题以及其他类似的问题,社会保险应运而生。

社会保险就是国家通过立法采取强制手段对国民收入进行的再分配。它从社会各方筹集资金形成保险基金,当劳动者因年老、疾病、生育、伤残、死亡等原因,丧失劳动能力或因失业而终止劳动,本人和家庭失去收入来源时,由国家和社会提供必要的生活和物质帮助。它同社会救济、社会福利等共同构成了社会保障制度。

　　建立社会保险的目的在于满足劳动者的基本生活需要，既不像社会救济那样旨在满足人们的最低生活需要，也不像商业保险那样可以满足人们的较高生活需要。社会保险在劳动者部分或全部丧失劳动能力或失业时，为劳动者提供切实可靠的基本生活保障。社会保险包括养老保险、失业保险、医疗保险、工伤保险、生育保险等，保险资金主要来源于用人单位缴纳的保险费和劳动者个人缴纳的保险费，出现亏空的时候用国家财政弥补，也就是我们说的"财政兜底"。

社会保险保安康

有了社会保险，退休也有保障啦。

在社会保险中，养老保险是最重要的险种之一。养老保险就是当劳动者达到国家规定的退休年龄后，为解决他们的基本生活而建立的社会保险制度。筹集养老保险资金的方式有两种，一种叫"现收现付制"，就是用当代年轻人缴纳的保险费支付当代退休劳动者的养老金支出。也就是说，收现在年轻人的钱给现在老年人用。另一种叫"基金积累制"，即在劳动者工作期间，由本人和雇主缴纳保险费，交社保经办机构管理，把这些资金用于投资，等劳动者退休后，用积累的养老金支付其养老支出。也就是说，自己在工作期间积累一部分钱，留给自己退休后用。

社会保险集中了大量的保险资金，为了保值增值，这些资金一般交由专业的基金管理公司管理并进行投资。但是，因为这些钱都是老百姓的养命钱，所以投资时安全性是第一位的。社保基金主要投资于国债等安全性很高的债券或者等级很高的公司债券、股票，一般不会涉足期货期权市场，也不会投资于高风险的房地产市场。

社会保险被称做社会的"减震器"或"防护网"，可以帮助这个社会平稳地渡过难关。有的国家（如美国）通过社会保险体系积累了巨额的社会保险基金，这些巨额资金被投资于金融市场，对于维护金融市场的效率和稳定功不可没。

我国目前正在积极完善和发展社会保险体系，为实现"鳏寡孤独废疾者皆有养"的和谐社会而努力。

8.读懂保险合同

▶▶ 保险合同中的"四种人"

保险合同中涉及四种人：投保人和保险人、被保险人和受益人。

● 投保人和保险人是保险合同的当事人，也就是签合同的两个人。投保人是向保险人购买保险，按照与保险人订立的合同交付保费的人。自然人和法人都可以买保险，都可以成为投保人，投保人的条件是：具有相应的民事权利能力和行为能力，且对保险标的有保险利益。保险人又称承保人，也就是保险公司，按照保险合同收取投保人交付的保费，并承担赔偿或者给付保险金责任。

● 被保险人和受益人不是保险合同的当事人，但却是保险合同中的利益相关人。被保险人是其财产或人身受保险合同保障，享有保险金请求权的人。投保人和被保险人有时是一个人，比如您为自己买了一份人身保险，您既是投保人，也是被保险人。受益人则是人身保险合同中由投保人或被保险人指定的享有保险金请求权的人。受益人一般由投保人或被保险人在保险合同中指定，投保人指定受益人必须经过被保险人同意。比如张三为自己的妻子买了一份人身保险，张三就是投保人，他的妻子则是被保险人。张三和妻子商量指定他们的儿子为受益人，这样，假如张三的妻子发生不测，他们的儿子将获得保险赔付的请求权。如果被保险人是无民事行为能力或限制行为能力人，受益人可以由被保险人的监护人指定。如果没有指定受益人，则在被保险人死亡时，由其继承人领受保险金。被保险人或投保人可以变更受益人，但应当书面通知保险人。

弄清楚了保险合同和合同中所涉及各方的角色，才能在发生保险赔偿时减少纠纷，保障各方的权利和义务。

》 投保人的权利与义务

投保人享有的主要权利有：自愿订立保险合同的权

利；要求保险公司及其代理人对保险条款进行说明的权利；及时取得保险单或凭证的权利；除法律、法规另有规定或保险合同另有约定外享有解

除合同的权利；保险公司对保险资料保密的权利；向人民法院提起诉讼或向仲裁机构申请仲裁的权利。

投保人的主要义务有：真实情况不隐瞒；如约缴纳保费；危险增加要通知；保险事故要通知；遇有危险要施救；有关材料要提供；协助保险人追偿。财产保险中由于第三者的行为造成保险事故发生的，投保人应当保留对保险事故责任方的请求赔偿的权利，并协助保险人行使代位追偿权，同时向保险公司提供代位追偿必要的书面文件；若投保人放弃了对于第三者的追偿权，那么保险公司不会对其履行赔偿责任。

》 保险人的权利与义务

根据保险合同的约定，保险人有收取保费的权利。保

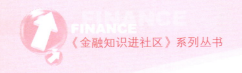
险人的义务包括：

●赔付保险金。保险事故发生后，保险人应当依据保险合同向被保险人或受益人赔偿或给付保险金。

●明确告知保险合同条款。保险人应当向投保人明确告知保险合同的条款内容，合同中有保险人责任免除条款而保险人未明确说明的，该条款不生效。

●及时签发保险单证。合同成立后保险人应及时向投保人签发保险单或其他保险凭证，载明双方约定的内容。

●积极防灾防损。保险人应当充分利用自己的专业技术，配合被保险人，积极进行防灾防损的工作。

》 保险的价格——保险费率

保险的价格就是保险费率，它是指保险费占保险金额的比率，也就是购买保险的价格。那么保险费率是怎么确定的呢？

保险费率包括两个部分：一部分是依据风险发生的概率测定的纯费率，又称自然费率；另一部分是根据保险公司自身管理费用、合理利润和税收等测定的附加费率。比如，我们假设有10 000人购买了某公司的人身保险，根据经验概率数据，这10 000人中每年有1人因为意外伤害或疾病死亡，保险公司给予死亡者家庭1 000 000元补偿。假定每个人面临的死亡风险都是一样的，那么保险公司应该向每人收取1 000 000÷10 000=100元保险费以补偿那个家庭。这100元就是我们通常意义上的是纯保险费率。假如保险公司在经营这项保险业务时每年必须付出100 000元的各项费用，摊到保费中就是100 000÷10 000=10元，附加费率就是10÷1 000 000=0.001％。纯保费率和附加费率之和就是总保险费率，在这个例子中就是0.011％。

保险费率主要受到风险发生率、利率和费用率影响。风险发生的概率越大，费率就越高。不同的保险品种有不同的风险发生概率，不同的人购买相同的保险，其保险费率也常常不一样。比如老年人死亡的风险比年轻人大，老年人的人寿保险费率就较高。保险公司要将收取的保费进行投资增值来保证保险赔付。比如，如果保险公司10年后要赔付10万元，如果保险公司在一定的利率（或者投资回报率）下现在投资9.5万元就可以在10年后产生10万元用于赔付，这样保险公司只需要积累9.5万元的保费就可以了，相应每一位投保人现在缴纳的保费就下降。所以，保险公司定价时的预定利率也会影响保险费率，特别是长期保险的费率。预定利

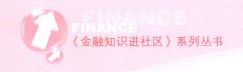
率越高，费率就越低。

保险公司一般不能任意降低保险费率以增加市场份额，因为如果保险费率过低，保险公司就会面临无法偿付的危机。所以，各国都对保险公司的费率实行严格监管，政府保险监督管理机构不仅具有费率

为什么我的车的保费比隔壁小二的高？我的车比他的车还便宜。

因为您有好几次交通事故记录啊！

的核定权，还规定费率的计算公式。我国《保险法》规定，保险公司的主要险种的基本保险条款和保险费率，由金融监督管理部门制定，保险公司拟定的其他非主要险种的保险条款和保险费率，应当报保险监督管理部门备案。

》 看清合同条款

买保险时，投保人要和保险公司签订保险合同，这是一份很重要的法律文书，它记载了投保人和保险公司各自的权利和义务，直接关系到保险所能给予的保障程度。在签订保险合同之前，投保人一定要准确理解保险合同中的每一条款。一般来说，保险合同有如下一些基本内容：

- 当事人的姓名和住所。

- 保险标的。通俗地讲，就是为什么东西保险，保险的对象既可以是财产，也可以是人的寿命和身体，它是确定保险金额的重要依据。

- 保险责任与责任免除（也称除外责任）。不是任何险都能保的，保险合同中通常明确了保险公司的赔付范围，只有在此范围以内，保险公司才承担赔偿责任。例如，财产险一般只承担两种情形造成的损失，一种是自然灾害，如雷击、洪水、破坏性地震；另一种是意外事故，如火灾、爆炸。另外，保险合同还载明保险公司不承担赔偿责任的风险项目，例如，被保险人故意将财产损坏、战争使财产损毁等，保险合同将这些情形规定为责任免除，保险公司可以据此不予赔付。

- 保险期间和保险责任开始时间。保险期间是指保险责任的有效期限，如果在这一期限内发生保险事故，保险公司才会予以赔付。保险期间是计算保险费的重要依据。保险责任开始时间则是指保险公司开始承担赔偿责任或给付保险金的时间。

● 保险价值。保险价值就是保险标的的价值，它是确定保险金额和损失赔偿额的重要依据。对于多数财产类标的，可以利用标的的市场价格来评价标的的保险价值，而有些标的没有市场价格，这时就需要投保人和保险公司双方约定保险价值。如果保险合同里事先约定了保险价值，这种保险就叫定值保险，当发生保险事故时，不管财产的实际价值有多少，都只根据合同中约定的保险价值计算赔偿金额。

● 保险金额。通俗地说，保险金额是指保险公司最多赔付多少钱。保险费是根据保险金额算出来的。比如财产保险，一所住宅的实际价值为100万元（保险价值），保险金额可以低于或等于100万元，但不能超过100万元，超出部分的保险则无效。而人身保险，由于人的身体和寿命无法用金钱衡量，故由投保人和保险公司双方约定一定数量的保险金额。

● 保险费。保险费就是人们俗称的保费，即保险的价格。

● 保险金赔偿给付办法。保险合同中需要明确保险公司支付保险金的办法、标准和方式。原则上，保险公司赔偿应支付现金，但财产险的赔付也可以采用修复或重置的方式。保险合同中也规定免赔额或免赔率，设置这一条款主要是为了减少投保人故意损坏财产的道德风险，控制保险公司的责任。

● **违约责任和争议**处理。当事人如果出现违约，应当承担什么样的法律责任？如果出现争议，应采用何种处理争议的方式？保险合同也对这两个问题提前作出了明确的规定。我们将在后面具体介绍处理争议的四种方式。

不管保险公司的承诺有多么诱人，最终还得要反映在保险合同的白纸黑字上。在与保险公司签订保险合同之前，请准确理解保险合同中的每一条款，着重看以下几条：保险责任、除外责任、保险费的支付方式、保险金的赔偿方式、争议处理方式。

g.科学规划买保险

在购买保险之前，最好制定一份明确的保险规划，做到既不花冤枉钱，又能使自己的利益得到充分的保障。

●分析家庭面临的风险，明确保险需求。家庭会面临哪些风险呢？可以从两个方面去考虑：一是家庭财产，比如家里可能会遭受火灾，家里的财产说不准会被盗窃；二是人身方面，如家里人生病或者死亡、子女未来的教育、自己以后的养老等，这些方面面临一些不确定性，需要得到保障。在分析家庭未来可能遭遇的变数的基础上，您需要明确购买哪些种类的保险，做有针对性的准备。当然，您可以考虑几种保险的搭配，以便获得较周全的保障。

●选择具体的保险产品。您要考虑许多问题：一是确定保险金额。一般来说，保险金额越高，保险费相应也越多，所以得量力而行，根据自己的收入状况确定适当的保险金额。比如，可以将寿险的保险金额确定为年收入的3倍到5倍，将意外险的保险金额确定为年收入的8倍到10倍等。二是确定保险期限。这涉及未来缴纳保险费的数量与频率，所以您得大致估量未来的收入和支出。三是选择保险公司。保险公司的好坏关系到未来的各种保障，请尽量选择经营稳健、服务优良的保险公司。购买保险时，您还应读懂每项保险条款，尤其要注意保险责任条款与责任免除（也称除外责任）条款。前者规定在哪些情况下保险公司承担赔付责任，而后者则是规定在哪些情况下保险公司不承担赔付责任。例如，保险合同明确规定无照驾车属于责任免除，当被保险人无照驾车发生意外时，保险公司就不承担赔付责任。

●定期调整保险计划。随着时间的推移，家庭可能面临新的风险，保险需求、收入水平也会出现变化。鉴于此，可以考虑每隔几年定期调整保险计划和保险产品，从而享受充分的保障。

人活一辈子不容易，一生平安当然是最好的，但谁能保证未来就没有什么疾病灾祸？未雨绸缪，还是买点保险，先有个准备为好。不同年龄段的人，对保险的需求也有所不同。买保险时，请注意挑选最适合的保险品种。

●儿童。儿童最需要健康和教育这两方面的保障，家长们可以考虑为他们购买健康险和教育金险。健康险是以被保险人的健康状况为基础，以补偿被保险人的医疗费用

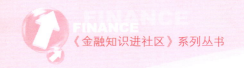

为目的的一类保险，包括疾病保险、医疗保险、护理保险等。教育金险具有储蓄功能，相当于为短期的大笔教育支出做长期准备。购买教育金险时，家长们应根

据家庭经济状况选择适合的保险金额，随着收入的增长而逐步提高保险金额。

●年轻人。年轻人应当首先考虑充足的疾病保障与意外保障。疾病险和意外险的费用都不高，这对于没有多少积蓄而开支却很大的年轻人来说，是比较实惠的选择。如果收入还有些节余，也可以为自己的养老或为支持家庭做准备，适当购买养老金保险和人寿保险。

●中年人。中年人关心自己现在以及退休以后的生活保障，优先考虑的险种应当是健康险、人寿保险和养老金保险。除此以外，还可以适当考虑规划自己的财富，购买

一些具有投资功能的保险，如分红保险、投资连结保险和万能保险。

● 老年人。随着年龄的增长，疾病慢慢找上门来，老年人更需要健康和生活方面的保障。退休后，尽管可以享受年轻时为自己保险的成果（如养老金保险），但也还需要再购买一些保险，如疾病保险、看护保险、意外保险等。

购买保险时，应当先明确保险目的，有针对性地选择相应的保险品种，尽量将多个险种搭配起来，这样既可以节省部分费用，也能够获得周全的保障。

10.保险理赔不糊涂

》 保险理赔需要把握两个原则

● 把握索赔时效。发生保险事故后，如果在保险公司的保险责任范围内，被保险人或受益人有权利向保险公司请求赔付保险金，保险公司有义务受理索赔申请，承担赔付责任。不过保险公司的这项义务并非一直存在，有一个有效期限。如果在有效期内索赔，保险公司必须予以受理，如果超过期限，保险公司可以认为被保险人或受益人放弃索赔权利，从而拒绝受理索赔。理论上将这一期限称为索赔时效。按照我国《保险法》的规定，人寿保险的索赔时效为两年，其他保险的索赔时效为五年。索赔时效的起算日不一定是发生保险事故的当天，而是被保险人或受益人是哪一天知道保险事故发生的，那一天就作为起算日。

●备齐申请理赔手续。索赔时需要提供的单证主要包括：保险单或保险凭证的正本、已缴纳保险费的凭证、能证明保险标的或者当事人身份的有关原始文本、索赔清单、出险检验证明，还有根据保险合同规定需要提供的其他文件。其中的出险检验证明常常需要以下有关部门出具：

事故性质	出具证明的部门	详细说明
火灾	公安消防部门	保险范围内的火灾有特定性质：一是属于异常燃烧且失去控制的，二是造成了经济损失。只有同时具备这两个性质的才算是火灾。

续表

事故性质	出具证明的部门	详细说明
气象灾害（如暴风、暴雨、雷击、雪灾）	气象部门	保险范围内的气象灾害需要达到一定的严重程度。例如，风速达到17.2米/秒以上的才算是暴风，雨量在每小时16毫米以上或者24小时降水量大于50毫米的才算是暴雨。
爆炸事故	劳动部门	
盗窃	公安部门	证明文件应当证明盗窃发生的时间、地点、失窃财产的种类和数额。
陆路交通事故	陆路公安交通管理部门	证明文件应当证明陆路交通事故发生的地点、时间及其损害后果。
被保险人伤残或死亡	医院	由医院开具伤残证明或死亡证明。如果是死亡，还需要户籍所在地派出所的销户证明。

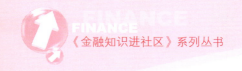

11.风险意识不可丢

》》保险公司也有风险

对广大投保人而言，签订保险合同以后，千万别以为就可以高枕无忧了，应当多一些"心眼儿"——万一保险公司不能履行合同怎么办？万一保险公司不能兑现以前的承诺怎么办？万一保险公司破产了怎么办？这绝不是杞人忧天。

万一保险公司不能及时足额偿付怎么办？出了保险事故，保险公司没有足够的钱支付保险金，这种可能性是存在的。在一般情况下，保险金常常是保险费的好几倍，保险公司为何能做到这一点呢？这是因为保险公司承保的风险要满足大数定律，也就是说，理论上大量保险标的均有可能出事受损，但实际真正出事受损的标的仅为少数，从而"大部分"人平摊保险费，去赔偿"小部分"人的损失。可凡事都有"万一"，万一出现了意外，比如突发特大洪灾，或者是某一年火灾过于频繁，大多数标的出现了损失，按正常情况积累的保险费就有可能无法弥补所有的实际损失，投保人的利益就无法得到完全的保障。保险公司有时也会心存侥幸，不惜通过降低保险费率来增加保费收入，使风险超过自己的承受能力，这也会影响到保险公司保障投保人利益的能力。

还有一种情况是，保险公司将收来的保险费汇集起来组成保险基金，进行适度的投资，以实现保值增值。而一些投资品种变现需要时间，在这种情况下，保险公司就有可能无法及时筹足现金用于支付保险金，投保人的利益得不到及时的保障。

实际上，保险公司就是经营风险的企业，风险的不确定性既为保险公司带来盈利机会，也可能使其遭受损失。要知道，投保人向保险公司转移风险这一行为本身就带有风险性，购买保险时，应当对此有清醒的认识。

选择安全可靠的保险公司才能真正有所保障！

❯❯ 防范风险有高招

从某种角度上看，买保险实际上"买"的是对未来的保障，毕竟未来总可能有些变数。然而，尽管保险合同受法律约束，但这仍然不能绝对保证保险公司在将来就能及时、完全

兑现承诺。为了保障自己的利益，尽可能避免以后出现麻烦，投保人应当慎重选择保险公司和保险产品。

●看保险公司是否可靠。可以从两个方面去衡量：一看偿付能力。保险公司必须要有足够的偿付能力，发生保险事故时，才有足够的资金向被保险人支付保险金。衡量一家保险公司的偿付能力，主要是看它的资本金、准备金、公积金的数额，看它的业务规模，这些信息很容易从保险公司的网站或宣传资料中找到。二看保险公司的经营管理能力。看保险公司有没有完善的管理体制，经营状况如何，经营风格怎样，尽量选择一家稳健经营、没有太多包袱、有良好信誉的保险公司。您也可以参照专家的意见，比如一些权威的评级机构对保险公司开展过评级，您可以参照它们的评级意见。

●看保险公司的服务水平。服务水平直接反映公司的管理能力和信誉。衡量保险公司的服务水平时，主要看保险公司工作人员的服务是否热情周到，是否客观地介绍保险产品，是否及时办理手续、寄送保单，是否及时通报新险种、新服务，出险后的赔付是否及时，是否真心解决客户的投诉，是否与客户有良好沟通等。保险公司的服务应当是全方位的，所以不但要看保险代理人的服务，还要看核保理赔人员和公司客服热线的服务水平。除了亲自体验保险公司的部分服务外，您还可以考虑向保险公司的客户进行咨询，听听他们对公司的评价。

●挑选可信赖的保险代理人。投保时，常常需要专业保险代理人的帮助，他们帮助您制订保险计划，解释保险条款，还为您提供售后服务，如传递信息、缴纳保险费、理赔。在现实中，并不是所有的代理人都能让人放心，有些代理人为了抢到保单，进行不实的宣传，故意误导投保人，让投保人以为什么都能保，什么都能赔，结果使投保人上当受骗。投保人一定要睁大眼睛，提高警惕，选择可信赖的代理人。一是要确认保险代理人的身份。您可以向保险公司打电话，核对保险代理人的身份。二是确认代理人是否有从业资格。中国保监会规定，所有保险代理人必须要通过考试取得《保险代理从业人员资格证书》。三是看代理人的人品和职业道德，看代理人是否真心为投保人着想，是否客观解释保险条款，有没有遗漏重要情况。四是看代理人的专业水平。好的代理人应当能够将保险条款解释得准确清楚，帮助投保人选择合适的保险产品，提供

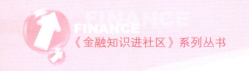
良好的售后服务。五是看代理人的从业时间。优先选择工作时间长的代理人，他们的能力与人品经受了时间的考验，更让人放心。

● 准确理解保险条款。保险公司和保险代理人的宣传可能都会带有主观的成分。口说无凭，只有保险合同上的白纸黑字才是最真实的，合同一旦生效，投保人的利益就能够受到法律的保护。投保时，您一定要准确理解保险合同中的每一项条款，明确自己的权利和义务，让自己的利益得到切实的保障。

≫ "地下保单"不可信

如果有人向您推销境外保险公司的保险单，您一定要小心。如果境外保险公司没有得到中国保监会的批准，在内地向内地居民销售保险单，这种行为属于违法行为，这种保险单常被称做"地下保单"。地下保单开出的条件往往极为诱人，实际上却是陷阱丛生，隐患无穷，投保人花了钱也不容易得到相应的保障，所以还是别去碰它为好。

"地下保单"开列出的条件常常让人心动，例如，允许用人民币缴费，理赔时却支付美元或港元；承诺的投资回报率远远高于国内同类险种；宣称返还的收益受法律保护且免税……这使境内的投保人以为能够稳当地拥有一笔境外资产。不少人也认为，与境内保险公司相比，境外保险公司的保险产品、服务和信誉可能要更好一些。事实上，境外保险公司常常给"地下保单"的代理人支付很高的佣金，"重赏"之下，自然有人卖力。不少代理人还扮起"熟人"的面孔以博得投保人的信任。

世上哪有如此便宜的事呢！极具诱惑力的筹码背后是重重陷阱。

● 投保人容易上当受骗。推销"地下保单"的代理人处于监管的"盲区"，真假难辨。投保人收到境外保险公司的保单后，难以鉴别其真伪，容易上当受骗。

● 保单可能无效。按照中国香港、澳门保险监管机构的有关规定，港澳地区保险公司向非港澳居民签发的保单，应当由投保人本人到香港、澳门当地办理投保手续，否则可能影响保单的法律效力。如果内地居民在内地签投保单，申请索赔时，境外保险公司就有可能会以投保人未到当地办理投保手续为由否认保险合同的效力，这对内地投保人来说，花的钱无疑打了水漂。

● 出了争议怎么办？如果出现争议，适用的是中国香

港、澳门或者国外的法律，如果要通过诉讼解决争议，诉讼地在境外，诉讼费用也很高，所以即使打赢了官司，内地投保人也常常得不偿失。

●如何保证收益率？"地下保单"往往许诺极为诱人的投资收益率，但这只是一个对未来的承诺，需要保险公司努力经营才能最终实现，稍有差错，保险公司就很有可能无法完全兑现承诺，投保人得不到事先约定的回报。

"地下保单"避开监管部门的监控，极大地扰乱了正常的金融秩序，也为一些不法分子洗钱提供了便利。我国的有关部门正在积极行动，严厉打击非法销售境外保单的经营活动。人们要对"地下保单"有清醒的认识，坚决予以抵制。如果发现有人推销"地下保单"，请及时向公安部门或各地保监局举报。

12. 保险监管保规范

自1998年起，我国组建了中国保险监督管理委员会（以下简称中国保监会），专门行使对全国商业保险行业的监督管理职能。

中国保监会根据国务院授权，依法对保险市场实施监督管理。其主要职责包括：

● 审批保险机构的设立、变更和终止；

● 监督检查保险公司的业务经营活动、财务状况和资金运用状况，查处保险公司的违法违规经营行为，监管保险公司的偿付能力，以保护被保险人利益；

● 制定、修订或备案保险条款和保险费率，对保险公司的保险产品进行监管；

● 查处和取缔非法保险机构以及非法经营或变相经营保险业务的行为。

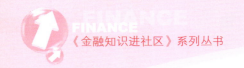
应当指出的是，中国保监会履行的是一种对保险业的行政管理职能，是通过对保险公司偿付能力和市场行为的监督管理来保护被保险人的合法权益。对于保险消费者即广大的投保人、被保险人和受益人与保险公司之间的保险纠纷，中国保监会没有直接裁判的权力。

后　记

　　根据中国人民银行和共青团中央《关于开展"青春共建和谐社区行动·金融知识进社区"活动的通知》（银发【2008】184号）精神，活动领导小组办公室于2008年组织有关专家编写出版了《金融知识进社区》系列丛书（共5本），作为配套读物在活动期间向公众发放。丛书以图文并茂的形式，深入浅出地介绍了金融领域与百姓生活密切相关的银行、证券、保险、理财和人民币的有关知识，受到了百姓的普遍欢迎。

　　活动期间，组织者通过问卷调查、实地走访等多种形式深入开展了社区居民金融知识需求调研。根据调研情况、读者反馈和清华大学媒介实验室的跟踪调查评估结果，我们组织专家对《金融知识进社区》系列丛书的内容进行了充实和更新，结构进行了重新调整，又邀请人民银行、银监会、证监会、保监会和中国理财师协会有关专家进行了审定，形成这套《金融知识进社区》系列丛书（共4册）。

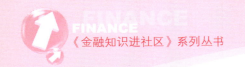

　　因水平有限，纰漏和不足在所难免，真诚希望广大读者
提出宝贵意见和建议。

编　者
2011年11月

成就梦想的
理财之道

《金融知识进社区》系列丛书编委会

中国金融出版社

责任编辑：何　为
责任校对：刘　明
责任印制：裴　刚

图书在版编目（CIP）数据

成就梦想的理财之道（Chengjiu Mengxiang de Licai Zhidao）/《金融知识进社区》系列丛书编委会编. —北京：中国金融出版社，2011.12

（《金融知识进社区》系列丛书；4）

ISBN 978-7-5049-5708-5

Ⅰ.①成… Ⅱ.①金… Ⅲ.①私人投资—基本知识 Ⅳ.①F830.59

中国版本图书馆CIP数据核字（2010）第248940号

出版
发行　**中国金融出版社**

社址　北京市丰台区益泽路2号
市场开发部　（010）63266347，63805472，63439533（传真）
网 上 书 店　http：//www.chinafph.com
　　　　　　（010）63286832，63365686（传真）
读者服务部　（010）66070833，62568380
邮编　100071
经销　新华书店
印刷　天津市银博印刷技术发展有限公司
尺寸　145毫米×210毫米
印张　3.75
字数　58千
版次　2011年12月第1版
印次　2016年9月第4次印刷
定价　65.00元（套，含光盘）
ISBN 978-7-5049-5708-5/F.5268
如出现印装错误本社负责调换　联系电话（010）63263947

目录

目录

目录

你不理财，
财不理你。

Chapter 1

第一章
理财 —— "钱生钱" 的学问

1.你不理财，财不理你

您可能是一个刚毕业的大学生，正在做着"房车"梦；您可能是一个初为人父的年轻爸爸，正在为孩子未来的生活和教育绞尽脑汁；您可能是一个面临退休的老工人，正在为退休后的生活发愁……不论您处于什么样的状况，您都需要和钱打交道，都要面临如何计划收支、如何进行投资、如何让自己老来无忧、如何让子女享受更好的教育等一系列问题，那么您就需要学习家庭理财。

简而言之，理财就是学会合理地处理和运用钱财，有效地安排家庭支出，在满足正常生活所需的前提下，进行正确的金融投资，购买适合自己家庭的各种理财产品，让钱生钱，最大限度地实现资产的保值增值。

理财并不神秘，理财无所不在，是每一个家庭日常生活的组成部分，小到购买日常用品、增添家用电器、外出旅行、住院生病开销和购买保健康复药品，大到买车、购房、家庭成员的保险规划、储备子女的教育基金、安排退休以后的养老储备等，都是我们讲的理财活动。正确的理财，可以让我们避免无谓的浪费，增加家庭财富，储备家庭财力，过上更加富裕的生活。

德国多特蒙得足球场旁边有一间矮小的看门人的房屋，里面住着一对老夫妇，男主人每天的工作就是清扫球场，在比赛之前修整草坪。很多来这里看球的球迷都熟悉这位和蔼的老头，但是却几乎没有人知道，这位老头就是当年叱咤球场的球星和百万富翁罗塔尔·胡伯。51岁的胡伯常常追悔当年的奢华生活，重复着"如果我当年节省一点……"之类的话。事实上，胡伯的生活并不是最惨淡的，有的球星如今只能靠领取救济金过日子。据一项对150位退役球星的调查，退役的球星中只有9%还维持着以前的生活；44%的人过着普通平凡的日子；21%的人生活拮据、穷困潦倒；26%的人负债累累。

从百万富翁沦落到看门老头，这样的故事可以让我们明白我们为什么要管好自己的钱袋，做好家庭理财。要知

　　道，理财并不是要等到有钱了才开始理财，其实不论您是在购物还是到银行存款、购买保险，都是在理财。

　　理财可以帮您实现您的财务目标，比如您计划几年后买房，几年后买车，计划何时生儿育女并为他们的教育投资，您还要计划退休后能有个安稳舒心的生活，这些都要靠科学的理财规划和理财手段来实现。

　　理财不是与生俱来的技能，您需要学习，需要学会制定科学的理财规划，理解并善于运用各种理财手段，这样您就不必担心有像罗塔尔·胡伯那样的惨淡晚年了！

　　家庭理财存在开源和节流两个方面，开源包括增加收入和让家庭现有资产增值，节流包括节省支出与合理调节家庭消费结构，通过长期合理的家庭财政安排，实现家庭成员所希望达到的理想经济目标。

2.理财有道，规划先行

　　也许有人会说，总共就那几个钱，全部存款的利息还不够塞牙缝，还理什么财！这种看法就大错特错了，实际上，越是收入较低的工薪阶层越需要理财！理财并不是等有钱了再进行投资，而是要帮助您从没钱到有钱、从不会管钱到善于管钱，它是对人生和财富的全面规划。

当您很年轻时，每月的收入或高或低，但是不论工资多少，可能不少人会有这种感觉：一到月底就觉得手头很紧，可是回头看看，发现自己虽然花了很多钱却没有买几样有价值的东西或办几件重要的

事；一年下来算算自己也没办成什么大事情，也没有存下钱来！这是为什么呢？原因是您没有给自己制定科学的理财规划，或者虽然制定了理财规划却没有坚持执行。理财规划包括以下这些内容：

● 证券投资规划。您总要为自己积攒一些储蓄，这些储蓄或者是留在手里以备不时之需的"活钱"，或者是为将来某项大额支出预备的"基金"，或者是积攒下来的纯粹的"余钱"。对于"活钱"，必须能够随时变现，否则

一遇紧急情况就周转困难了；对于支出"基金"，需要在一定时期变现；对于纯粹的"余钱"，要求保值增值。这些钱如果全部存到银行，收益是比较低的，您可以拿出一部分进行风险虽高但收益也高的证券投资。那么，分别拿出多少钱来投资诸如股票、债券、基金呢？投资于这些证券又要遵循什么原则、把握什么策略呢？

● 不动产投资规划。在现代生活中，衣食住行中的"住"是一项相当大的开支。如果您还没有房子，那么您就需要计划怎么解决住的问题。租房子划算还是买房子划算？抑或是先租后买，或者先买后出租？如果打算买房子，那么您怎样从收入中提取一部分建立自己的"买房基金"？买房时是一次付清还是按揭贷款？按揭贷款的首付比例又是多少合适？如果您已经拥有了第一套住房，您还可以考虑再购买房子以保值增值，那么您应把资产的多大比例投资到不动产上？选择什么时机买入，又选择什么时机卖出？

● 子女教育规划。子女的教育支出是越来越多家庭面临的大项支出，因此您也必须早作打算。按照您的承受能力，子女要接受什么水平的教育？需要多少支出？在现有的支出约束下，怎样才能受到更好的教育？

●保险规划。风险时刻存在，您也必须为自己的家庭计划好保险保障，防止一旦发生意外导致整个家庭陷入困境。拿出多少钱来购买保险？购买些什么保险？

●养老规划。"养儿防老"的传统观念已经慢慢退去了，现代人必须越来越依靠自己的积累来为自己养老。那么，您应该怎样设计自己的养老规划，才能保障自己退休以后安享晚年呢？

所有上面这些问题，都是理财规划应该解决的问题。除此之外，理财规划还包括税务筹划、遗产规划等。可见，理财规划真是涉及我们生活的方方面面，良好科学的理财规划可以帮助您拥有美好的人生！

3.家庭理财规划要学会"六步走"

理财做得好，首先要有一个全盘规划。家庭理财规划是指在全面考察家庭收支状况、资产财务情况后，根据家庭风险承担能力、家庭成员的人生偏好以及不同阶段的家庭需求，确定家庭理财目标，制订合理的家庭投资理财方案。具体包括以下六个步骤。

●第一步建立一生的幸福目标。每个人都有自己的理财目标，目标的达成需要物质基础，将目标量化，制定相应的家庭财富目标计划。

●第二步进行家庭财产分析。财产分析的目标是摸清自己到底有多少家底，我们会通过资产负债表的形式进行明确。

●第三步测算一下家庭未来的收入状况。根据家庭成员当前的收入水平和职业发展，估算家庭未来的收入水平，根据当前投资的产品，估算家庭未来的利息和理财收入，两者相加就是家庭未来总收入的预期。

●第四步确定不同阶段的家庭理财目标。

●第五步进行家庭支出预算。满足合理的家庭消费需求和必要的开源节流，应该是安排家庭支出预算的基本原则，有计划的家庭生活支出是实现家庭财富目标的重要保证。

●第六步制订切实可行的家庭金融投资理财方案。理

财目标确定后，应该认真研究一下各种类型的理财产品，比较不同产品的收益和风险状况，制订适合自己家庭的理财组合方案。

专栏1.1　理财规划的一般定律

》4321定律：

　　家庭资产的合理配置比例是：收入的40%用于供房及其他方面的投资，30%用于家庭生活开支，20%用于银行存款以备应急之需，10%用于保险。

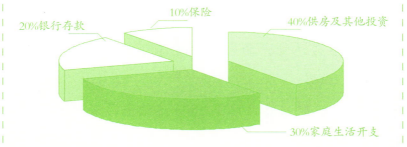

》72定律：

　　举例：如果在银行存10万元，年利率是2%，每年利滚利，要多少年才能增加一倍变为20万元呢？答案是36年。

10万元　　　　　　　20万元

36年（年息2%）

不拿回利息利滚利存款，本金增值一倍所需要的时间等于72除以年收益率。

公式：$\dfrac{\text{本金增长一倍需要的时间（年）}}{} = \dfrac{72}{\text{年收益率（\%）}}$

》 80定律：

股票占总资产的合理比重等于80减去您的年龄再乘以100%。

公式：股票资产比重＝80－您的年龄×100%

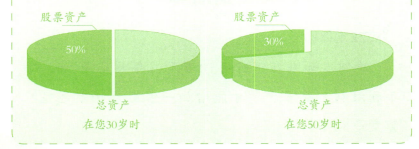

股票资产　　　　　　　　股票资产

50%　　　　　　　　　　30%

总资产　　　　　　　　　总资产

在您30岁时　　　　　　　在您50岁时

➤ **家庭保险双十定律：**

总保险额度 ×10 80万元

保费全额 10%

举例：家庭年收入8万元 8000元

　　家庭保险设定的恰当额度应为家庭年收入的10倍，保费支出为家庭收入的10%最为适宜。

➤ **房贷三一定律：**

　　住房贷款多少合适？每月的房贷金额以不超过家庭当月总收入的三分之一为宜。

举例：家庭月总收入6000元　　每月还款2000元

4.家庭财富积累的"五条军规"

　　●第一条做金钱的主人。树立钱是为人服务的观念，积累财富的目的是为了让家庭实现财富自由。

● 第二条养成节约的习惯。不管家庭财力的情况，节约是一种财富美德。

● 第三条学会对大宗财富支出进行规划。对家庭的大额消费进行合理计划，可以优化家庭支出的结构。

● 第四条学会投资，让钱生钱。财富是有时间价值的，如果我们不会进行有效的金融投资，现金资产就会被通货膨胀所侵蚀，所以家庭生活需要理财，要学会让家庭财富保值增值。

● 第五条善于控制投资风险，避免重大的家庭财产损失。"股神"沃伦·巴菲特有一句理财箴言：投资理财有两个法则，一是无论在什么情况下，保住本金是最重要的；二是谨记第一条。

专栏1.2　个人理财误区

》 理财是有钱人的事

工薪阶层更需要理财！相对而言，工薪阶层面临较大的教育、养老、医疗、购房等现实压力，更需要通过理财增加财富。积沙成塔，积腋成裘。

> 总共也没几个钱，那点利息还不够塞牙缝的。

> 勿以利小而不为，每年买点儿国债，利滚利算起来也不少呢！你的牙缝有多大啊？

》 有了理财就不用保险

保险的主要功能是保障。对于家庭而言，没有保险的理财规划是无本之木。

> 我每年投资收益比保险高多了，还是把钱都投资合算。

> 保险的主要目的不是为了获取利益，是为了防止意外。

》投资操作"短频快"

不要以为频繁短线操作一定挣钱多。

最近两个月我买来买去进出了四五回了，可折腾我够呛。

没赚什么钱吧，也就够点手续费，没事别老折腾。

》盲目跟风，冲动购买

不知道，大家都排，我也跟着排一下呗。

排队买什么呢？

　　在最热门的时候去买，往往是最高价的投资。要理性投资。投资需要独立的理性思考，长期跟踪，货比三家。

》 过度集中投资和过度分散投资

　　过度集中投资往往无法分散风险，但过度分散投资又会造成投资追踪困难，无法提高投资效率。应该根据资金的多少，确定合理的投资品种数量。

》 敢输不敢赢，一涨就卖，越跌越不卖

学会设定盈利目标和止损点。

别提了，蓝筹股都卖光了，剩下的全是ST了！

你的蓝筹股赚大钱了吧！

树立正确的理财理念。

理财知识

Chapter 2

第二章
个人理财的基本知识

1.时间——财富的函数

我们知道，今天一元钱的价值大于一年后一元钱的价值，是因为现在的一笔钱存到银行或者买成国债，一年后起码可以有利息收入。

2.通货膨胀——财富的"杀手"

当人们进行投资或者借出资金时，还要考虑物价上涨的因素，通货膨胀率越高，人们要求的回报就应该越高，以抵补物价上涨的风险。如银行的年利率是5%，若通货膨胀率为10%，那么将钱存在银行的实际收益率是−5%。

因此，我们的收益不仅取决于银行利率，还取决于通货膨胀率。通货膨胀率越高，人们要求的回报率越高，这样才能得到补偿。

3.风险和财富是一对"双胞胎"

投资总有各种不同的风险，投资的风险越大，回报率就必须更高才能吸引投资者。若购买债券的收益率是5％，购买股票的预期收益率也是5％，那么人们就不会去买股票了，因为股票的风险大于国债。除非股票能够提供高于国债的回报率，比如可能会得到20％的回报，人们才有可能去购买风险更大的产品。

4. 我们能够承受多少风险

若一项行为可以有多种不同的结果而不可以事前预测，即存在风险。影响投资风险承受度的因素包括：

● 年龄。如果我们把一生中可用来投资的钱分成两份：一份是过去的储蓄，另一份是未来可预期的储蓄，以40年工作期作为累积储蓄的年限。年龄越大者，过去储蓄的部分越大，未来可以预期的储蓄部分越小。过去的储蓄累计为现在的资产，是现在可以承受风险的现实资金；未来的储蓄也可以某种合理比率折合成目前的资金价值。

刚刚踏入社会的年轻人，过去的储蓄少，表示现在承受风险的本金少，而因为其未来的收入可以折现的部分很多，因此可以承受更多的风险。而将要退休的年长者，由

于其未来可以折现的本金十分有限，因此应该以固定利息或保本型投资工具为主，不宜承担过度风险。

● 时间。资金需要动用的时间离现在越远，能承担的风险越高；若短期内就要使用的钱，则不宜做高风险投资。经济周期的波动、利率的复利效果等因素只有在长期的投资中才能产生大的效果，而对短期投资的意义不大。

● 理财目标的弹性。理财目标的弹性越大，可承担的风险也越高。若理财目标时间短且完全无弹性，则保本保息应是最佳选择。例如，将风险高、收益大的投资项目所得用于旅游计划，若成功就去，失败则取消计划。弹性比较大，容易承受较高风险。

● 投资者主观风险偏好。每个人的冒险性格天生就有高低之分，可以承受风险的程度也不一样。"手中有股票，心中无股价"是极高的理财修养。

专栏2.1 风险承受简易量化分析

年龄与投资股票比例：以100岁为人的一生来假设，30岁可以将70%的钱用于投资股票，30%的钱用于存款；而到50岁可以将50%的钱投资于股票，50%的钱用于存款。

冒险型投资者可以在原有比率的基础上再加上20%；

积极型投资者可以在原有比率的基础上再加上10%；

保守型投资者可以在原有比率的基础上再减去20%；

消极型投资者可以在原有比率的基础上再减去10%；

稳健者则维持原有比率不变。

如20岁的积极型投资者可以将90%的钱投资于股票，80岁的保守型投资者的资产应该100%放在银行里。

专栏2.2 风险承受能力测验

①您的年龄为：

A.25岁或以下；B.26岁到35岁；C.36岁到45

岁；D.46岁到55岁；E.56岁到65岁；F.66岁以上。

②您的婚姻状况：

A.单身；B.已婚；C.离婚。

③您有多少个孩子：

A.没有；B.一个；C.两个；D.三个；E.四个以上。

④您的教育程度：

A.小学；B.中学；C.中专或专科；D.大学或以上。

⑤若把您所有的流动资产加起来（银行存款、股票、债券、基金等），减去未来一年内的非定期性开支（例如结婚、买车等），约等于您每月薪金的多少倍？

A.20倍以上；B.15倍到20倍；C.10倍到15倍；D.5倍到10倍；E.2倍到5倍；F.2倍以下。

⑥您估计五年后的收入会较现在增长多少？

A.50%以上；B.30%到50%；C.20%到30%；D.10%到20%；E.0到10%；F.不变或下降。

⑦您平均每月的支出占收入多少？

A.100%以上；B.80%到100%；C.60%到80%；D.40%到60%；E.20%到40%；F.20%以下。

	A	B	C	D	E	F
1	14	8	6	4	2	0
2	12	0	6			
3	17	9	4	2	0	
4	0	2	4	6		
5	15	12	9	6	3	0
6	18	14	10	5	2	0
7	0	2	4	8	12	18

专家分析：

81分或以上：由于你没有多少财务上的负担，可以很轻松地接受高于一般的风险，以赢取高额回报。

61-80分：你只有少量财务上的负担，能够接受较高水平的风险，对于比平均风险略高的投资项目均可承受。

41-60分：你接受风险的能力属于一般水平，可

以接受普通程度的风险。

21-40分：由于你个人负担较一般人重，故此接受风险的能力也属于偏低，不可接受太高风险的投资项目。

20分以下：你接受风险的能力属于极低水平。因为你拥有沉重的负担，投资组合中应取向低风险的产品。

5.不同人生阶段的不同理财生活

个人理财是一生都在进行的活动，但人在不同生命阶段中的生活目标、生存感受、经济负担、财富偏好以及风险承担能力有很大不同，相应的理财目标必然会有差异，所以设定理财目标必须与人生各

过两天我就去买点理财产品，以后作为小孩教育基金。

宝宝就要出生了，咱们是不是在经济上也得及早准备了。

阶段的实际状况相匹配。

　　这里将人生分为六大阶段：

　　第一阶段：0-20岁，人生储蓄期，个人理财目标：努力学习，增加人生创富资本。

　　第二阶段：20-30岁，人生创富期，个人理财目标：努力学习、积累资本、不怕风险，积极获取高额回报。

　　第三阶段：30-40岁，人生筑巢期，个人理财目标：家庭经济负担显现，虽有一定财富积累，但要注意控制风险，采用储蓄与金融投资相结合的稳健理财方式，保证家庭资产保值增值，完成购房大业。

　　第四阶段：40-50岁，人生成熟期，个人理财目标：已有相当经济实力，家庭收入日渐增多，在对家庭支出和子女教育金等做好安排后，可以考虑适当加大金融风险投资的力度，追求更高的人生财富目标。

　　第五阶段：50-60岁，人生收获期，个人理财目标：逐步收回各项投资，理财策略上以降低风险为主兼顾投资收益，增大家庭流动资产和固定收益资产的份额，准备退休养老费用，规划晚年快乐生活。

　　第六阶段：60岁以上，人生悠闲期，个人理财目

标：转换家庭资产结构，以储蓄和低风险基金为主，让银行和金融专家帮助打理家庭资产，享受安全收益，快乐安度晚年。

6.理财水库中的"三种钱"

从个人和家庭理财的角度衡量，我们把投资分为三类：流动性投资、安全性投资和风险性投资。这三类投资分别运用的是"理财水库"中的"三种钱"：流动性投资运用的是"应急钱"；安全性投资运用的是"保命钱"；风险性投资运用的是"闲钱"。

● 流动性投资——"应急钱"。适用的投资工具包括：活期存款、短期的定期存款（三个月或半年）、通知存款、短期国债、货币市场基金等。这些投资工具的特点是随时可以变现，而且不会亏本，但是投资收益率很低。

● 安全性投资——"保命钱"。适用的投资工具包括：定期存款、中短期国债、债券型基金、保本型基金、储蓄型的商业养老保险、社会养老保险、保本型的银行理财产品等。这些投资工具的特点是不会亏本，投资收益率适中，投资收益有保障，但部分产品的流动性稍差。

● 风险性投资——"闲钱"。适用的投资工具包括股票、股票型基金、对冲基金、不动产、非保本型的银行理财产品、投资连结保险、外汇、黄金、艺术品和实业投资等。这些投资工具的特点是可能亏本，但也可能带来更高的投资收益。

7.量入为出：各项开支要算计

我国自古就有"量入为出"的说法，对于每个家庭都是如此，一定要制定合理的收支预算。很多年轻人有着不菲的收入，但每个月的月底常常手头拮据，甚至要借钱填窟窿，这都是因为没有计划好自己的收支。要计划好你的收支，首先需要一个记账簿，每一笔收入和支出都进行记录，只有这样你才能查明白自己哪些花销是不必要的，才能更好地调整自己的开支，甚至每个月都会惊喜地发现自己有了一笔以前不曾想过的积蓄。俗话说："吃不穷，穿不穷，算计不到一世穷"，说的就是这个道理。

想想吧，今年你都换了多少款新手机了？

我怎么老是觉得钱不够花啊？

日常生活中，消费一般可以分为基本消费、意外性消费、奢侈性消费等。基本消费包括衣食住行等满足基本生存需要的消费支出；意外性消费则是偶然性的消费支出，包括意外伤害、生病的医疗费用及其他意外事件带来的消费开支；奢侈性消费则是为了追求时尚、品味以及满足炫耀心理的消费支出。家庭理财首先要满足基本的消费需求和意外的消费需求，在此基础上依据自己的财力来满足奢侈性消费。

总之，消费一定要"量入为出"，提高消费意识，理性消费，这样才能花最少的钱，获得最高的享受。

8."强制"自己储蓄

　　小王是位漂亮的白领，有着不错的工作和薪水，但每个月底她都会觉得手头拮据。有时甚至要向朋友借钱来周转。原来，小王花钱缺乏计划，月初领了工资就立刻产生很强的购物冲动，漂亮却很少穿的衣服挂满衣柜，昂贵的化妆品用不完就买新的，加上她很讲究小资情调，经常出入酒吧歌厅。结果是虽然收入不菲，却经常囊中羞涩。小王冷静下来认真分析了自己的收入和消费，决定在每月发工资的时候就立刻拿出三分之一存入银行储蓄账户，然后根据剩余的钱来调整消费。坚持一年后，小王惊喜地发现，自己有了4万元的积蓄。

　　中国自古就有储蓄的良好传统，不少人习惯于采用"三分法"，把三分之一的收入储蓄起来。那么到底该储蓄多少、到哪儿储蓄、怎样储蓄呢？

　　●储蓄多少？过度消费是"败家子"，过度储蓄则被讥笑为"葛朗台"，两种行为都是不可取的。确定储蓄额度，一般有两种方法：一是经常性储蓄，二是目标性储蓄。根据自己的收入，扣除必要支出后拿出一部分储蓄，

这是经常性储蓄。如果你计划3年后攒够买房首付款，你就需要计算这3年里你平均每月需要储蓄多少，这就是目标性储蓄。

●到哪儿储蓄？储蓄机构很多，你可以根据远近、服务质量、联网程度来确定到哪家银行的哪个网点储蓄。

●怎样储蓄？储蓄的种类很多，活期、定期、定活两便、零存整取、整存整取、整存零取等。如果随时要用，可以选择活期；如果想积小钱办大事，就可以选择零存整取；如果

存了钱才有投资的本钱。

要储蓄一笔大额养老款项，可以选择整存整取。另外，储蓄时间越长，利息也越高。因此确定选择何种储蓄和储蓄多久，你需要根据储蓄的用途和收益来考虑，既要满足取用，还要兼顾利息多少。

9. "寅吃卯粮"要适度

在中国人的传统观念中，人们崇尚勤俭储蓄，对借贷则很谨慎，不到万不得已绝不"寅吃卯粮"。

但在现代社会中，借钱就如家常便饭一样普遍。为什么呢？因为现代人比古代人的收入有了更大的周期性。著名的经济学家莫迪利安尼曾提出"生命周期理论"，他把人的一生分为青年时期、壮年时期和老年时期三个阶段：在青年时期，由于刚刚走出校门，知识、经验和资历都较浅，收入也低；壮年时期随着年龄的增长，知识、经验和资历都大有提高，收入水平也颇为丰厚；退休以后进入老年时期，则几乎没有什么收入。但是不论是青年人、中年人还是老年人，一生的消费水平波动并不大，年轻时收不抵支，壮年时收入远大于支出，老年时则几乎只支不收。因此，在年轻的时候适当借钱消费——花未来的钱，壮年时多储蓄以备退休养老——留着钱未来花，是很自然的事情。

借钱消费，最重信用。"有借有还，再借不难。"在美国，假如你以前从来没有借过钱，你向银行借钱的时候

银行一般不会痛痛快快地借给你，因为你没有借钱的历史和记录，银行很难确定你会"有借有还"还是惯于赖账。如果你每次借钱都按时归还，银行会有你的详细记录，那么你就越容易借钱。

常见的消费信贷有住房信贷、汽车信贷和信用卡等。对于现代社会的年轻人来说，买房买车可谓是一大梦想和压力。住房和汽车信贷采用首付加分期付款的方式，可以帮助人们尽快过上有房有车的生活，不必辛苦攒到几十年再购买。但是买房买车时须注意，一定要根据自己的收入和负担能力确定购买多大价位的房子和车子，认真权衡贷款时间以及首付、分期付款的压力后做出安排。有的人首付买房之后，常年背负沉重的分期付款，节衣缩食，甚至成为"房奴"，是得不偿失的。

信用卡允许人们先购物后付款，还可以透支消费，大大方便了人们的生活。但是信用卡与储蓄罐正好相反，储蓄罐"强制"你储蓄，信用卡则"诱惑"你消费。在美国，有不少人因为过度使用信用卡透支消费，背负沉重债务，最终破产。随着现代生活的进步，消费信贷的理念已深入人心，但这并不意味着可以无限制地"寅吃卯粮"，

因为未来的收入总是有不确定性，一旦超出了自己的承受
能力而过度消费，将会背上沉重的债务负担。因此，消费
信贷还是要讲究适度。

做好财务规划是理财的第一步。

Chapter 3

第三章
家庭财务分析

　　学习理财，首先要学会制作和阅读简单的家庭财务报表，明白每项投资对现金流量的影响。资产负债表能够帮你了解你有多少财可理，有多少债还没有还；收支表能够帮助你做好收支管理，记录好一定期限内的收支，定期检查你是否有不必要的开支，对未来的收入和支出预先做好规划。

1.资产负债表——算出你的家底儿

　　家庭资产负债，简单地说就是你家有多少资源可用，有多少负债还没有偿还，这是我们理财起码要搞清楚的。一个个人/家庭的资产负债表是在某一时刻的财务状况的反映。资产负债表显示个人或家庭所管理的经济资源，以及所承担的一切债务。如果我们

连自己有多少财富都不清楚，有多少债务也不了解，这怎么可能理好财呢？

家庭资产和负债的内容包括以下几个方面。

● 家庭资产。指个人/家庭所拥有的全部资产。大体分为三类：

——金融资产或生息资产，即能带来利息或退休后可消费的资产。这些是在个人财务规划中最重要的，因为他们是实现家庭财务目标的基础。

——个人使用或者自用资产，即我们每天生活要使用的资产，如房子、车、家具、衣物等。

——奢侈资产，即个人使用但不是家庭必需的资产。这类资产取决于家庭认为哪些资产是必需的，非必需部分就可以认为是奢侈资产。奢侈资产与个人使用资产的主要区别在于，变卖时奢侈资产的价值高。

对于资产的划分，我们常按照流动性大小划分为流动资产、投资、不动产和个人动产等。个人可以按照自己的实际情况设计。

● 家庭负债。主要包括全部家庭成员欠非家庭成员的所有债务：

流动负债：一年内到期的负债；

长期负债：一年以后到期或很多年内每月要支付的负债。

还可以进一步分为：

短期负债：一年内要偿还的负债；

中期负债：一至五年内要偿还的负债；

长期负债：还款期超过五年的负债。

● 家庭净资产。家庭资产−家庭负债=家庭净资产/家庭权益

以下为家庭资产负债例表：

资产			负债	
流动资产	现金资产		信用卡欠款	
	股票		住房按揭贷款	
	基金		汽车贷款	
	国债		日常借款	
	应收账款		负债总计	
固定资产	自住房产		权益（净资产）	
	自用车			
资产总计			权益总计	

2.个人/家庭收支表——一笔大有意义的流水账

从人出生到死亡的一生中，都有取得收入和进行支出的活动。怎样能够保持收入大于支出，或者至少做到收支平衡呢？我们需要了解

收入是如何来的，又是如何花出去的。下面的收入—支出表反映出了你在一段时间内的财务活动状况，它使得你可以将实际发生的费用支出与预算的数字进行对比，从而采取必要的调整措施以消除两者之间的差异。

	1月	2月	3月	4月	5月	6月	7月	8月	9月	10月	11月	12月
收入												
工资												
奖金												
投资回报												

续表

	1月	2月	3月	4月	5月	6月	7月	8月	9月	10月	11月	12月
其他												
支出												
生活费												
保险												
交通												
教育												
其他												
月净剩												
年净剩												

●收入—支出表的三个重要组成部分。收入即所获得的现金收入；支出即现金支出；现金盈余或者赤字即收入和支出之间的差额。差额大于零时，表示现金盈余；差额小于零时，表示现金赤字。

现金盈余或者赤字将对资产负债表产生一定的影响，现金盈余将增加资产负债表中的净资产，反之，现金赤字则减少资产负债表中的净资产。

●改变收支的关键。开支可以分为两类：可以自行决定的开支和不能自行决定的开支。不能自行决定的开支主要是债务的偿还。可以自行决定的开支是诸如衣物、餐饮、娱乐等项目的支出，可以实现而又不是生活绝对必需的。一个家庭最容易改变的习惯就在这一类中，这些开支数额相对较大而又不是生活的绝对必需。总之，为了预算控制，一个家庭要自己选择哪些是必要开支或日常开支，哪些是可以自行决定的开支，哪些是不可自行决定的开支。

3.几个理想的家庭财务数据

重要财务指标	公式	理想经验数值
资产负债率	总负债/总资产	小于50%
流动性比率	流动性资产/月支出	3%至8%
净资产流动比率	流动性资产/净资产	15%
消费比率	月消费/月收入	60%
储蓄比率	月储蓄/月收入	40%
债务偿还比率	月债务偿还额/月收入	小于35%
净资产投资率	生息资产/净资产	大于50%
财务自由度	月投资收入/月消费支出	100%

选对适合
自己的理
财产品。

国债

基金

Chapter 4

第四章
常见的个人理财工具

1.银行储蓄

》 储蓄家族的家庭成员

● 活期储蓄存款。是指存款人可以随时存取、存取金额不受限制的储蓄。活期储蓄起存金额为1元，由储蓄机构发给存折，凭折存取。

● 整存整取定期储蓄存款。是指在储蓄时，由存款人约定存款的期限，一次性支付本金，到期后一次性支取所有本息的储蓄。一般50元起存，存款期限分为3个月、6个月、1年、2年、3年、5年。存期越长，利率越高。由储蓄机构发给存单，到期凭存单支取本息，如提前支取，储蓄机构将按活期存款利率支付利息。还可以向储蓄机构申请办理自动转存或约定转存业务。

● 零存整取定期储蓄存款。是指在储蓄时，由存款人约定存款的期限，每月按照开户时选定的固定金额存储一次，到期凭存折一次性支取本息的储蓄。一般5元起存，存期分1年、3年和5年，中途如有漏存，应在次月补存，未补存者，视同违约，对违约后存入的部分，支取时按照活期存款利率计算利息。零存整取不得办理部分提前支取。

● 个人通知存款。是指存款人在存入款项时不约定存期，支取时只需提前通知储蓄机构，约定支取存款日期和金额便可支取的存款。个人通知存款最低起存金额为5万元，不论实际存期多长，按存款人提前通知储蓄机构的期限长短划分为1天通知存款和7天通知存款两个品种。1天通知存款必须提前1天通知储蓄机构约定支取金额，7天通知存款必须提前7天通知储蓄机构约定支取金额。通知存款的利率比活期存款利率高。

● 教育储蓄存款。是国家鼓励公民投资教育而开办的一个储蓄品种，凡在校就读的中小学生，为应付未来上高中、大学等非义务教育的开支需要，都可以在其家长的帮助下参加教育储蓄存款。教育

有了教育储蓄，孩子上大学的开支也有着落了。还免收个人所得税！

储蓄存款采用实名制。办理时可凭学生本人的户口本或身份证开户，存款形式是零存整取，最低起存金额为50元，每一账户本金合计最高限额为20000元。期限分1年、3年和6年。到期后存款人提供接受非义务教育的证明，即可享受同期整存整取的利率。国家对储户教育储蓄存款利息所得免收个人所得税。

》 储蓄存款有技巧

● 12存单法。对于追求无风险收益的投资者来说，可以每月提取工资收入的10%—15%做一个定期存款单，切忌直接把钱留在工资账户里，因为工资账户一般都是活期存款，利率很低，如果大量的工资留在里面，无形中就损失了一笔收入。每月定期存款单期限可以设为一年，每月都这么做，一年下来你就会有12张一年期的定期存款单。当从第二年起，每个月都会有一张存单到期，如果有急用，就可以使用，也不会损失存款利息；当然如果没有急用的话这些存单可以自动续存，而且从第二年起可以把每月要存的钱添加到当月到期的这张存单中，继续滚动存款。

12存单法的好处就在于，从第二年起每个月都会有一张存款单到期供你备用，如果不用则加上新存的钱，继续做定期，既能比较灵活地使用存款，又能得到定期的存款利息，是一个两全其美的做法。假如你这样坚持下去，日积月累，就会攒下一笔不小的存款。另外，在进行12存单法的同时，每张存单最好都设定到期自动续存，这样就可以免去多跑银行之苦了。

●阶梯存款法。一种与12存单法相类似的存款方法，这种方法比较适合与12存单法配合使用，尤其适合年终奖金或其他单项大笔收入。具体操作方法：假如你今年年终奖金一下子发了5万元，可以把这5万元奖金分为均等5份，各按1年、2年、3年、4年、5年定期存这5份存款。当一年过后，把到期的一年定期存单续存并改为五年定期，第二年过后，则把到期的2年定期存单续存并改为5年定期，依此类推，5年后你的5张存单就都变成5年期的定期存单，致使每年都会有一张存单到期，这种储蓄方式既方便适用，又可以享受五年定期的高利息，是一种非常适合于一大笔现金的存款方式。假如把一年一度的"阶梯存款法"与每月进行的"12存单法"相结合，那将实现双剑合璧的效果！

●合理使用个人通知存款。个人通知存款很适合手中有大笔资金准备用于近期（3个月以内）开支的。假如手中

有10万元现金，拟于近期首付住房贷款，但是又不想把10万元简简单单存个活期损失利息，这时就可以存7天通知存款。这样既保证了用款时的需要，又可享受高于活期储蓄的利息。举例来说，50万元如果购买7天期的通知存款，持有3个月后，以当前利率1.62％计算，利息收益为2025元，而活期存款利息900元，前者比后者收益高出1125元；除利息税后，个人通知存款的收益则要比活期存款高出80％。

理财提醒：如果投资者购买的是7天通知存款，若投资者在向银行发出支取通知后，未满7天即前往支取，则支取金额的利息按照活期存款利率计算。办理通知手续后逾期支取的，支取部分也要按活期存款利率计息；支取金额不足或超过约定金额的，不足或超过部分按活期存款利率计息；支取金额不足最低支取金额的，按活期存款利率计息；办理通知手续而不支取或在通知期限内取消通知的，通知期限内不计息。关键是存款的支取时间、方式和金额都要与事先的约定一致，才能保证预期利息不会遭受损失。

● 利滚利存款法。所谓的利滚利存款法，是存本取息与零存整取两种方法完美结合的一种储蓄方法。这种方法能获得比较高的存款利息，缺点是要求大家经常到银行去。具体操作方法是：假如你有一笔5万元的存款，可以考虑把这5万元用存本取息方法存入，在一个月后取出存本取息储蓄中的利息，把这一个月的

利息再开一个零存整取的账户，以后每月把存本取息账户中的利息取出并存入零存整取的账户，这样做的好处就是能获得二次利息，即存本取息的利息在零存整取中又获得利息。

● 4分储蓄法：如果手中有1万元，并计划在1年内使用，但每次用钱的具体金额和时间不能确定，可以采用4分储蓄法。具体步骤为：把1万元分成4张存单，但金额要一个比一个大，诸如把1万元分别存成1000元的1张，2000元的1张，3000元的1张，4000元的1张，存期均为1年。这样，如果有1000元需要急用，只要动用1000元的存单就可以

了，其余的钱依旧可以"躺"在银行里"吃"利息。还可以选择另外一种"4分"储蓄法，把1000元存活期，2000元存3个月定期，3000元存6个月定期，4000元存1年定期。

2. 银行理财产品

>> **银行理财产品的收益分类——避免被忽悠的不二法则**

根据相关规定，商业银行个人理财产品分为保证收益理财计划和非保证收益理财计划两大类，每类理财计划根据收益与风险的不同进行分类，形成三类理财计划，即固定收益理财计划、保本浮动收益理财计划和非保本浮动收益理财计划。

● "保本又保息"的固定收益理财计划。顾名思义，就是投资者获取的收益固定，风险完全由银行承担，若是理财资金经营不善造成了损失，完全由银行承担，当然，如果收益很好，超过固定收益部分也全由银行获得。为了吸引投

资者，这种产品提供的固定收益都会高于同期存款利率。

人物档案：王大爷，今年63岁，退休在家，靠退休工资生活。由于家处中西部地区二线城市，物价水平较低，吃喝基本不愁。资金盈余之际，除了银行储蓄外，还拿出一部分资金购买一些银行理财产品。

理财目标：对于像王大爷这样的投资者，属于典型的保守稳健型投资者，风险承受能力低，求稳求赚是其最大的理财目标。求稳，即不能亏了本；求赚，就是希望能够获得一些超过银行利息的额外收益。

产品举例：此类投资者的产品选择范围主要应集中在保本固定收益型产品上，诸如债券类、贷款信托类理财产品等。这些产品既能实现投资者的保本要求，还能获取超过银行同期限定期存款的额外收益，是一种非常适合的投资决策。在期限选择上，尽量选取短期理财产品。

● "保本不保息"的保本浮动收益理财计划。是指银行保证客户本金的安全，收益则按照约定在银行与客户之间进行分配。在这种情况下，银行为了获得较高收益往往投资于风险较高的投资工具，投资者有可能获得较高收益，当然若是造成了损失，银行仍会保证客户本金的安全。

专栏4.2 保本浮动收益型产品——上班族多关爱

人物档案：徐经理，37岁，单身，资深IT人士，朝九晚五一族。虽然现在有车有房，但总觉得靠工资积累太慢，希望通过投资赚取较高收益，却不能承受太大风险致使本金受损。

理财目标：对于徐经理这样的上班族，同样可以认为是保守稳健型投资者。与王大爷不同的是，徐经理具有为了获取更高收益而承受收益变动风险的能力，也就是具有承受一定风险的主观愿望和客观能力。当然，保本或本金略有损失是其底线。

产品举例：对于此类投资者，可以将关注目光放在挂钩类、打新股类等浮动收益型理财产品上。这些产品如果运作得当，就能够赚取不菲的浮动收益，并可以在实现预期收益的前提下提前终止该产品，比如挂钩类理财产品。

● "本息都不保"的非保本浮动收益理财计划。顾名思义，银行不对客户提供任何本金与收益的保障，风险完全由客户承担，而收益则按照约定在客户与银行之间分配。

部分打新股产品为非保本浮动收益类产品，可以获得分享资本增值收益的机会，收益较少为负。

专栏4.3 非保本浮动收益型产品——资深投资人士所青睐

人物档案：张先生，年近5旬。虽家有儿女，但是多年的生意盈余之后，不但衣食无忧，而且积累颇多，除了定期的资金周转之用外，几乎都"趴"在银行活期账户上。

理财目标：张先生理财经验可谓丰富，追求的

是理财产品的高收益，同时具有较强的风险承受能力。只是张先生的这笔资金有定期之用，可以选择流动性较强或理财期限较短的打新股产品，以便紧急使用资金时随时套现。

产品举例：与以往相比，目前新推出的打新股类产品在产品设计上大都进行了创新，期限趋短，除了将所募集的资金用于打新股外，还可投资于协议存款、基金、可转债等其他投资工具，以提高资金利用率，进而增加收益。但同时，也增加了产品遭受损失的风险。

从以上的分析来看，对于客户来说，三种产品的风险是依次提高的，当然，获得的收益也可能是依次增加的，而对于银行来说则恰恰相反。根据笔者对当前我国银行发行的各种理财产品的简单统计分析，第一种和第三种产品较少，第二种产品较多。

》 银行理财产品的独特魅力

相对于股票、债券、国债、基金、存款等投资产品，理财计划有吸引投资者的特有魅力。

● 更安全。与股票、开放式基金等相比，它的风险较小，收益比较确定。理财计划一般由商业银行推出。由于自身的特点和风险偏好，商业银行往往将汇集的资金投资于国债、市政债、金融债等安全级别较高的债券，因此，理财计划的风险较小，收益容易预测。商业银行推出的理财计划比较适合于那些希望获得较高收益又不愿承担过多风险的稳健型的投资者。

● 收益高。与存款比，它的收益较高。理财计划的收益往往以同期存款利率为下限，由于商业银行的投资技巧和集合投资，能够将资金在多种不

同等级投资工具间分配，使其降低整体风险水平，且获得较高的收益水平。

● 配置全。商业银行往往将理财产品的销售与投资规划、房地产投资、贷款、存款、结算等业务一起向客户提供，更容易满足客户全方位的理财需求，特别是符合高收入职业者和富有家庭的需要。这种优势是证券经纪商、保险公司、基金管理公司等一般投资公司所不具备的。

》 读懂理财产品说明书

一般来讲，产品合约在真正购买时才能看到，因此理财产品说明书对投资者的投资决策起着关键性的作用。毕竟金融产品带有一定的专业性，说明书措辞上难免会有不够通俗易懂之处，往往不经意间的一个短句，就隐藏更多的内涵。本书不妨拆解一下复杂产品说明书的"弦外之音"。

● 关键词1：投资方向和风险等级。以一款挂钩型产品为例，该产品提供到期日100%投资本金保证，挂钩2种商品——牛奶和小麦，表现以点对点比较计算。如果1.5年后牛奶及小麦表现没有下跌，可获取最低18%的投资收益，收益率最高达50%。

回报收益率一定都是吸引投资者做出购买决策的要素之一。但是所谓的收益率是需要一个比较基准的。如果资本市场普遍繁荣甚至出现大牛市，也许50%的投资回报是没有竞争性的。但遇市场萧条，10%恐怕就已经是其中翘楚了。因此，理财产品的收益情况实际上是基于投资环境和投资方向而言的。需要客观看待收益率的数字，冷静斟酌收益率的所谓高、低。一般在统一投资期和投资环境下，可以遵循"风险与回报成正比"的常识，根据"投资方向"和"风险等级"综合选择适合自己的理财产品。

●关键词2：保证收益和预期最高收益率。由于中国银监会颁布的《商业银行个人理财业务暂行办法》中明文规定，保证收益理财产品或相关产品中高于同期储蓄存款利率的保证收益，应是对客户有附加条件的保证收益，不得利用个人理财业务违反国家利率管理政策变相高息揽储。因此，"保证收益"是有附加条件的"保证收益"。附加条件可能是银行具有提前终止权，或银行具有本金和利息支付的币种选择权等，且附加条件带来的风险由客户承担。因此，且不可将理财当成存款看待。

投资者需要从几方面仔细打量理财产品宣传中提及的收益率的含义：第一是预期最高收益率不代表实际收益率，以市场上对以往所有银行理财产品的表现追踪来看，达到预期的概率并不高，一切还要视产品投资方向的相关表现及产品的设计情况而定；第二是收益率是否为年化收益率，比如一款产品称18个月可以取得18％收益，折成年收益率来讲仅为12％，一个文字游戏就会使产品吸引力大幅攀升；第三是应该详细阅读产品预期收益率的测算数据、测

算方式和测算的主要依据，还需关注收益率预测模型中有关外生变量的相关变化；第四是投资的币种引起的汇率损失，投资者有可能要承担相应的汇率损失，从而削减真正的收益。假设投资的是一款投资美国市场的QDII的产品，即使实现了10%的收益，实际收益也将随着人民币的升值而相应缩水。

●关键词3：认购期。通常一款产品的认购期都要有20天左右，投资者先可以不太急于购买。一来可以有更多时间斟酌一下产品的适合程度；二来可以进一步观察其投资方向的市场走势；更重要的是，如果金额比较大，完全可以做一个7天通知存款或购买几天货币市场基金，打一个时间差，也可以赢得一笔不错的投资收益。

●关键词4：终止条款。银行的提前终止权相当于投资者卖给银行的一个期权。因为关系到投资者放弃了根据市场状况调整资金投向的权利，因此投资者在卖出期权后，享受到比无银行提前终止权同类产品高的收益率，高出的部分实际上就相当于期权费。俗话说："羊毛出在羊身上"，投资者需要审慎考虑其中的代价。

有极少数理财产品设计了投资者的提前终止权，但是这仅相当于银行向投资者出售了一个期权，投资者因为享受这项权利而需要支付这笔期权费，收益率也会相应变低。在阅读时，要留意关于这方面的规定。

●关键词5：提前赎回。比如有款产品对于提前赎回的描述是这样的："产品交收日(2008年3月20日)后每年的3月、6月、9月或12月的第3个营业日，此保本投资产品将准许提早赎回，本行会收取相关费用、损失及开支（以本行行使其绝对权利所厘定为准）"。

关于理财产品的提前赎回，一般分两种情况：一是投资者与银行均无提前终止权，因此不能提前赎回；二是客户可以提前赎回，这种赎回权利还进一步细分为随时支持赎回和只可以在某一规定时间的赎回。该款产品即为投资者有权提前赎回但要列支相关费用的类型。

通常来讲，提前赎回都需要支付相关的费用，同时不再享受到期保本或保证收益的条款。如果这笔费用的成本过高，甚至超出了此段投资期的投资收益，建议投资者慎重考虑。若真有财务流动需求，可以咨询该产品有无质押贷款等增值业务，这样既可以保障产品的稳健运行，也满足了不时之需。

●关键词6：到期日、到账日和相关费用。到期日意味着产品到期、停止运行，而银行要等在"到账日"才会把投资者的本金和投资所得返还给投资者账户，这中间会有稍许时滞。

银行在理财产品中担当的角色不同，收取的费用也就不同。投资者应该全面了解产品涉及的认购费、管理费、托管费、赎回费等的计算方法、实际收取人和收取时间，结合费用、可能收益和服务的综合情况，判断成本的高低，而不简单以某项费用衡量产品的成本。

》 投资银行理财产品应注意的问题

● 个人和家庭要合理安排资金，不能过多地投资于理财产品。一是理财产品的收益仍属较低，财富较多的个人

和家庭要合理分配资金的投向；二是理财产品往往封闭运行，不能提前赎回。此外，理财产品的二级市场不发达或根本没有，对此要有充分认识。

●个人必须具备必要的法律和金融投资知识，应有自己的独立判断。理财产品毕竟不是一般的存款业务，它在具有较高收益的同时也具有较高的风险，因此，个人决定选择银行的理财产品时最好具有一定的基本知识。这些知识可以通过著名专家、投资者撰写的普及性的书籍获得，也可以参加他们开设的普及性的培训班和讲座。

●必要时要向律师、财务专家、投资专家咨询。由于理财产品的起点金额较高，特别是那些准备购买量较大的个人和家庭，最好向律师、财务专家、投资专家等专业人士咨询。尽管从中国银监会颁布的管理办法来看，对理财计划进行了分类并对银行提出了要求，但在实际中，银行往往会使用保护条款或用语推卸自己承担的责任或义务，而增加客户的风险。对于富有个人和家庭，花上一定的费用聘请自己的律师和投资顾问为自己的理财提供服务是非常有必要和值得的。

3.国债——最安全的投资品种

　　我国的国债专指财政部代表中央政府发行的国家公债，由国家财政信誉作担保，信誉度非常高，历来有"金边债券"之称，稳健型投资者喜欢投资国债。其种类有凭证式国债、记账式国债和储蓄国债（电子式）三种。

　　●凭证式国债是指国家采取不印刷实物券，而采用填制"中华人民共和国凭证式国债收款凭证"的方式向投资者发行的国债。

　　●记账式国债又称无纸化国债，是指将投资者持有的国债登记于证券账户中，投资者仅取得收据或对账单以证实其所有权的一种国债。

　　●储蓄国债（电子式）是财政部面向境内中国公民的储蓄类资金发行的，以电子方式记录债权的一种不可流通的国债。

　　既然国债执行国家信用，其安全性（信用风险）等级当然是所有理财工具中最高的。而收益性因其安全性（信用风险）高而降低，一般高于同期定期储蓄存款及货币市场基金的收益，且免征利息税。

国债的流动性除了记账式国债之外，凭证式国债、储蓄国债（电子式）都是以牺牲收益性为代价来换取流动性的，因为二者提前兑付时，要以低于国债票面利率的利率来计算收益，而记账式国债可通过证券交易所二级流通市场进行买卖。

专栏4.4　记账式、凭证式、储蓄国债（电子式）"三性"比较

种类 特性	记账式国债	凭证式国债	储蓄国债 （电子式）
收益性	1.票面利率略高于相同期限的凭证式国债和储蓄国债（电子式）； 2.通过低买高卖获取额外收益。	一般会略高于同期定期存款利率。如遇提前兑付，根据持有期限按不同期次国债的不同规定以低于国债票面利率的利率来计算收益。	一般会略高于扣除利息税后的同期定期储蓄存款利率。如遇提前兑付，条件同凭证式国债。

续表

种类 特性	记账式国债	凭证式国债	储蓄国债 （电子式）
市场风险	价格（本金和利息）随市场利率的变动而变动。	价格（本金和利息）不随市场利率的变动而变动。	价格（本金和利息）不随市场利率的变动而变动。
流动性	可以通过证券交易所交易系统进行买卖。	只能去原购买网点办理提前兑付变现，但须支付2‰手续费。	只能去原购买网点办理提前兑付变现，但须支付1‰手续费。

专栏4.5　记账式、凭证式、储蓄国债（电子式）发行兑付比较

种类 项目	记账式国债	凭证式国债	储蓄国债 （电子式）
有无记名	可记名	可记名	可记名
发行对象	主要是机构投资者，个人投资者也可以购买。	主要是个人投资者，部分机构投资者也可以购买。	仅限境内个人投资者，机构投资者不允许购买或持有。

种类 项目	记账式国债	凭证式国债	储蓄国债 （电子式）
购买方式	开立证券账户或国债专用账户，在发行期内通过证券交易所交易系统直接认购；或到记账式国债承销商处直接购买。	用现金直接去承办机构网点购买。	在承办银行开立个人国债托管账户，在发行期内购买。
流通转让	可以通过证券交易所交易系统进行上市流通转让。	不可以流通转让。	不可以流通转让。
付息方式	分期付息的记账式附息国债每半年或一年付息一次。	到期一次性还本付息。	可按年付息，可利随本清。
提前支取	可上市转让。	可持有效证件到原办理网点提前兑取。	可持有效证件到原办理网点提前兑取。
兑付方式	通过各证券商的清算备付金账户及时划入各投资者的资金账户。	到期后投资者前往承销机构原办理网点办理兑付事宜。	到期后承办银行自动将投资者应收本息转入与个人国债托管账户对应的资金账户。

4.不得不提的开放式基金

开放式基金的基金单位总数不固定，基金发起人在设立基金后，可根据基金经营状况和发展策略追加发行，同时基金持有人也可根据市场状况和自身的投资决策，按基金单位净资产增加认购份额，或要求基金公司赎回基金份额。

投资开放式基金的获利途径主要有两种方式，一是开放式基金所投资的股票或债券升值导致基金单位净值增长后，投资者卖出所持基金份额得到的买卖净值正差价；二是基金的年度分红收益，根据基金法规和基金契约的规定，基金盈利后，每年要将净收益按一个较高比例分配给基金持有人。

如何投资开放式基金呢，概括说来有以下几点：

●选择好的基金管理公司。基金的业绩表现与售后服务好坏与基金公司的管理紧密相关，基金公司的综合实力、研究水平、风险控制

那是当然。人家业绩好，大家都想买啊！

××基金公司的基金根本买不到。

能力及操作是否规范直接决定基金持有人的回报。所以选择历史业绩良好、管理规范、行业信誉好、竞争实力雄厚的基金管理公司是我们投资基金成功的重要前提，是选择基金需要优先考虑的原则。

● 充分考虑投资风险，运用家庭闲置资金购买基金。基金属于较高风险的理财品种，目前国内基金的投资对象主要以股票市场为主，当宏观经济不景气或股市低迷时，基金的投资效益会受到很大影响，甚至会出现大比例亏损的情况。我们老百姓一定要根据自己的资金实力和家庭风险承受度，来决定购买多少基金合适，基金资产所占家庭资产的比例多少合适，以及选择什么样策略风格的基金品种。

● 选好买入和卖出基金的时机。对于股票基金和指数型基金，我们在持有基金的同时，应密切关注股票市场的走势，通常市场经过长期下跌，指数位于历史低位时为较佳的投资基金时机，此时可以增持老基金份额或认购一些新发行的基金。如果市场经过了一段长时间的大幅上涨，指数已经处于高位，这时基金单位净值已经很高，基金持有人的净值账面获利已很丰厚，此时往往是投资者卖出基金的大好时机，切记高位要"落袋为安"，不要轻易追加投资。

●以长期投资为主的原则。购买基金应立足投资和分享企业业绩长期增长的目的，应尽量减少短期买卖基金的操作行为。投资者在资金比较充裕的情况下，采取长期投资策略，可以减少买卖费用，降低基金投资成本，避免失误，控制风险。其实作为基金持有人不必太在意基金的短期波动，只要资本市场长期向好，所持基金的管理人又具备较好的市场操作能力，那么长期持有就能获取更大的收益。

5.股票投资

》 股市投资有哪些风险

●市场系统性风险。这是宏观经济景气导致的股票市场大趋势变化的风险，经济和股市有盛有衰，循环不息。宏观经济欣欣向荣时，股票市场一般会进入相应的牛市状

赚……赚……赚……赚钱也是不容易的事啦！

公司经营和业绩风险

利率风险

市场系统性风险

投机风险

态、大多数股票会升值，此时投资股票风险较小。经济不景气的时候，股市往往会进入整体下跌的熊市，各类股票价格会持续下降，这个时候进行股票投资的风险就很大了，绝大多数投资者可能会遭到巨大的损失。

● 行业景气风险。投资股票时要重视对公司所处行业的景气分析，选择"朝阳行业"的公司股票买入，规避萎缩和不景气行业的公司股票。

● 公司经营和业绩风险。投资股票会因为公司经营不善，无法为投资者带来预期的收益或无法分配股利，从而导致股票价格下跌。另外，某些上市公司管理运作的不规范和公司信息不透明，也增加了投资股票的风险。

● 利率风险。储蓄利率上升，不仅会增加上市公司的经营成本，还将增加投资者的机会成本，进而会引起股票价格估值水平的整体下降，打击股票、债券的价格，造成对股票投资者的财富损失。

● 投机风险。投机风险是股票持有者所面临的所有风险中最难对付的一种，它给持股人带来的后果有时是灾难性的。在股票市场上，行情瞬息万变，并且很难预测行情变化的方向和幅度。我们经常可以看到收入正在节节上升

的公司，其股票价格却下降了；还有一些公司，经营状况不错，收入也很稳定，它们的股票却在很短的时间内上下剧烈波动。出现这类反常现象的原因，很难用某种简单的理论进行解释，也很难用某种简单的方法原则进行规避，因此控制投机风险最好的办法就是尽量远离那些投机性强和价格剧烈波动的股票。

>> **怎样控制股票投资的风险**

投资者在涉足股票投资的时候，应该结合个人的实际状况，订出可行的家庭投资风险控制策略。这实质上是确定家庭资产投资组合内容的问题，投资者至少应掌握好以下三个原则。

● 风险分散原则。投资者在安排家庭资产投向时，要牢记"不要把鸡蛋放在一个篮子里"。股票流动性好，变现能力强，但是与银行储蓄、债券相比，股票价格波动幅度大、亏损的风险也大，因此不要把全部资金都投入股市上。各种投资渠道都有其特有的优缺点，应该根据个人的财力在储蓄、债券、房地产等各种投资渠道中进行综合考虑后进行投资。此外，对于投入股市的资金，也要切记不要把全部股市资金只投于一两只股票上，股票市场上也要进行组合投资，将资金分散投资于蓝筹股、成长股、科技股和小盘股上，可以有效地规避上市公司的个股风险和市场投机风险。

●熊市不做的原则。股票市场存在系统性风险，宏观经济不景气和股市大势不好时，绝大多数上市公司的股票都会受大趋势影响，陷入价格持续下跌的走势中，此时进行股票投资风险很大，甚至会出现十投九赔的情况，因此风险控制的最好办法就是不做股票。

你炒股为啥总是乐呵呵的？都赚了？

哪能只赚不赔啊！炒股也是有原则的。有了原则才能控制风险。

●量力而行的原则。股票价格变动较大，投资者不能只想盈利，还要有赔钱的心理准备和实际承受能力。《证券法》明文禁止透支、挪用公款炒股，正是体现了这种风险控制的思想。投资者必须结合个人的财力和心理承受能力，拟定合理的投资政策。

6.期货投资

期货也称期货合约，是指由期货交易所统一制订的、规定在将来某一特定的时间和地点交割一定数量的实物商品或金融商品的标准化合约，期货价格是通过买卖双方公开竞价、由交易所集中撮合达成。国际上，期货作为一种投资产品同时又是一种有效的风险规避工具，广泛地渗透到商业经济活动中的各个领域。期货交易实际上就是投资者买卖交易期货合约，投资期货前一定要搞清与投资商品期货合约的具体规定，一般期货合约的标准化条款都包含以下内容：

●数量和单位条款。每种商品的期货合约都规定了统一的、标准化的数量单位，统称"交易单位"。如上海期货交易所规定每张铜合约的标准数量为5吨，每个交易单位称为1手。

●质量等级条款。商品期货合约采用统一的被国际上普遍认可的商品质量标准等级标准。我国黄豆由于在国际贸易中所占的市场份额较大，因此是亚洲主要商品交易所黄豆期货交易中的标准品。

●交割地点条款。期货交易所为期货交易双方的实物交割确定统一的商品交割仓库，以保证以套期保值为目的实物交割的正常进行。

● 交割期条款。商品期货合约中对持仓期限、合约到期、实物交割的时间和程序都作了规定，无论交易者持有多仓或空仓，当交割月份到来之时如仍未对冲掉手中合约，就要按交易所规定的交割程序进行实物交割。

● 买卖交易规则。包括期货交易所统一制定有关交易报价单位、每天最大价格波动限制、交易时间、保证金比例等的规定。

》国内商品期货交易所和具体的交易品种

国内目前有三家期货交易所：上海期货交易所，大连商品交易所，郑州商品交易所。

● 上海期货交易所：由原来的上海金属交易所、上海粮油商品交易所和上海商品交易所合并组建而成，交易的商品有铜、铝、天然橡胶和燃料油，其中铜的"上海价格"不仅是中国国内铜市场的决定性报价，而且是亚洲的铜价格中心和全球三大铜定价中心之一。

● 大连商品交易所：是国内最大的农产品期货交易所，交易的商品有大豆、豆粕和玉米，其中大豆是交易所

的主力品种，交易活跃，成交量巨大，国内众多的超级粮油贸易商都参与交易，是世界非转基因大豆期货交易中心和价格发现中心。

●郑州商品交易所：是我国建立的第一家商品期货交易市场，从远期现货交易起步，在1993年5月正式推出我国最早的标准化商品期货合约交易。经过十余年的发展，确定了以中原产粮区的主要农产品为交易对象的特色，目前的交易产品包括粳麦、荞麦和棉花。

》期货投资中的"行话"

●套利：投机者经常使用的一种交易技术，即在某市场买进现货或期货商品，同时在另一个市场卖出相同或类似的商品，并希望两个交易会产生价差而获利。

●买空：相信价格会涨并买入期货合约的交易行为，也称"多头交易"。

●卖空：看跌价格并卖出期货合约的交易行为，也称"空头交易"。

●交割：按交易所规定的规则和程序，履行期货合约，一方移交实物商品的所有权，一方支付等值现金。

●升水：指某种商品不同交割月份间的价格关系。当某月价格高于另一月价格时，就称较高价格月份对较低价格月份升水。

● 开仓：开始买入或卖出期货合约的交易行为，也称"建立交易部位"。

● 持仓：指交易者手中持有期货合约。

● 平仓：交易者为终结手中所持合约而进行的反向交易行为，也称"对冲"。

● 空盘量：当前某种期货交易商品未平仓合约的总量。

● 结算价：当天某种商品所有成交合约的加权平均价。

》众望所期的股指期货

股指期货，就是以股票指数为标的物的期货。双方交易的是一定期限后的股票指数价格水平，通过现金结算差价来进行交割。股指期货交易的实质是将对股票市场价格指数的预期风险转移到期货市场的过程，其风险是通过对股市走势持不同判断的投资者的买卖操作相互抵消的。其主要功能是发现价格和套期保值，用

于规避股票市场的系统性风险和投资等用途，是专业市场人士使用的投资组合管理的一种策略。

股指期货的交易特点：

●保证金交易。股票市场是全额交易，期货交易是保证金交易。

举例：用50万元资金只可以买市值50万元的股票，在期货市场上可以交易价值500万元的期货合约。

"双刃剑"：在放大盈利的同时也扩大了风险。

●双向操作。既可以先买后卖，又可以先卖后买，做空。

"双刃剑"：增加盈利机会的同时也增加了风险。

●T+0。一日之内交易次数不受限制。

●到期交割。

举例：有的投资者曾经提出，他对未来几年股市持续看好，那能不能买入股指期货以后长期持有，若干年以后卖出平仓，获取指数上涨的收益。实际上行不通，每个合约都有到期日，也就是交割日，到了交割时间，如果你还没有平仓，系统将会自动交割。

在多数人的预想中，股指期货可能会意味着倾家荡产式的风险，这只是针对少部分投机者而言。这些资金将股指期货看做是一个投机品种进行短线操作，对他们来说，因为没有现货市场的头寸保护，才具有较大的风险。期货有它所特有的杠杆作用，专业的说法就是保证金制度，简单地说，可以这样比喻，股指期货可以用10％的资金做100％的投资，如果股指涨10％，股指期货的收益就翻倍，但如果股指跌10％，所有的投资就全赔了，也就是常说的爆仓。但是如果这个过程中投资者的资金量足够，足以补足方向相反时指数调整的幅度所需要的资金，并不会面临倾家荡产的境地，反而可能因为度过短暂的调整，迎来快速的财富累积。不过通常散户投资者可能不会一下子投入太多的资金参与股指期货，那么就做小量的投资，比如准备了10手的资金量，每次操作时只买进1手或2手，一样可以控制好风险，实现以小博大。

7.外汇投资

您在我国国内消费或者进行其他支付时，只需用人民币就行了。但一旦您要出国或者给国外的亲人汇款，就需要换外汇了。

如果将外汇当做一种商品，那么换汇实际上就是买卖外汇的过程。按照我国现行的银行结售汇制度，无论是

咱又不出国，买外汇干嘛？

投资外汇也可能有好的收益呀！

企业还是个人，都只能到银行换汇。在一般情况下，企业外汇收入超过一定额度需要卖给银行（银行称为结汇），企业和个人如有外汇需求，需要通过银行渠道购进外汇（银行称为售汇）。近年来，随着我国外汇储备的增长和国际收支状况的改善，国家逐步放开对个人用汇的限制。目前，每人每年可购等值5万美元，凭身份证明申报用途后直接在银行办理；超过5万美元的，银行审核相关材料后办理。

目前，我国大部分商业银行都可以办理外汇买卖业务。到银行办理外汇买卖，通常您只要把个人身份证

件、外汇现金、存折或存单等资料交给柜面服务人员即可办理。

买卖外汇时有现钞的买入价、卖出价和现汇的买入价、卖出价之分。现钞是指以外币钞票和硬币或以钞票、硬币存入银行形成的存款；现汇则是指以支票、汇款、托收等国际结算方式取得并形成的银行存款。买入价是银行从客户手中购买现钞或现汇的价格，卖出价则是银行卖给客户现钞或现汇的价格。因此，买入价总是低于卖出价。另外，由于现钞与现汇的不同，银行买卖现钞时必须承担保管、运输、利息等费用，买卖现汇则没有这些成本。所以，一般现钞、现汇价格有所区别，比如现钞买入价要低于现汇买入价。有的银行为了方便客户，也实行现钞、现汇统一价格。

由于人民币还未实现完全的自由兑换，因此，人们在购买外汇时会受到一些限制。随着经济的发展、国力的增强，人民币将成为完全可自由兑换的货币，那时候人们购买外汇就非常方便了。

近年来，外汇逐渐成为继股票和债券之后的又一投资热点。买卖外汇，投资者既可以赚取汇率差价，也可以将

手头上的一种外币转换成利率更高的另一种外币，借此获得更高的利息收入。

●实盘外汇买卖。就是买卖外汇时，自己有多少钱买多少"货"，不能透支。这与信用交易是相对的。我国目前只允许实盘买卖。

●货币兑换。买卖的货币一般为可自由兑换的货币。银行开办外汇买卖业务时，已事先确定好货币兑货币的种类，如美元兑日元、英镑兑美元、美元兑港元等。您必须按照事先确定的种类兑换。

●现钞与现汇。现钞和现汇的兑换价格是不同的，这是由于银行收兑的外币现钞不能在本国流通，需要将其运回发行国，这中间涉及运费、保险费等费用。按照国家外汇管理的有关规定，现钞和现汇是不能转换的，如果转换也是有条件的。只能是一种外币现钞转换成另一种外币现钞，或者是一种外币现汇转换成另一种外币现汇。

●交易手段。投资者可以到银行柜台交易，也可以通过电话交易，还可以通过个人理财终端进行自助式交易。通常，如果进行柜面交易，只需将个人身份证件、外汇现金、存折或存单交柜面服务人员即可办理。如果进行电话交易或自助交易，则要带上相同资料，到银行网点办理电话交易和自助交易的开户手续后，才可进行交易。

● 交易方式。投资者可以选择市价交易，即根据银行当前的报价立即成交。也可以选择委托交易，预先设定交易价格，并将交易指令留给银行，一旦报价达到预定水平，银行立即根据指令成交。货币之间的兑换汇率往往变化频繁，委托交易可以帮助投资者抓住有利时机，不过，这种交易方式只适用于电话交易和自助交易。

8.黄金投资

纸黄金、实物黄金、期货黄金等名词接踵而来，为国人谈黄金投资增添了新的话题。就目前而言，国内个人投资黄金，除直接购买黄金饰品、标准实物金条或金块外，正规的投资渠道大致有三种。

》纸黄金交易：便利

纸黄金就是个人记账式黄金，投资者在购买黄金获得其所有权之后，所持有的只是一张物权凭证而不是黄金实物本身，不发生实物黄金的提取和交割。进行纸黄金交易的投资者，根据国际黄金市场的波动情况进行报价，通过把握市场走势低买高卖，赚取差价。

目前国内提供纸黄金交易服务平台的基本都是国内实力较强的商业银行，投资者进行此项投资，可以直接去相关商业银行开设纸黄金买卖专用账户即可进行交易，但有必要事先了解是否支持24小时网银或电话银行操作。

专栏4.6 纸黄金交易的优缺点

优点：投资门槛比较低，操作简便快捷，手续费总体上比买卖实物黄金低，同时也不用为保管黄金担心。

缺点：单向交易，只能看涨做多（即只能先买入待价格上涨后再卖出获利），不能提取黄金实物。

》实物黄金交易：灵活

个人实物黄金交易，即投资者通过由上海黄金交易所联合国内相关商业银行共同推出的实物黄金交易平台进行黄金交易，可以进行实物黄金的提取和交割。个人实物黄金交易，采取交易所集中竞价、撮合成交的方式进行交易，实行"T+0"交易方式，当天买入即可当天卖出。成交后，买方也可以根据黄金市场变化情况，通过卖出来平仓其所持有的实物黄金头寸。如果买方选择提取实物黄金，则须在申报成功后的确定日期进行交割。

专栏4.7 实物黄金交割的优缺点

优点：集中竞价、撮合成交，既实行"T+0"交易方式及时平仓，又可进行实物提取。

缺点：全额实物交易，费用相对较高。

》期货黄金交易：冒险

期货黄金具有固定的交割期限，实行"T+0"交易方式，既可以在交割期前任意对冲平仓，又可以在交割日提取或交付符合质量标准的黄金实物。

期货黄金实行保证金交易，具有杠杆效应，因此其收益和亏损同倍放大，只要看对方向进行交易，就可能获取

翻番的收益；相反，若看错方向进行交易，遭受的损失同样是巨大的。

期货黄金实行多空双向交易机制，既可以看涨买入合约，通过卖出合约对冲平仓；又可以看跌卖出，通过买入合约对冲平仓。因此，期货黄金是一种高风险、高收益的投资工具。

优点：固定交割期限，实行"T+0"交易方式，保证金和多空双向对冲交易制度，既可以对冲平仓，又可以提取或交割黄金实物。

缺点：高收益、高风险。

》 黄金投资三种渠道比较

投资渠道	投资品种	运作机制	交易方式	最低交易量	费用收取	交易时间	个人参与方式
纸黄金交易	AU99.95和AU99.99	与开通此项业务的商业银行为交易对手进行买卖	实时交易（直接按银行的买卖报价实时成交）和委托交易（以指定价格进行委托挂单），当天买入即可当天卖出	美元账户黄金为0.1盎司，人民币账户黄金为10克	按买卖量每克1元一次收取手续费，一次购买超过1000克可享受折扣	周一早上7:00至周六凌晨4:00	通过工商银行的"金行家"、建设银行的"龙鼎金"、中国银行的"黄金宝"等纸黄金交易账户

续表

投资渠道	投资品种	运作机制	交易方式	最低交易量	费用收取	交易时间	个人参与方式
个人实物黄金交易	AU99.99和AU100g	通过交易所集中竞价、撮合成交方式进行	实行"T+0"交易方式，只有买入后方能卖出平仓	100克为1手，以整数手进行交易	一般为买入卖出黄金成交金额的0.20%左右	周一至周五的上午10：00至11：30；下午13：30至15：30；夜间21：00至02：30（除周五晚）（法定节假日除外）	通过首批与上海黄金交易所合作的深圳发展银行、兴业银行和华夏银行的个人实物黄金交易平台
黄金期货交易	1年12个月的黄金期货合约	通过交易所的集中竞价、撮合成交方式进行，实行保证金和多空双向对冲交易制度	实行"T+0"交易方式、买多（看涨买入）与卖空（看跌卖出）双向对冲交易	300克为1手，以整数手进行交易	不高于成交金额的0.02%	周一至周五的上午9：00至11：30；下午1：30至3：00（法定节假日除外）	通过期货经纪公司进入上海期货交易所进行交易

9.房产投资要算几笔账

对于谈论房价的各种声音，多是充斥着非理性的因素，或片面强调某个因素的影响，或是别有用心。这里有几个国际上常用的指标，有助于你认清房子的真正价值。

现在房价高得离谱，我还是仔细考虑再买吧！

》 房价收入比

所谓房价收入比，是指住房价格与城市居民家庭年收入之比。按照国际管理，目前比较通行的说法认为，房价收入比 在3-6倍为合理区间，如考虑住房贷款因素，住房消费占居民收入的比重应低于30%。但是据调查，全国大部分一线城市的房价收入比都超过了10倍。

以北京为例，北京市居民年人均可支配收入约为19000元（2006年），而2006年北京市五环内期房均价为13754元/平方米。若购买80平方米的一套房子，总价约为110万元。在采用银行按揭贷款买房（贷款8成，20年期等额本息）的情况下，首付22万元，每月还款6644元。按2008年将要执行的新贷款利率，则每月还款约7000元。

显然，普通百姓即使东拼西凑交上首付，仍然无力支付每月的银行还款。即使月入10000元的高薪阶层，在目前房价一直不涨的情况下，通常至少需要5年才能准备够首付款，若再考虑到月供，每个月都将变得接近身无分文，甚至有可能成为"负翁"。

所以，目前大城市的房价普遍存在泡沫，人们应该学会理智，在力所不及的情况下不要急于买房。

》 租售比

所谓租售比是指每平方米使用面积的月租金与每平方米建筑面积房价之间的比值。国际上用来衡量一个区域房产运行状况良好的租售比一般界定为

现在公司势头正好，我打算长期投资房地产。

那需要承担很大的市场风险，你要考虑清楚！

1:200—1:300。如果租售比低于1:300，意味着房产投资价值相对变小，房产泡沫已经显现；如果高于1:200，表明这一区域房产投资潜力相对较大，后市看好。租售比无论是高于1:200还是低于1:300，均表明房产价格偏离理性真实的房产价值。

据最新数据显示，北京的房屋售价与租金比上涨趋势迅猛，平均租售比已经达到1:350，超过了国际公认的1:300的警戒线。而广州、深圳一带的租售比已经达到1:800，甚至更低。按照租售比1:200—1:300预计，折算成长期投资的年收益率，是4%—6%。现在租售比突破1:800，意味着收益率远低于4%，只有0.5%—1%。目前想把房地产作为长期投资，显然要承担较大的市场风险。

>> **空置率**

空置率是指某一时刻空置房屋面积占房屋总面积的比率。按照国际通行惯例，空置率在5%—10%为合理区间，在10%—20%为空置危险区，在20%以上为商品房严重积压区。据统计数据显示，2007年第二季度，北京市中高档住宅市场的整体空置率已达24.42%。

一位房产中介工作人员曾透露，要单看空置率的话一般不会超过50%，不过很大一部分都是租房子的，实际产权人的房屋入住率应该不会超过30%（即空置率在70%以上）。北京北三环安贞桥附近的一个小区，房子很早以前就

卖完了，但是到了晚上却漆黑一片，没几个人住。这种状况在北京的很多小区里很常见。

》 建筑成本

有资深建筑工程造价师曾测算过：若不计土地成本，常见的住宅楼每平方米的造价不超过1000元。即使是各种原材料价格都大幅上涨，但因为其在房价中所占的比例实在是太低了，对房价的影响非常有限。因此原材料价格上涨不是房价飞速上涨的重要原因。有人研究过后说，若跟国际接轨，相对于巴黎，北京合理房价则是2134元/平方米，这虽然有点调侃，但至少说明我们的房价确实已经"脱轨"很远了。

10.浅谈艺术品收藏

》 我国艺术品收藏市场的"一二三四"

●注重专题收藏。收藏品种非常多，真可谓五花八门、包罗万象。任何人想穷毕生精力和个人全部财力涉猎收藏品的方方面面，完全是不可能的事情。于是众多收藏者纷纷转向专题收藏。专题收藏已越来越深入人心，未来专题收藏将成为大趋势，并呈现八仙过海、各具特色的局面。

●注重珍品收藏。一个收藏者要想提高收藏品味和收藏档次，收藏珍品必不可少。大凡有名的收藏家，总有一些经得起时间考验的珍品。如我国著名收藏家张伯驹先生，经过千辛万苦，觅得了五件稀世珍宝——西晋陆机的《平复贴卷》、隋展子虔的《游春图》、唐李白的《上阳台贴》、

这是我店里最珍贵的范仲淹的《道服赞》。

老板这里有什么珍品介绍一下？

范仲淹的《道服赞》等。近两年，由于人们经济实力的增长和艺术品鉴赏水平的提高，许多收藏家已不满足于一般艺术品的收藏，开始涉足高档艺术品的集藏。

● 注重以收藏品养收藏品。过去，人们从事收藏一般只注重藏品的文化内涵，轻视藏品的经济价值。改革开放以后，艺术品作为商品开始进入市场。20世纪90年代，国内艺术品拍卖崛起，促进了收藏品的交流。与此同时，人们的收藏开始注重经济价值，特别是一些精明的收藏者开始以收藏品养收藏品。最典型的是许多邮币卡收藏者，从事着以邮养邮、以币养币、以卡养卡行当，并涌现了许多"大腕"。

● 注重藏品研究。古往今来，很多收藏者之所以能成为收藏家，就是对自己的藏品的历史价值、文化价值、艺术价值、经济价值有一定的研究。目前，已有越来越多的收藏者意识到研究藏品的重要性，未来我国收藏活动中重收藏、轻研究的局面有望逐步改变。

>> **影响艺术品内在价值有哪些因素**

● 数量的多少。"物以稀为贵"，一般来说，市场上数量多，其价值就低，数量少，价值就高。

●市场的需求。从藏品种类看，邮品、钱币、磁卡、字画、瓷器等拥有广泛的收藏者。而其他藏品大多属于偏门，收藏的人较少，因而市场上的需求也不可能多。

这位名家的画在市面上已经非常稀少了，其价值一定涨了不少。

●年代的远近。一般来说，藏品年代越远，价值越高，年代越近，价值越低。以古字画为例，由于各种原因，流传至今的古字画已很少，保存完好的更是凤毛麟角。就其价值而言，显然古字画要比当代的字画高。

●藏品的题材。题材反映了时代的审美时尚，尤其在市场上，题材是买家审美趣味的反映。具体而言，吉祥题材、重大事件题材、高雅题材、稀有题材往往会受到买家的青睐，而一般题材就会受到冷落。

●创作的优劣。

●市场的炒作。

» 艺术品投资需要练就三大本领

许多初涉艺术品市场的投资者，总认为有财力就行，其实不然。一纸千金的背后往往有一张废纸的风险，要使投资的艺术品保值、增值，必须多看、多听、多比较，练好下面三大本领：

- 要具备鉴别真伪的本领。
- 要具备鉴别优与劣的本领。
- 要有鉴别艺术品价值和潜力的本领。

Appendix

附录
理财案例赏析

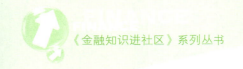
1.典型三口之家的理财计划

● 家庭基本状况

刘女士的家庭属于典型的三口之家，夫妻二人人到中年，儿子目前在上高中，整个家庭处于成长期，面临着夫妻二人未来养老以及儿子后续教育等问题。刘女士今年44岁，目前属于内退状况。刘女士的先生冯先生42岁，目前供职于一家外资企业，从事管理工作，是家庭的主要经济支柱。儿子今年已经17岁，现在一所重点高中就读一年级。

经过与刘女士的交流，我们发现刘女士自己本人平时比较关注投资理财市场，也经常参加一些交流活动，属于积极理财类人群，并具有一定的理财意识与概念。但在生活上以配偶及子女为重心，家庭重要事件也以配偶的喜好与意见为主。

● 风险测试结果

我们发现刘女士家庭的风险承担能力处于一个中等的水平，家庭经济条件良好，可以承担一定的投资风险，但由于目前只有冯先生为家庭的经济支柱，因此我们认为刘女士的家庭理财投资应选择风险及收益都较平稳的产品，避免重大的投资损失。

另外，通过刘女士的风险承担性格测试我们发现，刘女士自己本人是一个比较谨慎和保守的人，对投资风险比较厌恶，只要求资产保值即可。但通过交谈，

我们了解到冯先生期望资产能够有效升值。

综合刘女士的测试结果以及冯先生的意愿，我们建议刘女士选择风险水平中等，收益稳定的投资品种进行投资理财。

在理财师的帮助下，刘女士明确了自己家庭的理财需求，并给予了量化。

● 家庭理财需求

需求一：刘女士与冯先生计划在6—7年后，即等儿子在国内大学毕业后送他前往澳大利亚继续深造，计划全部费用为人民币50万元。

需求二：刘女士现属于内退状态，冯先生则计划在55

岁退休，并期望到时家庭金融资产可达200万元，用于养老及自己做些小生意。

需求三：刘女士希望将家庭现有可投资金进行有效的保值及增值，希望年收益率为5%—8%。

● 家庭财务分析

①家庭资产与负债。刘女士目前的家庭资产主要包括：30万元的银行活期存款，5万元的货币市场基金，3万元的股票（市值），3万元的开放式基金，具有一处投资房产，市值50万元以及自用住宅80万元。

在负债方面，刘女士一家属于典型的无负债家庭，没有过多的经济负担。

通过分析，我们发现刘女士的家庭财务状况还是很健康的，唯一不足的是，刘女士将大量的闲置资金（35万元）放在了活期存款及货币市场基金当中，占总资产的18%。尽管这笔资金能够很好地保证灵活性与变现能力，但家庭财富的保值增值能力受到影响，造成不必要的投资收益损失。我们建议刘女士将这部分资金减少，一般来说现金能够保证家庭三个月左右的生活开销即可。

②家庭收入与支出。刘女士与冯先生每月有收入为

18000左右，其中大部分为冯先生的工资收入，另外，刘女士家庭的投资房产每月可有2600元的房租收入。

刘女士一家每月的固定开销为5000元左右，外加子女费用及老人赡养费用总共1000元，这样，刘女士一家每月可节余14000元左右的资金。

但刘女士一家每年固定交付16000元的保险费用，因此平均算下来，刘女士一家每月实际可节余的资金为13000元左右。

通过分析，我们发现刘女士的家庭储蓄投资能力非常强，一般无计划外的花费，每月的生活费用支出也比较固定，都能控制在预算当中，这个良好的家庭储蓄习惯保证了充足的资金以供投资。

● 理财投资建议

目前刘女士的家庭拥有可投资资产41万元。我们认为，可用这笔钱作为儿子今后出国留学的准备金。鉴于目前国内股市前景不明朗，我们建议刘女士先不要对已买入的股票进行操作，并且对其他投资进行了重新划分：

①减少银行活期存款，只留下5000元，减少货币式基金，留下15000元即可，这两项作为家庭紧急备用金。

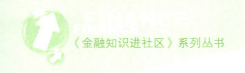

②将30万元投资到开放式基金当中，以保证资产增值。由于刘女士投资基金为中长期投资（6—7 年后用于留学费用），我们特意挑出5只具有良好分红历史的开放式基金供刘女士选择，其中股票型基金2只，配置型基金3只，这些基金的平均红利年回报率都在6.5%以上。我们建议刘女士从中选择2只基金即可，分别关注红利收益以及净值波动风险。

投资记账式国债6万元，与活期存款及货币型基金共同确保8万元的资金安全。另外，由于记账式国债可以作为股市投资风险的一个避风港，从资金安全方面考虑，我们建议刘女士可多关注。我们给出了3只建议国债，分别在2010—2012年到期，并根据收益率给出了买入参考价格。

根据计算，由此建立的投资组合预期年收益率可达6.9%左右（不包括股票），持有此投资组合在5年后即可实现50万元的理财目标。

对于刘女士夫妻二人的退休需求，考虑到将来子女上学费用的增加及其他导致家庭月消费金额上涨的因素，我们建议刘女士每月固定投资 11000 元为养老准备金。

假设冯先生在13年后退休，并要求到时持有200万元的金融性资产，则要求养老投资的年收益率达到2.5%以上。考虑到通货膨胀的因素以及养老金的安全性，我们认为4%的年收益率为佳。我们建议刘女士可投资于债券型基金、平衡型基金以及国债产品。

2."丁克家庭"的理财计划：养老保障是首要

● 家庭基本状况

今年36岁的成先生是南京一家外贸公司的部门主管，33岁的妻子在一家公司从事营销工作。结婚已有9年还没要小孩，属于现代社会中标准的"丁克家庭"。

　　两个人收入不错，成先生月薪5000元，妻子月薪3000元，加上成先生经常出差有出差补贴，家庭月收入总额达到8500元。目前没有小孩，夫妇俩的开销又不大，每月的生活费在1000元左右就够了。由于还有20万元的房屋贷款尚未还清，加上日常生活中的水、电、煤气等费用需要支出2500元。这样，他们每月还有5000多元的节余。加上两人的年终奖金约15000元。这样一年下来的节余为75000元。

　　● 家庭财务分析

　　①家庭资产配置。目前，成先生家有现金和定期存款5万元，"外汇宝"有2万美元，20万元股票目前处于被套阶段，近期有再加一些资金到股市的打算。持有开放式基金，约10万元，除了去年购买了5万元的货币基金外，今年上半年又追加了3万元的股票型基金。

　　②家庭保障情况。除了单位提供一定金额的医疗及养老保险外，成先生和妻子的单位又分别为他们两个人上了保障额为10万元和5万元的意外保险。除此之外，没有任何的商业保险。从这点上可以看出成先生夫妇保险意识还是不够。针对成先生夫妇的情况，安排家庭的保险计划时，

要考虑增强抵抗意外及重大疾病风险的能力。

③家庭理财目标。成先生是偏爱投资的人，股票、基金和外汇都涉足，不过这几年因为股票方面的损失，综合下来收益不算高，俩人希望投资回报率最好能在10%以上。

作为"丁克家庭"，将来养老的钱是必备的，除了上述通过不断地投资让家庭的资产保值与增值外，成先生一直在考虑如何通过保险保障来抵御未来疾病的风险，希望专家能推荐一些养老和重疾保险方面的品种供他们选择。

● 理财需求分析

从成先生夫妇的收入情况来看，这个家庭属于小康之上的家庭，而从成先生夫妇的生活需求来说，也是一种比较时尚的享受型生活。因此，对于这样一个家庭而言，设计一份合理、较实际的理财计划很有必要。专家建议，成先生的理财目标应定位于"基于小康，平衡风险，确保晚年舒心"。

成先生家庭处于家庭形成期至成熟期阶段，家庭收入不断增加且生活稳定。该家庭年收入11.7万元。其家庭的

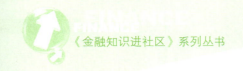
收入中，主动性(工资收入)为9.6万元，占家庭总收入的80％以上。其中房产和金融资产各占一半，该比例是合理的。其债务占家庭总资产的比例不到7％，债务支出占家庭稳定收入的17％左右，完全处于安全线内。

一般金融资产组合分为三大类：一类是现金及现金等价物；二类是固定收益投资，包括债券和定期存款等；三类是非固定收益投资，主要是证券投资和证券投资基金。目前成先生的投资主要集中在金融投资方面，预期的投资收益率为10％，应该说是合理的。不过家庭金融资产的组合需要作一些调整。

●理财投资建议

通过上述对成先生家庭财务状况以及理财目标的分析，专家提出了以下建议：

①家庭资产配置建议。一个家庭的应急准备金不低于可投资资产的10％。成先生只要留1万元银行存款即可，因为5万元的货币基金也属于应急准备金。20万元股票资金可以不动，不过，切忌盲目追涨，多关注理想的蓝筹股。5万元的货币基金、3万元的股票基金可继续持有。其余的资金应当及时转为投资基金，如债券型基金、配置型基金。购买基金

可以采取"定期定额"的方式投资。基金一定要长期持有，如果投资一二十年，投资报酬率远远比储蓄险赚钱快，也有助于更快达到理财目标，同时也为成先生夫妇养老作打算。

外汇投资是一种全球通用的投资技能，一般晚上的行情波动比白天更剧烈。不时有外汇需要的成先生夫妇工作比较忙，将2万美元的"外汇宝"，购买成各大银行推出的短期限、高回报率的外汇理财产品，从目前理财市场品种来看，保本型投资风险低，但收益相对属于偏高，具有投资性。

②家庭保险保障建议。虽然成先生和妻子分别拥有了10万元和5万元的意外保险，但工作压力太大，漫长岁月中，无法保证身体永无大恙，将来面对昂贵的医疗费用支出、养老等支出还是不够的。尤其对于"丁克家庭"，提前储备养老金显得尤为重要。在夫妻两人收入高峰期就制定一份充足完善的养老规划，是使"丁克家庭"快乐地度过晚年生活不可缺少的前提。

鉴于家庭的整体收入水平，成先生每年将家庭15%左右的收入给两人各投保一份重大疾病保险、年金型年金保险和两全保险，同时附加一些含有医疗赔偿的相关险种，这样可以确保晚年老有所养（正常保费支出＝年收入的

15%—20%）。

健康险。作为一家外贸公司部门主管的成先生，买一份重大疾病保险很重要，该险种保额为10万元。因为，这种重疾保险诊断后即可获得一笔保险金，能让家庭在面对巨额治疗费时，不必手足无措地抛出股票和基

金，最大限度地保存收益。成太太需要购买女性疾病保险给予特别关护。除此之外，成太太还需要购买一些传统的每日住院补贴和医疗费用的补偿性保险，因为这种津贴既可以弥补部分误工的损失，也可以购买营养品，以便尽快地恢复健康。要满足上述保障，成先生和妻子每年在健康方面的保费支出约为2000元。

养老险。由两份年金保险和两份分红两全保险组成。成先生夫妇可以双双购买投保15年的年金保险，选择与分红型产品组合，每年总共交1万元。这样夫妻两人预计从60周岁至64周岁开始每年领取养老金，65周岁至100周岁每

年领取的保险年金应对老年生活，在相应年限还可以领取部分红利。

两份分红两全保险，成先生一家生存时期越长，领取总额越多，身故时另一方还可领取身故金。虽然分红具有不确定性，但是长期来看，其复利累积额还是不少。

除此之外，对于日常发生的意外医疗，则可以选择一些卡式保险。上述这样的养老规划，每年两人共需保费约20000元，为"丁克家庭"提供了全面有利的未来保障。完善风险保障，尽享幸福生活。有了这些安排，夫妇俩的晚年生活才有充分保障。

3.单身白领的理财计划

● 基本状况

小周，男，28岁，单身，月收入8000元，月开支2000元。

目前资产状况：股票及基金共约15万元，配比约为1:1；银行存款15万元；预计在未来可有25万

元现金入账；除了为其父母购买的商业养老保险以外，无其他保险资产；有住房一套，价值200万元，无房贷。

理财目标：今年实现资产保本；40岁时实现拥有900万元退休金的目标。

生活状态、投资偏好：小周目前处于单身、有房的自由状态，有固定收入，无后顾之忧，因此对于财富的处理态度比较积极。在客户调查中显示，可以承受一年50％的投资损失，因此，客户的长期投资风格应为偏好风险的激进型客户。

● 财务分析

资产负债表

（单位：元）

资产		负债	
人民币储蓄	150000	应付款项	0
基金及股票	150000		
应收账款	250000		
流动资产合计	550000	负债总计	0
自住房产	2000000	权益（房屋）	2000000
固定资产合计	2000000	权益（现金资产）	550000
资产合计	2550000	总权益	2550000

家庭资产占比情况（%）

	股票及基金	现金	应收账款	房产
家庭资产占比	5.88	5.88	9.80	78.43

从以上图表分析小周家的相应指标比率：

①资产负债率＝0，小周家由于有固定的收入来源，较好的收入状况，因此目前暂时没有任何负债。

②净资产投资比率：

生息资产/净资产＝0.06<0.5，可以看出，由于小周的工作背景及生活经历，其投资在资产中的比率有待提升，财富的增值性还不强。

③流动性比率：

流动性资产/每月支出＝275，说明小周家的流动性资产可以满足275个月的开支，其资产的流动性十分充足。

④储蓄比例：

盈余/收入＝0.75周先生可以将收入的75％进行投资或储蓄。

小周家是典型的单身白领阶层家庭，由于有较好的福利及社会保障，家庭的资产负债率很低。小周收入比较稳定，单位福利及医疗方面有比较好的保障。但通过分析不难发现，小周家的金融资产呈现出向高风险和低风险两个极端集中的特点，税后年收益率波动较大，这样的投资既不符合分散配置金融风险的基本投资原理，也较难实现小周的各项理财目标。另外，由于小周是企业雇员，其单位医疗保障虽然比较完备，但没有购买任何保障类商业保险，个体抵御意外性风险的能力较差。

● 理财分析和建议

①近期目标的实现。坚守保本底线、力求覆盖通胀。对于今年的变化、震荡的资本市场，如果要实现小周保本的理财目标，我们建议小周逢高售出估值过高的股票，在实现"落袋为安"的基础上力求本金的安全，对于基金产品，则考虑到基金固有进出手续费较高及长期持有的运作模式，建议继续持有，以获得长期的收入。

对于小周出售股票后的资金及其余生息资产，建议按照以下的原则进行配置：

10％可以选择现金、货币或短债基金，现金部分建议为6个月的支出金额，其余部分可以用来投资货币基金或短债基金。其原因在于一旦在震荡的市场里发现好的投资品种，可以保证资金迅速获得流动性后进行再投资。

30％可以选择投资期限在1年的银行挂钩保本型理财产品，在当前的市场环境下可以关注与美元汇率挂钩的产品。

60％可以选择银行3个月或半年的固定收益理财产品，在3个月、6个月以后可以分别获得一次性资金再投资的选择机会，届时如果市场发生反转或有更好的投资品种，可以进行更为积极的配置。

根据以上配置，我们可以获得约为5％的年化收益率，在符合小周保本需求的基础上，有望成功地规避通货膨胀率对资金的侵蚀。

②根据40岁获得退休金的长远规划，通过计算我们不难发现，小周所拥有生息资产的长期年化收益率应维持在20％左右。我们的建议如下：

10％的资金投资于流动性强的理财产品，现金部分

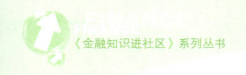
（活期）建议为6个月的支出金额，其余部分可以用来投资银行半年以内的短期保本保息型理财产品。

30％可以选择投资期限在1年的银行挂钩保本型理财产品。投资品种可以根据届时的市场卖点进行再选择。

30％可以选择基金产品进行长期的配置。由于小周属于白领工薪阶层，对于有忙无闲的群体，基金投资始终是一个非常适合的选择，选择的重点是挑选综合实力强的基金公司中的旗舰型基金产品。

30％可以选择股票投资。出于对中国经济长期的信心及小周的投资目标和风险态度，可以选择30％的生息资产投资于资本市场中基本面好、估值偏低的上市公司股票。

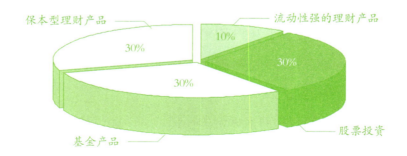

后　记

　　根据中国人民银行和共青团中央《关于开展"青春共建和谐社区行动·金融知识进社区"活动的通知》（银发【2008】184号）精神，活动领导小组办公室于2008年组织有关专家编写出版了《金融知识进社区》系列丛书（共5本），作为配套读物在活动期间向公众发放。丛书以图文并茂的形式，深入浅出地介绍了金融领域与百姓生活密切相关的银行、证券、保险、理财和人民币的有关知识，受到了百姓的普遍欢迎。

　　活动期间，组织者通过问卷调查、实地走访等多种形式深入开展了社区居民金融知识需求调研。根据调研情况、读者反馈和清华大学媒介实验室的跟踪调查评估结果，我们组织专家对《金融知识进社区》系列丛书的内容进行了充实和更新，结构进行了重新调整，又邀请人民银行、银监会、证监会、保监会和中国理财师协会有关专家进行了审定，形成这套《金融知识进社区》系列丛书（共4册）。

因水平有限，纰漏和不足在所难免，真诚希望广大读者提出宝贵意见和建议。

编　者

2011年11月